Kohlhammer

Astrid Schütz
Lasse Hoge

Positives Denken

Vorteile – Risiken – Alternativen

Verlag W. Kohlhammer

Umschlagabbildung: „Sonne mutiert Städtebild von P.K.“, 1998 (J.G.)

1. Auflage 2007

Umschlagsgestaltung: Data Images GmbH
Illustration: Christian Steeneck, Müller-Steeneck Stuttgart
Gesamtherstellung:
W. Kohlhammer Druckerei GmbH + Co. KG, Stuttgart
Printed in Germany

ISBN 978-3-17-018182-3

Inhalt

Geleitwort

Bücher über Positives Denken sind seit vielen Jahrzehnten weltweite Bestseller, und einige Autoren wie etwa Dale Carnegie haben mit Leitsätzen wie „Denke positiv“ und „Sorge Dich nicht, lebe!“ Millionenauflagen erzielt. Betrachtet man die Kundenrezensionen von Käufern dieser Ratgeber, so sind diese oft geradezu euphorisch, manchmal aber auch abgrundtief enttäuscht: Es scheint zwar etwas dran zu sein am „Positiven Denken“, aber es wird nicht ohne weiteres klar, was das nun sein könnte.

Das vorliegende Buch ist nun nicht einfach ein weiteres Loblied auf eine nicht weiter hinterfragte Magie des Positiven Denkens. Vielmehr gibt es den Leserinnen und Lesern einen faszinierenden Überblick zu den Aspekten des Positiven Denkens, die für das eigene Denken, Fühlen und Handeln unmittelbar relevant sind.

Angesichts des breiten öffentlichen Interesses am „Positiven Denken“ wendet sich das Buch an ein breites Publikum: Es ist ansprechend geschrieben, ohne weitere Vorkenntnisse vorauszusetzen, und es enthält zahlreiche illustrierende Beispiele. Trotz dieses Vorzugs der Allgemeinverständlichkeit, und das ist die wahre Kunst, gibt das Buch einen hervorragenden Überblick und präzise Antworten auf die folgenden vier zentralen Fragen:

1. Was ist eigentlich Positives Denken?
2. Wie wirkt Positives Denken sich aus – auf körperliche wie psychische Gesundheit, auf Erfolg im Beruf sowie privates Glück und subjektives Wohlbefinden?
3. Was sind die Grenzen des Positiven Denkens, oder anders gesagt: Was sind die Kehrseiten der Medaille, und wo ist kritisches Denken gefragt?
4. Können wir Positives Denken lernen? Und was genau sollten wir eigentlich lernen, wenn es um Positives Denken geht?

Die hervorragendste Leistung dieses Buches besteht darin, den Leserinnen und Lesern bei all diesen Fragen ein überaus ausgewogenes und differenziertes Urteil zu ermöglichen – indem eine bis dahin unüberschaubare Menge wissenschaftlicher Erkenntnisse in sinnvoller und leicht verständlicher Weise integriert wird.

Wer einfach nur das eine oder andere Patentrezept lesen möchte, die man befolgen kann („Sorge Dich nicht, lebe!“) oder eben auch nicht, braucht dieses Buch nicht zu lesen. Wer sich selbst und andere wirklich verstehen will, wird von diesem Buch begeistert sein.

Chemnitz, im Frühjahr 2007 Udo Rudolph

Vorwort

Thesen zu Positivem Denken sind populär. Sind fast alle Probleme lösbar, wenn man nur daran glaubt? Im Buch werden verbreitete Thesen kritisch beleuchtet. Befunde aus dem Themenfeld „Positives Denken“ werden zusammengefasst, um die Frage zu beantworten, wann Positives Denken hilft und wann nicht. Zugunsten leichterer Lesbarkeit wurde auf detaillierte Darstellung einzelner Befunde verzichtet und alltagsnahe Beispiele zur Illustration eingefügt.

Während der Entstehung des Buches haben wir das Thema mit vielen Personen intensiv diskutiert und von deren Anmerkungen profitiert. Wir danken insbesondere Luise Barthold, Dr. Andrea Heindl, Janine Hertel, Angie Härtl, Tina Horlitz, Anett Lange, Claudia Morgenstern, Jessica Röhner, Robby Rösner, Almut Rudolph, Maria Schmidt, Michela Schröder-Abé, Nelli-Helene Schulz, Luise Shomaker, Steffi Weidlich, Konstanze Wolter, Grete Zikeli und den Studierenden des Seminars „Positives Denken“ für wichtige Hinweise.

Chemnitz, im Frühjahr 2007

Astrid Schütz
Lasse Hoge

Für Jakob und Leonie (A.S.)

Für Susan (L.H.)

1 Was ist Positives Denken?

Wir haben immer an der Hoffnung,
dem Glauben, der Überzeugung festgehalten
dass hinter dem Horizont ein besseres Leben
eine bessere Welt ist.
Franklin D. Roosevelt, 32. Präsident der USA

Die Eiswarnung des Ozeandampfers Baltic erreichte die Titanic am frühen Nachmittag des 14. April 1912. Da der Winter sehr mild gewesen war, hatten sich Eisschollen von den arktischen Eismassen gelöst und drifteten quer über die transatlantischen Schifffahrtswege nach Süden. Obwohl die Titanic nach den angegebenen Koordinaten noch am selben Tag in die Nähe des gesichteten Eisfeldes geraten würde, schien Bruce Ismay, Geschäftsführer der White-Star-Schifffahrtsgesellschaft und Erbauer des Ozeanriesen, völlig unbesorgt. Anstatt die Nachricht, die er von Kapitän Edward J. Smith erhalten hatte, an die Kommandobrücke weiterzuleiten, faltete er sie zusammen und steckte sie sich in die Brusttasche (vgl. Ballard, 1988; Butler, 2002).

Die Botschaft der Baltic war nicht die erste Warnung, welche die Titanic erhalten hatte. Seit der Luxusliner am 10. April den Hafen von Southampton verlassen hatte und zu seiner Jungfernfahrt nach New York aufgebrochen war, hatten mehrere Schiffe vor großen Eisbergen und schwerem Packeis gewarnt. So berichtete die vorbeifahrende Rappahannock am Abend des 13. April, bei der Durchquerung eines Eisfeldes beschädigt worden zu sein. Die Passagiere der Titanic bekamen bis auf wenige Ausnahmen von alledem jedoch nichts mit. Sie genossen einen Spaziergang auf der Promenade oder gingen Ablenkungen unter Deck nach. Den besser gestellten Gästen standen dort neben dem hervorragenden Restaurant und den eleganten Speisesälen ein Swimmingpool, ein türkisches Bad und ein Gymnastikraum zur Verfügung. Die White-Star-Line hatte darauf geachtet, dass die Titanic mit einer Länge von 269 Metern, einer Breite von 28 Metern und einem Gewicht von 46 329 Bruttoregistertonnen nicht nur das größte Schiff sein würde, das bis dahin je gebaut worden war, sondern dass sie auch in Hinsicht auf Komfort und Luxus neue Maßstäbe setzte.

Im Laufe des späten Nachmittags demonstrierte Bruce Ismay erneut, dass ihn die Eiswarnungen nicht verunsicherten. Als wolle er die Sicherheit der Titanic zur Schau stellen, zog er während eines Gesprächs mit zwei Damen die Meldung der Baltic aus der Tasche und las sie, wie von Überlebenden berichtet wurde, mit demonstrativer Gelassenheit vor. Wie viele andere schien auch er der Meinung zu sein, dass die modernen Luxusliner dank der technischen Fortschritte im Schiffbau über die Gefahren erhaben seien, die auf einer Atlantiküberquerung lauern. So hatte die White-Star-Line schon während der Bauphase ihres neuen Flaggschiffs angekündigt, die Titanic werde „konstruiert um unversenkbar" zu sein – ein Urteil, das nach ihrer Fertigstellung durch verschiedene Zeitungs- und Zeitschriftenartikel zusätzlich gestützt wurde. Dass Kapitän Smith bezüglich der Sicherheit moderner Schiffe dieselbe Ansicht vertrat, hatte er schon fünf Jahre zuvor zum Ausdruck gebracht. Als Kapitän der Adriatic hatte er damals in einem Interview erklärt: „Ich kann mir keine Umstände vorstellen, die ein solches Schiff zum Sinken bringen könnten. Ebensowenig kann ich mir eine andere schreckliche Katastrophe vorstellen, die diesem Schiff zustoßen könnte. Die moderne Schiffbautechnik hat diese Probleme überwunden" (Ballard, 1997, S. 86). Ein Angestellter der Titanic antwortete auf die Frage nach der Sicherheit des Schiffes sogar: „Gott selbst könnte dieses Schiff nicht versenken" (Butler, 2002, S. 39; Übers. d. V.). Dass es für den Untergang der Titanic jedoch keiner übernatürlichen Kräfte bedurfte, zeigte sich nur wenig später auf tragische Weise.

Am Abend des 14. April, kurz nach neun Uhr, hatte sich der Kapitän mit seinem Zweiten Offizier Charles Lightoller beraten, bevor er sich schließlich in seine Kabine zurückzog. Sie hatten über die mögliche Bedrohung durch treibendes Eis gesprochen und Lightoller hatte die Männer im Ausguck beauftragt, besonders auf „Treibeis und Eisschollen" zu achten. Als diese kurz vor Mitternacht tatsächlich Alarm schlugen, war es schon zu spät. Trotz der schlechten Sichtverhältnisse und vieler weiterer Eiswarnungen war die Titanic nahezu mit Höchstgeschwindigkeit gefahren. Die 37 Sekunden, die von der ersten Sichtung bis zur Kollision mit dem Eisberg vergingen, waren zu kurz, als dass der Ozeanriese hätte vollständig ausweichen können. Der Zusammenstoß riss ein riesiges Leck in den Schiffsrumpf und nach nur wenigen Minuten war klar, dass das Schiff untergehen würde. Als die Titanic zweieinhalb Stunden später von der Meeresoberfläche verschwand, hatte die Katastrophe über 1 500 Menschen das Leben gekostet.

Noch Jahrzehnte später beschäftigten sich Menschen mit dem tragischen Untergang dieses Luxusliners. Ein Thema, welches dabei immer wieder angesprochen wurde, war der Glaube an die Unsinkbarkeit der Titanic. Der Unfall wäre wohl vermieden worden, wenn die Verantwortlichen weniger Vertrauen in die Technik gesetzt hätten und mehr Vorsicht hätten walten lassen. Wäre die Katastrophe vielleicht durch ein geringeres Maß an Positivem Denken zu verhindern gewesen?

1.1 Die Geschichte Positiven Denkens

Als Ende der 90er Jahre des vergangenen Jahrhunderts die Welle der Motivationstrainer über Deutschland hereinbrach, schien Vorsicht plötzlich out zu sein. „Wir unterschätzen uns alle, wir sind viel besser, als wir denken", meinte Bodo Schäfer, damals angeblich noch „Europas Money-Coach Nummer eins" (vgl. Schwertfeger, 1998). Auch Jürgen Höller, „Deutschlands teuerster Motivationstrainer", verkündete mit viel Pathos: „Jeder Mensch kann alles erreichen, was immer er sich vorstellt. Egal, ob finanzieller Reichtum, berufliche Karriere, vitale und kraftvolle Gesundheit, leidenschaftliche Beziehung. Alles, was Du glaubst und was Du wirklich willst, wird sich in Deinem Leben manifestieren." Botschaften wie diese waren Topthema auf Seminaren und in Büchern mit einschlägigen Titeln wie „Alles ist möglich" (Höller, 1995) oder „Sprenge Deine Grenzen" (Höller, 2000).

Inzwischen ist es stiller geworden um die Motivationstrainer. Manchen von ihnen ist das Glück, welches sie anderen verheißen hatten, nicht lange treu geblieben. Trotzdem sind Menschen nach wie vor an Positivem Denken interessiert. Auch heute noch können Klassiker des Genres wie Peales „Die Kraft Positiven Denkens" (Peale, 1994) oder Carnegies „Sorge dich nicht – lebe!" (Carnegie, 2003) hohe Verkaufszahlen verzeichnen. Was ist also dran an Positivem Denken? Ist es wirklich der Schlüssel zu Erfolg und Zufriedenheit? Kann das tägliche Leben halten, was einschlägige Trainer und Autoren versprechen? Mit diesen Fragen setzt sich das vorliegende Buch – auf Basis wissenschaftlicher Untersuchungen – auseinander. Bevor sie jedoch beantwortet werden können, sollte zunächst geklärt werden, wie das Konzept Positiven Denkens entstand und was darunter zu verstehen ist.

1.1.1 Der amerikanische Optimismus

Die Überzeugung, dass unser Denken prägt, wer wir sind, was wir werden und was wir erreichen können, ist keineswegs ein neuzeitliches Phänomen. Schon der römische Kaiser Marcus Aurelius schrieb im zweiten Jahrhundert nach Christus, dass „unser Leben das Produkt unserer Gedanken" sei. Er soll gesagt haben, dass niemand glücklich sein kann, der nicht Gedanken der Zufriedenheit und des Glückes pflege. Auch die Bibel enthält Aussagen zur Macht positiver Überzeugungen: „Alles ist möglich dem der glaubt" (Markus 9,23). Ob im alten Israel, bei den griechischen Philosophen, den Römern oder bei Konfuzius, man findet zahlreiche Hinweise auf den hilfreichen Einfluss einer positiven, hoffnungsvollen Denkweise. Große Popularität und weite Verbreitung erreichte die Lehre vom Positiven Denken jedoch erst im Laufe der letzten zwei Jahrhunderte durch die Schriften verschiedener amerikanischer Denker und Autoren, die im Folgenden beschrieben werden (vgl. Meyer, 1988).

Dass das Konzept des Positiven Denkens, wie es aus der Selbsthilfe- und Ratgeberliteratur bekannt ist, im Land der unbegrenzten Möglichkeiten seinen Ursprung hat, ist nicht verwunderlich. Schließlich lässt sich schon die Geschichte der Vereinigten Staaten als Lehrstück über die Machbarkeit des scheinbar Unmöglichen und die Segnungen von Zuversicht und Selbstvertrauen heranziehen. Die ersten Siedler, die auf der Mayflower in die neue Welt aufbrachen, taten dies mit viel Hoffnung. Die dreizehn Kolonien erklärten ihre Unabhängigkeit vom britischen Imperium und begaben sich damit in einen Krieg gegen ein finanziell, technisch und zahlenmäßig weit überlegenes Land – und sie gingen dennoch siegreich aus dem Konflikt hervor. Commager sieht hier den Ursprung des amerikanischen Optimismus: „Der Aufstieg Amerikas war ohne Beispiel in der Geschichte, und jeder Amerikaner wusste das“ (Commager, 1952, S. 20).

Doch auch weniger dramatische Tatsachen begünstigten den Hang der Amerikaner zu zuversichtlicher Einstellung. So entstand durch die europäische Besiedlung des amerikanischen Kontinents und durch die damit verbundenen Möglichkeiten ein Klima, das dem Gefühl förderlich war, dass der Einzelne sein eigenes Schicksal bestimmen könne. Erfolg schien greifbar für jeden, der gewillt war, sich ihn durch Fleiß zu erkämpfen. Der französische Einwanderer John de Crèvecoeur schrieb z. B. im Jahre 1787:

> Wenn ein Europäer zum ersten Mal ankommt, scheint er in seinen Absichten wie auch in seinen Ansichten begrenzt; sein Maßstab ändert sich jedoch plötzlich; zuvor erschienen zweihundert Meilen wie eine große Entfernung, nun ist es nur noch eine Kleinigkeit; kaum hat er unsere Luft eingeatmet, schon schmiedet er Pläne und nimmt Vorhaben in Angriff, die ihm in seinem eigenen Land nie in den Sinn gekommen wären. Dort schränkt die Fülle der Einwohner viele nützliche Ideen ein und verhindert die lobenswertesten Vorhaben, die hier bis zur Vollendung heranreifen. [...] Er blickt um sich und sieht so manche wohlhabende Person, die nur wenige Jahre zuvor ebenso arm war wie er selbst. Dies ermutigt ihn sehr; er fängt an sich mit einer kleinen Unternehmung zu befassen, der ersten, leider, mit der er sich in seinem Leben je beschäftigt hat. Falls er weise ist, verbringt er zwei oder drei Jahre auf diese Weise, in welcher Zeit er sich Wissen aneignet und lernt, wie man Werkzeug benutzt, den Boden bearbeitet, Bäume fällt etc. Dies schafft die Grundlage für einen guten Ruf, die beste Anschaffung, die er tätigen kann. Er ist ermutigt, hat Freundschaft geschlossen; er wird beraten und angeleitet; er ist kühn, kauft ein Stück Land; er investiert all das Geld, das er mit sich gebracht hat, wie auch das, welches er verdient hat, und vertraut dem Gott der Ernte an, den Rest zu begleichen. Sein guter Ruf verschafft ihm einen Kredit. Nun besitzt er die Urkunde, die ihm und seiner Nachkommenschaft das Grundstück am Fluss, unbeschränkt vererbbar und auf zweihundert Morgen festgesetzt, überträgt. Was für eine Zeit im Leben dieses Mannes! [...] Aus dem Nichts in das Sein zu treten; vom Diener zum Rang des Meisters aufzusteigen; vom Sklaven eines despotischen Prinzen, ein freier Mann zu werden, im Besitz von Ländereien, die mit dem Segen jedes Gemeinderechts ausgestattet sind! Wahrlich, was für eine Veränderung! Aufgrund dieser Veränderung geschieht es, dass aus ihm ein Amerikaner wird. (de Crèvecoeur, 1986, S. 81 ff., Übers. d. V.)

Auch der Historiker Commager sieht in den besonderen Umständen, denen die Menschen in der Neuen Welt ausgesetzt waren, den Ursprung ihrer Zuversicht:

Da Natur und Erfahrung den Optimismus rechtfertigten, waren die Amerikaner unverbesserliche Optimisten. [...] Der Fortschritt war dem Amerikaner kein philosophischer Begriff, sondern etwas Selbstverständliches, durch die Erfahrung Erhärtetes; er sah ihn täglich vor sich: Wildnis verwandelte sich in Ackerland, die Dörfer wuchsen zu Städten an, seine Gemeinde wie das ganze Volk waren im stetigen Aufstieg zu Reichtum und Macht begriffen.
[Der Amerikaner] lebte [...] in der Zukunft und kümmerte sich wenig um das, was das Heute bringen mochte, hingegen viel um die Träume – und Profite – von Morgen. Er schmiedete ehrgeizige Pläne und war gewohnt, selbst seine kühnsten Hoffnungen übertroffen zu sehen; schließlich kam er zu der Überzeugung, dass ihm nichts unmöglich sei [...]. Der Amerikaner sah die Gegenwart mit den Augen der Zukunft. [...] In jedem barfüßigen Jungen erblickte er einen zukünftigen Präsidenten oder Millionär [...]. (Commager, 1952, S. 20 f.)

Diese Vorstellung von der Erreichbarkeit der eigenen Ziele, die sich im „American Dream" – dem Traum, vom Tellerwäscher zum Millionär zu werden – bis ins zwanzigste Jahrhundert fortsetzte, bildete wiederum den optimalen Nährboden für die Entstehung einer Bewegung, die das Positive Denken zu einer der höchsten Tugenden, sogar zu einer Notwendigkeit emporhob.

Der Einfluss Ralph Waldo Emersons

Während der Erfolg der USA und ihrer Bürger für die Vertreter des Positiven Denkens häufig den praktischen Beweis für die Wirksamkeit einer zuversichtlichen Haltung darstellte, schuf der Philosoph und Dichter Ralph Waldo Emerson durch seine Schriften und Vorträge eine wichtige theoretische Grundlage, auf der nachfolgende Autoren ihre Konzepte aufbauen konnten. Der 1803 in Massachusetts geborene Emerson studierte zunächst Theologie und begann seine berufliche Laufbahn als Pfarrer einer protestantischen Kirche in Boston. Nur wenige Jahre nach seiner Ordination legte er jedoch sein geistliches Amt nieder und begab sich auf eine lange Reise durch Europa. Dort kam er durch den schottischen Schriftsteller Thomas Carlyle mit dem deutschen Idealismus und der Philosophie Immanuel Kants in Berührung. Aus einer Verbindung dieser Einflüsse mit Elementen der englischen Romantik, vedischer Philosophie und den Lehren des schwedischen Mystikers Emanuel Swedenborg schuf Emerson eine ureigene amerikanische Philosophie, die als „Transzendentalismus" bekannt und durch Bücher und Aufsätze wie „Nature" oder „Self-Reliance" schnell populär wurde (Richardson, 1995).

Der Erfolg Emersons wird auch mit seiner optimistischen Sichtweise in Zusammenhang gebracht. Er forderte eine Abkehr von Europa und eine Besinnung auf amerikanische Tugenden wie Unabhängigkeit und Selbstvertrauen. Im Zentrum seiner Philosophie standen das göttliche Wesen des Menschen und dessen Fähigkeit, mit der göttlichen Seele, welche die Natur durchdringt, in Einklang zu gelangen und durch sie inspiriert zu werden.

Diese Inspirationen stellten für Emerson die sicherste und wichtigste Form des Wissens dar: „Jeder Mensch unterscheidet zwischen den bewussten Akten seines Geistes und seinen unbewussten Wahrnehmungen und weiß, dass seinen unbewussten Wahrnehmungen uneingeschränkter Glaube gebührt. Er mag fehlgehen in ihrem Ausdruck, aber er weiß, dass sie ebensowenig wie Tag und Nacht zu leugnen sind" (Emerson, 2001, S. 159 f). Emerson lehrte, dass der Mensch durch diese Intuitionen und durch die ihm innewohnende (aber manchmal unentdeckte) Kraft befähigt wird, sein gottgegebenes Potenzial zu entfalten und Unglaubliches zu bewirken. So erklärte er: „Wer weiß, dass die Kraft angeboren ist, [...] und sich ohne Zögern auf sein Denken wirft, der richtet sich wieder auf, steht aufrecht da, beherrscht seine Glieder, wirkt Wunder" (Emerson, 2003, S. 72). Dem fügte er außerdem hinzu: „Tue das, was dir zugeteilt ist, und du kannst weder zuviel hoffen noch zuviel wagen" (Emerson, 2001, S. 173). Emerson war auch der Ansicht, dass die Geschichte und die Errungenschaften der Menschheit nicht dazu da sind, um bewundert zu werden, sondern um wiederholt, sogar überboten zu werden: „Wisse denn, dass die Welt für dich da ist. [...] Alles, was Adam hatte und was Cäsar vermochte, hast und vermagst auch du. [...] Baue deshalb deine eigene Welt. So schnell, wie du dein Leben mit der reinen Idee in deinem Geist in Einklang bringst, wird diese ihre großartigen Proportionen entfalten" (Emerson, 2001, S. 141).

„Mind Cure", „New Thought" und ihre Ausläufer

Als philosophische Strömung mit einer mehr oder weniger organisierten Gruppe von Vertretern existierte der Transzendentalismus kaum mehr als ein Vierteljahrhundert. Dennoch war sein Einfluss noch Jahrzehnte später zu verspüren. Die Lehren Emersons beeinflussten viele Vertreter der deutlich langlebigeren und ebenfalls sehr einflussreichen „Mind Cure" und „New Thought"-Bewegungen, aus deren Tradition auch Autoren wie Norman Vincent Peale, Dale Carnegie und Napoleon Hill hervorgingen (Meyer, 1988).

Als Urvater dieser Bewegung gilt der 1802 geborene Geistheiler Phineas Parkhurst Quimby. Der aus dem Bundesstaat Maine stammende Quimby war im frühen Erwachsenenalter an Schwindsucht erkrankt und hatte sehr unter den Behandlungsmethoden seiner Ärzte gelitten (Dresser, 1919). Als er während eines Vortrags des französischen Mediziners Charles Poyen zum ersten Mal etwas von Hypnose hörte, war er so fasziniert, dass er beschloss, sie selbst als Heilmethode auszuprobieren. Schon bald zeigten sich erste Erfolge und nach nur wenigen Jahren – in denen er sich nach eigenen Angaben selbst heilte – hatte er sich einen relativ weitreichenden Ruf als Heiler erarbeitet. Im Laufe dieser Zeit war er allerdings zu dem Schluss gekommen, dass es nicht seine Methoden an sich waren, die den Menschen zur Genesung verhalfen, sondern lediglich der Glaube seiner Patienten an deren Wirksamkeit. Infolge dieser Erkenntnis beschloss Quimby, Hypnose als Heilmethode aufzugeben, nur noch mit mentaler Suggestion zu arbeiten und Menschen darüber zu belehren, welche Macht in ihren Gedanken steckt.

Die erfolgreichsten Vertreter des Positiven Denkens

Norman Vincent Peale (1898–1993) war protestantischer Geistlicher, dessen Botschaft eine Mischung aus religiöser Selbsthilfe und New-Thought-Prinzipien war. Er begann seine berufliche Laufbahn 1922 als Methodistenprediger, wechselte jedoch zehn Jahre später zur Niederländisch-Reformierten Kirche, um eine Stelle in einer großen Pfarrei in New York antreten zu können (George, 1994). Dort waren seine Predigten so beliebt, dass sich die Zahl der Anwesenden in den Gottesdiensten bald vervielfachte. Peale begann, seine Botschaft durch Zeitungsartikel, Radiosendungen, Bücher und eine eigene Zeitschrift zu verbreiten. Weltweite Bekanntheit erlangte er durch sein viertes Buch *„Die Kraft Positiven Denkens"* (1950), welches sich millionenfach verkaufte und zu den erfolgreichsten Selbsthilferatgebern aller Zeiten zählt.

Als Sohn eines Farmers wuchs **Dale Carnegie** (geb. Carnegey, 1888–1955) in ärmlichen Verhältnissen auf (Kemp & Claflin, 1989). Nach Abschluss der Schule war er zunächst als Vertreter und Schauspieler tätig, begann jedoch bald Rhetorikkurse zu geben. Diese Kurse waren so erfolgreich, dass er beschloss, sie auch in Buchform zu veröffentlichen. Weitere Bücher folgten bald. *Wie man Freunde gewinnt* (1936) und *Sorge Dich nicht – lebe!* (1948) machten Carnegie berühmt und sind auch heute noch in Bestsellerlisten zu finden.

Napoleon Hill (1883–1970) begann schon im Alter von 13 Jahren, gelegentlich für eine Lokalzeitung zu schreiben und hielt sich auch während seines Jurastudiums durch die Veröffentlichung von Artikeln über Wasser (Ritt & Landers, 1995). Nachdem er 1908 Gelegenheit bekommen hatte, den Stahlmagnaten Andrew Carnegie zu interviewen, beschloss er, berühmte Persönlichkeiten über ihr Erfolgsgeheimnis zu befragen. Seine Thesen veröffentlichte er 1937 in seinem Bestseller *Denke nach und werde reich*, der sich seither etwa 15 Millionen Mal verkauft hat.

Obwohl Quimby seine Lehren niemals in Schriftform veröffentlichte, fanden seine Überzeugungen durch viele seiner ehemaligen Patienten weite Verbreitung (Meyer, 1988). Einige von ihnen gründeten Clubs oder Vereine, in denen sich die Mitglieder über die Macht der Gedanken austauschten und die Mind-Cure-Prinzipien an ihre Mitmenschen vermittelten. Andere beschlossen, von den Lehren und Methoden des Heilers inspirierte Bücher, Zeitschriften oder Traktate zu veröffentlichen. 1869 erschien ein Buch des Geistlichen Warren Evans unter dem Titel „The Mental Cure" (Evans, 1869), welches nicht nur das erste Werk der gerade entstehenden Bewegung ist, sondern von dem auch ihre ursprüngliche Bezeichnung „Mind Cure" herrührt. Das Werk beinhaltete – wie viele nachfolgende Bücher – eine Mischung aus Quimbys Gedankengut, christlicher Lehre sowie der Philosophie Emersons und seiner Vordenker. Damit erfuhren die Mind-Cure-Prinzipien zwar einerseits weite Verbreitung, andererseits verloren sie in dem Prozess auch Quimbys Handschrift.

Besonders starken Zuwachs erlebte die Lehre von der Macht der Gedanken gegen Ende des neunzehnten und vor allem zu Beginn des zwanzigsten Jahrhunderts. 1906 wurde der einflussreiche, noch heute aktive Verein „International New Thought Alliance" gegründet. Der Name kennzeichnete eine wichtige Weiterentwicklung. Während in „Mind Cure“-Theorien die Gesundheit des Menschen im Zentrum stand, befasste sich „New Thought“ auch mit dem Einfluss der Gedanken auf andere Lebensbereiche. Diese Veränderung, die Veröffentlichungen nun auch für ein breiteres Publikum interessant machten, führte zu Beginn des neuen Jahrhunderts zu einer regelrechten Publikationsflut. Schon bis 1910 wurden neben zahlreichen Büchern etwa 100 neue Zeitschriften und Zeitungen veröffentlicht, die sich alle der New-Thought-Bewegung verschrieben hatten. Plötzlich waren Erfolg, Wohlstand und Lebenszufriedenheit an jeder Straßenecke für ein paar Cent und eine gute Prise positiver Gedanken zu haben. Die Grundlage für den kontinuierlichen Publikationsfluss war gelegt. Aus dieser Tradition gingen schließlich die Bestseller von Carnegie, Peale und Hill (siehe Kasten S. 19) hervor. Zwar litt die Begeisterung für „New Thought“ als Folge des Ersten Weltkriegs und der Wirtschaftskrise, aber dennoch gelang es der Bewegung, mit ihren Büchern ein großes Publikum zu erreichen und die Prinzipien des Positiven Denkens auch außerhalb Nordamerikas bekannt zu machen.

1.1.2 Positives Denken in Deutschland

Szenenwechsel. Die Journalistin Bärbel Schwertfeger (1998) beschreibt anschaulich das Treiben von selbsternannten Persönlichkeitstrainern in Deutschland Ende der 90er Jahre des vergangenen Jahrhunderts. In einem Kongresssaal irgendwo in Deutschland dröhnt Discomusik aus den Lautsprechern. Eine Vielzahl von Scheinwerfern sorgt für eine Lichtshow wie auf einem Popkonzert. Währenddessen eilt ein Mann – mal energisch in die Hände klatschend, mal mit der Wasserpistole spritzend – hin und her und versucht den Teilnehmern seiner Veranstaltung einzuheizen. Alle klatschen eifrig mit, manche tanzen zur Musik. Etwa dreihundert Personen haben sich hier versammelt, um vom gelernten Bäcker Emile Ratelband zu lernen, wie sie ihre Ziele erreichen und ihre Träume wahr machen können. Dafür haben sie bereitwillig mehrere hundert Mark bezahlt. Mit seinem „Power-Seminar“ will Ratelband seinen Zuhörern zu mehr Charisma verhelfen und sie zu höheren Leistungen antreiben. „Wenn Sie wissen, dass Sie es schaffen, dann haben Sie Charisma.“ Laut Ratelband sind es Pessimismus und Zweifel, die Menschen daran hindern, ihr wahres Potential zu entfalten und mehr aus ihrem Leben zu machen. Deshalb will er in ihnen den Glauben an die Machbarkeit des anscheinend Unmöglichen wecken und ihre negativen Denkmuster umpolen. „Tsjakkaa! Du schaffst es!“ (Ratelband, 2000) lautet sein Motto, das er im Laufe des Tages immer wieder ausruft und häufig von seinen Zuhörern lautstark wiederholen lässt.

Ratelband ist einer derjenigen, die Ende der 1990er Jahre zu Ruhm und Reichtum gelangten, als das Interesse an Positivem Denken in Deutschland boomte. Wie Jürgen Höller, Bodo Schäfer, Erich LeJeune und viele andere versuchte er die Menschen hierzulande davon zu überzeugen, dass dem, was wir erreichen können, keine Grenzen gesetzt sind – außer denen, die wir uns selbst auferlegen. Wenngleich sich seit der ersten Blütezeit des Positiven Denkens manches verändert hat – an die Stelle Gottes ist die Macht des Unterbewussten getreten, Gebete werden durch Trainings ersetzt – die Botschaft ist die gleiche geblieben. „Denk positiv! So schaffst Du, was immer Du willst" (Ratelband, 1999).

1.2 Empfehlungen und Versprechungen: Wie Positives Denken Ihnen helfen soll

Obwohl zum Thema Liebe unzählige Gedichte, Lieder und Filme entstanden sind, ist es kaum möglich, alle Dichter, Musiker und Regisseure[1] dazu zu bringen, eine einheitliche, allgemeingültige Definition von Liebe zu erstellen. Mit Positivem Denken verhält es sich ähnlich. Dennoch gibt es einige Grundgedanken, die in vielen populärwissenschaftlichen Publikationen immer wieder auftauchen. Diese werden in den folgenden Abschnitten zusammengefasst und anschließend analysiert.

„Du kannst, wenn du glaubst, du kannst!"[2]

„Tsjakkaa, Du schaffst es!" ist nicht nur der bekannteste Ausspruch Emile Ratelbands, sondern für viele wahrscheinlich die Quintessenz Positiven Denkens. Sie kommt zum Ausdruck in Zitaten wie „Sie können alles, was Sie sich zutrauen!" (Hill & Stone, 1990, S. 158), „Nichts ist unmöglich" (Peale, 1988a, S.114) und „Vertrauen wirkt Wunder!" (Peale, 1994, S. 155). In diesem Sinne bedeutet Positives Denken, dass jedes Ziel erreichbar ist, wenn wir uns von Zweifeln befreien und fest genug an das Erreichen des Ziels glauben. Diese Form von Optimismus ist die Neuformulierung des Machbarkeits-Glaubens derer, die den amerikanischen Kontinent besiedelten. Sie stellt die Grundlage des amerikanischen Traums dar und die Triebfeder derer, die sich in der neuen Welt vom Tellerwäscher zum Millionär hocharbeiteten. Es ist der Gedanke, der von den verschiedenen Verfechtern positiver Überzeugungen mit stärkstem Nachdruck und größtem Enthusiasmus verbreitet wird. Hill erklärt seinen Lesern: „Ihre einzige wirkliche Grenze ist diejenige, die Sie sich selbst setzen oder als unüberwindlich hinnehmen" (Hill & Stone, 1990, S. 282). Auch Peale ist sich sicher: „Sie können vollbringen, was Sie zu denken vermögen. Denken Sie also, dass Sie es können, und Sie werden es können" (Peale, 1988a, S. 122). Der wohl berühmteste Ausspruch in diesem Zusammenhang ist der Titel von Dale Carnegies erfolgreichstem Buch: „Sorge dich

1 Im Hinblick auf die bessere Lesbarkeit wird in diesem Buch meist die männliche Form verwendet. Es sind jedoch grundsätzlich Personen beiderlei Geschlechts angesprochen.
2 Peale, 1988a.

nicht – lebe!“ (Carnegie, 2003). Pessimistische Gedanken durch optimistische zu verdrängen und dadurch mit Zuversicht und nicht mit Furcht in die Zukunft zu blicken, das ist die wichtigste Aussage.

„Bejahende Gedanken erzeugen positive Wirkungen!“[3]

In vielen Büchern lässt sich die These finden, dass unsere Gedanken unabhängig von bewusstem Handeln zu positiven oder negativen Resultaten führen: „Negative Vorstellungen ziehen entsprechende negative Auswirkungen nach sich, während umgekehrt ein positiver, hoffnungsvoller Gedanke positive Resultate herbeiführt“ (Peale, 1988a, S. 201) oder „Wie du denkst, so wirst du sein“ (Peale, 1994, S. 247). Diese These ist auch Grundlage der Theorien des französischen Apothekers und Vaters der Selbstsuggestion, Emile Coué. Er vertrat die Ansicht, dass schöne Gedanken quasi automatisch zu seelischem und körperlichem Wohlergehen führen. Deshalb schlug er vor, sich mehrmals täglich positive Sätze („Affirmationen“) vorzusagen („Es geht mir jeden Tag in jeder Hinsicht immer besser und besser“) (Coué, 2004).

Bejahende Gedanken sollen jedoch auch zu greifbaren, materiellen Ergebnissen führen. Das betont vor allem Napoleon Hill: „Sie ziehen alles Wünschenswerte an mit einer positiven Geisteshaltung – Sie stoßen es ab mit einer negativen Geisteshaltung!“ (Hill & Stone, 1990, S. 18). Oder: „ […] positive Geisteshaltung zieht Wohlstand an“ (Hill & Stone, 1990, S. 41). Zwar wird bei den meisten Autoren nicht endgültig klar, wie dieser Mechanismus funktionieren soll. In der Regel ist damit aber gemeint, dass unsere Gedanken auf subtile Weise unser Verhalten beeinflussen, was dann zu positiven Resultaten führt.

„Sie wurden als Sieger geboren!“[4]

Ein Gedanke, dem man in nahezu jedem Werk zum Positiven Denken begegnet – ob bei Hill oder Höller – ist der, dass wir viel besser sind, als wir meinen. Die Botschafter der optimistischen Geisteshaltung sind davon überzeugt, dass die Menschen zu viel Größerem fähig sind, als ihnen bewusst ist. Peale ist der Ansicht: „In jedem von uns steckt viel mehr, als wir normalerweise ahnen!“ (Peale, 1988a, S. 213) oder: „Der Mensch ist zu weit größeren Leistungen fähig, als er sich je bewusst geworden ist“ (Peale, 1994, S. 255). Ähnliches sagt auch Carnegie: „Wir haben erstaunliche innere Kräfte, die uns helfen, wenn wir es nur zulassen. Wir sind stärker, als wir glauben“ (Carnegie, 2003, S. 118). Auch Hill ist davon überzeugt, dass in uns ungenutztes Potential schlummert. Er erklärt, dass dem Menschen „Erfolg“ und „Sieg“ angeboren seien und fordert seine Leser auf: „Wecken Sie den schlafenden Riesen in sich!“ (Hill & Stone, 1990, S. 296). Positives Denken dreht sich also auch

3 Peale, 1994, S. 97.
4 Hill & Stone, 1990, S. 32.

darum, an sich selbst zu glauben. Es bedeutet, seine Stärken zu sehen und nicht seine Schwächen, und es bedeutet, sich auf das zu besinnen, was man kann, anstatt sich vorzuhalten, was man nicht kann. Es bedeutet auch, sich selbst zu mögen, sein eigenes Potenzial zu entdecken und seinen eigenen Fähigkeiten zu vertrauen. Diese Form Positiven Denkens birgt die Überzeugung, dass mit der richtigen Einstellung fast alles möglich ist, denn wie Peale erklärt: „Selbstvertrauen ist der erste Schritt zum Erfolg" (Peale, 1988a, S. 103).

„Wenn Sie eine Zitrone haben, machen Sie Zitronenlimonade daraus!"[5]

Aus der Überzeugung, dass alles Vorstellbare erreichbar ist, folgt auch ein bestimmter Umgang mit Hindernissen. Schwierigkeiten sind folglich kein Grund, ein Ziel nicht mehr zu verfolgen. Sie stellen lediglich eine Prüfung der Stärke der eigenen Zuversicht dar. Peale erklärt, es sei „immer zu früh, um aufzugeben" (Peale, 1988a, S. 1) und gibt seinen Lesern den Rat: „Lassen Sie sich [...] weder Ihre Träume noch Ihr Selbstvertrauen rauben – auch nicht unter den widrigsten Umständen!" (Peale, 1988a, S. 160). Hindernisse seien „dazu da, überwunden zu werden" (Peale, 1988a, S. 23). Napoleon Hill ist ganz seiner Meinung: „Der Erfolg bleibt dem treu, der niemals aufgibt" (Hill & Stone, 1990, S. 27). Bei Positivem Denken geht es also darum, auch angesichts von Widrigkeiten optimistisch zu bleiben und nicht zu zweifeln. Wer positiv bleibt und durchhält, werde Wege aus der Krise finden und letzten Endes doch sein Ziel erreichen. „Wirf deine ganze geistige Kraft über deine Hindernisse, und dein Selbst wird sie überwinden" (Peale, 1994, S. 145).

Positiv zu denken bedeutet jedoch nicht nur, trotz Schwierigkeiten zuversichtlich zu bleiben, sondern ebenso, den Problemen immer etwas Positives abzugewinnen und somit das Beste aus ihnen zu machen. Deshalb solle man auf Misserfolge nicht negativ reagieren, indem man sich beklagt oder sich gar entmutigen lässt, sondern überprüfen, wie einem Erfahrungen dienlich sein können. So lassen sich aus einem Fehlschlag Dinge lernen, die letztendlich zum Erfolg führen.

Es fällt auf, dass verschiedene Thesen zum Positiven Denken untereinander Überlappungen aufweisen und dass sich bestimmte Punkte wiederholen. Die zentrale Idee des Positiven Denkens besteht darin, in allen Lebenslagen das Gute zu sehen und für die schönen Dinge des Lebens dankbar zu sein. Es bedeutet, sich auf schöne, bejahende Gedanken zu konzentrieren und den Einfluss pessimistischer Gedanken zu vermeiden. Vor allem ist damit jedoch der Glaube an sich selbst gemeint sowie die Überzeugung, dass man seine Träume verwirklichen und auf konstruktive, kreative Art und Weise mit Hindernissen umgehen kann.

Es ist nicht überraschend, dass das Interesse an Positivem Denken auch hierzulande groß ist. Die Verheißungen, die in den Ratgebern diesbezüglich gemacht werden, klingen verlockend. Was nach diesen Thesen eine hoff-

5 Carnegie, 2003, S. 203.

nungsvolle, selbstsichere Einstellung bewirken soll, wird in den nachfolgenden Absätzen dargestellt.

„Pollyanna" und „Die kleine blaue Lokomotive"

Das nach seiner elfjährigen Protagonistin benannte Buch „Pollyanna" machte die Autorin Eleanor Porter 1913 über Nacht berühmt und ist seither Symbol für eine naiv-optimistische Weltanschauung (Porter, 1913). Zu Beginn des Buches erfährt man, dass Pollyanna, deren Mutter schon seit geraumer Zeit tot ist, nun auch noch ihren Vater verloren hat und sie daher zu ihrer griesgrämigen und jähzornigen Tante Polly ziehen muss. Diese nimmt ihre Nichte jedoch nur widerwillig auf. Sie weist ihr als Zimmer den düsteren Dachboden zu und macht ihr auch sonst das Leben schwer. Aber dank eines Spiels, welches sie von ihrem Vater gelernt hat, schafft sie es trotz ihrer unglücklichen Lebensumstände glücklich zu sein. Er hatte ihr beigebracht, dass man in jeder Situation, ganz gleich wie negativ sie ist, etwas Gutes sehen kann – man müsse sich nur anstrengen. Das Spiel sei umso spannender, je schwieriger es ist, das Gute zu finden. Und somit vermisst Pollyanna zwar ihren Vater, ist jedoch glücklich darüber, dass er wieder bei ihrer Mutter sein kann. Ihr Zimmer ist zwar nicht sehr einladend, aber auch darüber freut sie sich, denn sonst wären ihr möglicherweise gar nicht die schönen Bäume vor dem Fenster aufgefallen. Und hätte sie einen Spiegel in ihrem Zimmer, dann würde sie sich nur über ihre ungeliebten Sommersprossen ärgern. Um ihr Glück auch mit anderen zu teilen, macht Pollyanna sich mit Eifer ans Werk, das Spiel ihren Mitschülerinnen beizubringen, und schafft es dadurch, deren Sicht der Dinge aufzuhellen und sie auf einfache Weise glücklicher zu machen.
Ein weiteres Kinderbuch, das seine Leser von der Wirksamkeit einer positiven Einstellung überzeugen soll, ist der 1930 erschienene Band „Die kleine blaue Lokomotive" (Piper, 1930; „The Little Engine That Could"). Das Buch erzählt von einer Lokomotive, die gebeten wird, einen langen Zug über einen Berg zu ziehen. Eigentlich ist der Zug zu groß für sie, aber da die größeren Lokomotiven sich weigern, erklärt sie sich dazu bereit, es zu versuchen. Trotz des Spotts der großen Loks, dass die Aufgabe zu schwierig für sie sei, macht sich die kleine Maschine an die Arbeit. Immer wieder sagt sie sich „Ich glaube, ich kann's", bis sie schließlich den Gipfel erreicht. Aus dem Buch wurde ein Klassiker der amerikanischen Kinderbuchliteratur und es wird noch heute verwendet, um Kinder zu einer optimistischen Einstellung zu erziehen.

Macht Positives Denken glücklich?

Laut Umfrageergebnissen sind die meisten Menschen in Deutschland mit ihrem Leben mehr oder weniger zufrieden. Dennoch sind die Deutschen im Schnitt weniger glücklich als ihre Nachbarn in Dänemark, Luxemburg, der Schweiz oder den Niederlanden (Inglehart & Klingemann, 2000). Es liegt daher der Verdacht nahe, dass die allgemeine Haltung zum Leben hier eine Rolle spielt. Für die Vertreter Positiven Denkens ist eine negative Sicht der Dinge Quelle vieler Übel. Als Gegenmittel verschreibt Peale eine zuversichtlichere Denkweise: „Denken wir positiv!", rät er und verspricht: „Der positive Denker entwickelt von selbst ein inneres Gefühl des Wohlbefindens. […] Fangen wir damit an, Freude und Glück zu erwarten, und wir werden es auch erreichen“ (Peale, 1988b, S. 85). Auch Carnegie stimmt ein. Er lehrt, dass Menschen glücklich werden können, wenn sie diesen Zustand vortäuschen: „Tun Sie so, als fühlten Sie sich glücklich. Das wird Ihnen nämlich helfen, sich glücklich zu fühlen“ (Carnegie, 1986, S. 94).

Macht Positives Denken gesund?

Carnegie und Kollegen sind sich einig, dass negatives Denken krank macht. Carnegie betont: „Sorgen können selbst den unerschütterlichsten Menschen krank machen.“ (Carnegie, 2003, S. 53) – und fügt hinzu, dass wir gesund werden, wenn wir uns der „größten und wirksamsten Heilkräfte“ bemächtigen – nämlich „Glauben, Schlaf, Musik und Lachen“ (Carnegie, 2003, S. 56). Napoleon Hill ist ebenso von einem Zusammenhang zwischen Positivem Denken und Gesundheit überzeugt: „ [...] positive Geisteshaltung wird Ihnen zu geistiger und körperlicher Gesundheit und längerem Leben verhelfen“ (Hill & Stone, 1990, S. 234).

Macht Positives Denken erfolgreich?

Um Menschen davon zu überzeugen, dass Erfolg auf Zuversicht beruht, zitiert Dale Carnegie den Transzendentalisten Henry David Thoreau, der schrieb: „Wer sich getrost von seinen Träumen leiten lässt und das Leben zu leben sucht, das ihm vorschwebt, dem ist ein Erfolg beschieden, wie er ihn gemeinhin nicht gewärtigt“ (Thoreau, 1992, S.453). Während diese Aussage verhältnismäßig zurückhaltend ist, gehen andere Autoren mit ihren Versprechungen deutlich weiter. So verheißt Napoleon Hill: „Sie können ihre Welt verändern“ (Hill & Stone, 1990, S. 29), und „Was der Geist erfassen und glauben kann, kann der Geist auch verwirklichen“ (Hill & Stone, 1990, S. 43). Menschen, die positiv denken, sind nach diesen Aussagen wohlhabender und beruflich erfolgreicher – zumindest, wenn sie sich dies wünschen.

Sichert uns Positives Denken die Zuneigung anderer?

Wer in der Lage ist, seine Mitmenschen in positivem Licht zu sehen, kommt nach den Thesen der Vertreter Positiven Denkens besser mit ihnen zurecht. Danach macht es einen Unterschied, ob wir dazu neigen, unserem Gegenüber schlechte Motive zu unterstellen, oder ob wir davon ausgehen, dass hinter seinem Verhalten im Grunde gute Absichten stecken. Wer gut über seine Mitmenschen denkt, ruft nach dieser Ansicht bei ihnen positive Reaktionen hervor.

Ist Positives Denken wirklich positiv?

So betrachtet scheint eine positive Geisteshaltung ausgesprochen hilfreich zu sein. Wer möchte schließlich nicht gesünder, glücklicher und beliebter sein und seine Träume in die Tat umsetzen? Somit ist es nicht überraschend, dass sich die Ratgeber zu Positivem Denken so großer Beliebtheit erfreuen. Aber gerade wegen dieser Popularität muss die Frage gestellt werden, ob das Vertrauen in die Prinzipien, die in diesen Büchern gelehrt werden, wirklich gerechtfertigt ist. Eine Aussage muss schließlich nicht richtig sein, nur weil sie plausibel klingt. In Bezug auf Freundschaften sagt man im Alltag entweder: „Gleich und gleich gesellt sich gern" oder aber: „Gegensätze ziehen sich an". Es können nicht beide Aussagen grundsätzliche Gültigkeit haben, ganz gleich, wie einleuchtend sie klingen. Aber jede Medaille hat bekanntlich zwei Seiten. Vielleicht wirkt sich Positives Denken in vielerlei Hinsicht tatsächlich sehr günstig aus. Aber was ist mit möglichen Nebenwirkungen oder Gefahren? Wie stehen diese im Verhältnis zu den Vorteilen? Gibt es Zeiten, in denen Positives Denken angebracht ist, und Situationen, in denen eine pessimistischere Sichtweise die bessere wäre? Sind zuversichtliche Haltungen für manche Menschen ratsam, für andere eher nicht? Glücklicherweise haben wissenschaftliche Untersuchungen im Laufe der letzten Jahrzehnte viele Erkenntnisse über die Auswirkungen optimistischer und pessimistischer Haltungen hervorgebracht. Ob Positives Denken Menschen glücklicher, gesünder, erfolgreicher im Beruf und im Umgang mit Mitmenschen macht, wird – neben vielen anderen Fragen – in den nachfolgenden Kapiteln behandelt.

1.3 Wissenschaftliche Konzepte Positiven Denkens

Alle Wissenschaft ist nur eine Verfeinerung des Denkens des Alltags.
Albert Einstein

Die wissenschaftliche Erforschung von Optimismus begann ironischerweise mit einem fehlgeschlagenen Experiment. Als junger Doktorand an der Universität von Pennsylvania erfuhr Martin Seligman, dass eine Tierstudie abgebrochen werden musste, weil bei einigen der Laborhunde unerwartete Verhaltensweisen auftraten (Seligman, 1991). In der ersten Phase des Experiments hatte man sie in einem Käfig nach dem Ertönen eines Signals sehr milden, aber dennoch unangenehmen Stromstößen ausgesetzt, um ihnen beizubringen, das akustische Signal mit dem Auftreten eines unangenehmen Reizes zu verbinden. In der zweiten Phase war der Käfig offen und man wollte überprüfen, ob die Hunde, wenn man ihnen die Möglichkeit gab, den Stromschlägen zu entkommen, schon bei Ertönen des Signals versuchen würden zu flüchten. Zur Verwunderung der Versuchsleiter geschah das nicht: Anstatt der Situation zu entfliehen, legten sie sich auf den Boden und nahmen die Stromstöße passiv hin.
Als Seligman davon hörte, erkannte er, dass man die Hunde unbewusst zur Hilflosigkeit trainiert hatte. In Phase eins – als die Elektroschocks unausweichlich waren – hatten die Tiere gelernt, dass jeder Versuch, vor den Stromstößen zu fliehen, zwecklos war. Diese Erfahrung führte dazu, dass sie in der zweiten Phase

– als sie den Schocks hätten entkommen können – gar nicht erst versuchten, die Flucht zu ergreifen. Sie gaben sich einer widrigen Situation hin, obwohl es in diesem Fall einen Ausweg gegeben hätte (Seligman, 1991).
In weiteren Experimenten konnten sehr ähnliche Verhaltensweisen auch bei Menschen nachgewiesen werden. Setzte man Versuchspersonen in einem ersten Schritt unangenehmen Stimuli aus, denen sie nicht ausweichen konnten (wie z. B. einem lauten, irritierenden Ton, der nicht abzustellen war), neigten sie im zweiten Schritt des Experiments dazu, gar nicht erst den Versuch zu unternehmen, unangenehme (aber kontrollierbare) Reize abzustellen (Hiroto, 1974). Ähnlich wie die Hunde ertrugen sie stattdessen passiv die unangenehme Situation. Allerdings gab es in dieser und in anderen Studien einen bedeutsamen Unterschied. In jeder Studie, die mit Menschen durchgeführt wurde, waren einige Teilnehmer, die sich nicht passiv verhielten. Obwohl sie im ersten Schritt ebenfalls die Erfahrung gemacht hatten, dass jeder Versuch, die Situation zu verändern, erfolglos war, bemühten sie sich in Phase zwei trotzdem, dem unangenehmen Reiz zu entkommen. Im Gegensatz zu den anderen Teilnehmern gelang es ihnen, widrige Umstände erfolgreich zu verändern und sich nicht einem scheinbar unausweichlichen Schicksal zu ergeben.
Was machte den Unterschied aus? Wieso ließen sich die einen nicht entmutigen, während die anderen aufgaben? Wie sich später in zahlreichen Folgeexperimenten demonstrieren ließ, lag die Ursache in ihrem optimistischen Erklärungsstil (vgl. Seligman, 1991).

Haben Menschen kein einheitliches Verständnis der Wörter, die sie verwenden, sind Missverständnisse vorprogrammiert. Beschreibt sich Klaus in einer Kontaktanzeige als ausgesprochen sportlich, glaubt Gabi möglicherweise, sie habe es mit einem athletisch gebauten Schwimmer zu tun. Wahrscheinlich wäre sie enttäuscht, falls er sich beim ersten Treffen als übergewichtiger Tontaubenschießer entpuppt. Unter Sport versteht sie – der Ansicht des Olympischen Komitees zum Trotz – etwas anderes.

Da der Begriff Positives Denken in der Psychologie nicht als wissenschaftlicher Fachausdruck existiert, muss er definiert werden, wenn er mit der Fachliteratur in Verbindung gebracht werden soll. Positives Denken soll hier verwendet werden als Oberbegriff für eine Reihe wissenschaftlich untersuchter Konzepte, die in Zusammenhang mit einer positiven Sicht der Dinge stehen. Dazu gehören internale Kontrollüberzeugungen, Selbstwirksamkeitserwartungen, dispositionaler Optimismus, Hoffnung sowie günstige Attributionsstile (die auch als erlernter Optimismus oder optimistische Erklärungsmuster bezeichnet werden). Was genau sich hinter diesen Fachausdrücken verbirgt, wie sie entstanden sind und wie sie erfasst werden, soll in den nachfolgenden Absätzen dargestellt werden.

Positives Denken ist ein Begriff aus der Alltagspsychologie. Wissenschaftliche Konzepte, die unter diesen Begriff fallen, sind: Internale Kontrollüberzeugungen, Selbstwirksamkeitserwartungen, Hoffnung, Optimismus und günstige Attributionsstile.

1.3.1 Internale Kontrollüberzeugungen

Das älteste der genannten Konstrukte – das Konzept der internalen bzw. externalen Kontrollüberzeugungen (Rotter, 1954) – hat seinen Ursprung in der Mitte des letzten Jahrhunderts. Während seiner Zeit als klinischer Psychologe am Worcester State Hospital in Massachusetts hatte Julian Rotter festgestellt, dass bestimmte Patienten weniger Fortschritte machten als andere (Rotter, 1993). Seine Analysen zeigten, dass diese Patienten anscheinend keinen Zusammenhang zwischen ihrem Verhalten und positiven bzw. negativen Folgen sahen. Anders gesagt, sie waren nicht der Meinung, dass es in ihrer Macht liege, positive Zustände herbeizuführen und negative zu vermeiden.

Diese Erkenntnis legte den Grundstein für Rotters Theorie der Kontrollüberzeugung. Er schloss daraus, dass sich Menschen generell darin unterscheiden, wie sehr sie ihr eigenes Verhalten als maßgeblich für den Verlauf ihres Lebens ansehen bzw. wie stark sie davon überzeugt sind, dass äußere Faktoren ihr Schicksal steuern. Während manche Menschen glauben, dass positive Lebensereignisse auf ihrer Kompetenz, ihrer Anstrengung oder auf anderen persönlichen Einflüssen beruhen (internal verortet), glauben andere, dass sie ihr Schicksal gar nicht oder nur geringfügig beeinflussen können, sondern dass es eher vom Zufall oder vom Wirken einer höheren Macht abhängig ist (external verortet). Diese unterschiedlichen Ansichten bezeichnete Rotter als internale bzw. externale Kontrollüberzeugung (1954).

Glaubt eine Person, ihr Leben werde durch äußere Umstände bestimmt, ist ihre Kontrollüberzeugung external. Wenn sie dagegen der Ansicht ist, dass sie ihr Schicksal durch ihr Handeln selbst bestimmen kann, liegt eine internale Kontrollüberzeugung – und somit eine Form Positiven Denkens – vor.

Um in der Lage zu sein, zwischen Personen mit internaler und externaler Überzeugung zu unterscheiden und dadurch untersuchen zu können, wie sich die unterschiedlichen Einstellungen auswirken, entwickelte Rotter 1966 den ersten Fragebogen, der allgemeine Kontrollüberzeugungen erfasst. Er besteht aus 29 Aussagenpaaren, die internale und externale Überzeugungen zum Ausdruck bringen. Die Befragten werden dabei aufgefordert, die jeweils für sie passende Aussage auszuwählen. Seither wurden viele weitere Fragebögen zu Kontrollüberzeugungen entwickelt, die kürzer und z. T. spezifischer sind. So gibt es inzwischen eine Reihe von Fragebögen, die bereichsspezifische Überzeugungen erfassen, etwa zu den Themen Beruf (Chen, Goddard & Casper, 2004; Spector, 1988) oder Gesundheit (DeVellis et al., 1993; Parcel & Meyer, 1978; Wallston, Wallston & DeVellis, 1978). Eine deutsche Version wurde von Günter Krampen veröffentlicht (Fragebogen zu Kompetenz- und Kontrollüberzeugungen, 1991). Diese erfasst internale Kontrollüberzeugungen durch Zustimmung zu Aussagen wie: „Wenn ich bekomme, was ich will, so ist das immer eine Folge meiner Anstrengung und meines persönlichen Einsatzes" oder „Ich kann mich am besten selbst durch mein Verhalten vor Krankheiten schützen".

1.3.2 Selbstwirksamkeitserwartung

Das 1977 von Albert Bandura vorgestellte Konstrukt der Selbstwirksamkeitserwartung entspricht sicherlich am stärksten dem klassischen Verständnis von Positivem Denken, wie es in der Geschichte der kleinen blauen Lokomotive („Ich glaube, ich kann's" – vgl. Kap. 1.2) oder in bekannten Bonmots („Du kannst, wenn du glaubst, du kannst.") zum Ausdruck kommt. Es handelt sich dabei nicht um eine optimistische Sicht der Zukunft an sich, sondern um eine Einschätzung der Effektivität eigener Handlungen. Diese beruht laut Bandura auf zwei Komponenten, nämlich

a) der *Konsequenz*erwartung – der Annahme, dass bestimmte Handlungen geeignet sind, ein bestimmtes Ziel zu erreichen – und
b) der *Kompetenz*erwartung – der Überzeugung, dass man selbst in der Lage ist, diese Handlungen erfolgreich auszuführen (vgl. Bandura, 1997).

Wenn Menschen überzeugt sind, dass eine bestimmte Handlung zu dem erhofften Ergebnis führen wird und sie sich außerdem in der Lage sehen, diese Handlung erfolgreich durchzuführen, dann ist ihre Selbstwirksamkeitserwartung sehr hoch. Sie fragen sich beispielsweise, ob die empfohlene Diät wirklich zu dauerhaftem Gewichtsverlust führen wird (Konsequenz) und sie die Ausdauer und Selbstdisziplin haben, diese Diät auch durchzuhalten (Kompetenz). Wenn einer der beiden Aspekte negativ beurteilt wird, ist die Wahrscheinlichkeit gering, dass das entsprechende Verhalten aufgenommen oder auf Dauer aufrechterhalten wird. Selbstwirksamkeitserwartungen beeinflussen also maßgeblich die Entscheidung, ob Menschen bestimmte Ziele in Angriff nehmen und umsetzen.

Erfasst wird diese Form Positiven Denkens durch Fragebögen wie die „Self-Efficacy Scale" (Sherer et al., 1982) oder „Allgemeine Selbstwirksamkeitserwartung" (Jerusalem & Schwarzer, 1981). Hohe Selbstwirksamkeit weisen dabei Personen auf, die Aussagen zustimmen wie: „Schwierigkeiten sehe ich gelassen entgegen, weil ich immer meinen Fähigkeiten vertrauen kann", oder „Wenn ein Problem auftaucht, kann ich es aus eigener Kraft meistern" (Jerusalem & Schwarzer, 1981). Außerdem wird bei Selbstwirksamkeit – wie auch bei Kontrollüberzeugungen – oft zwischen allgemeinen und bereichsspezifischen Erwartungen unterschieden. Inzwischen gibt es Fragebögen, die Erwartungen in den Bereichen Arbeit (Betz & Hackett, 1981), Lernen (vgl. Gibson & Dembo, 1984), Suchtverhalten (Martin, Wilkinson & Poulos, 1995), Sexualverhalten (Kasen, Vaughan & Walter, 1992), Mathematik (Betz & Hackett, 1983) u. Ä. erfassen. Außerdem entwickelte Bandura einen Fragebogen für Kinder (Bandura, 2005).

1.3.3 Dispositionaler Optimismus

Im Brockhaus-Lexikon wird Optimismus beschrieben als die Neigung, das Leben von der besten Seite aufzufassen und auf einen guten Ausgang der Dinge zu vertrauen. Diese Beschreibung entspricht auch dem von Michael

Scheier und Charles Carver wissenschaftlich untersuchten Konzept des Optimismus (Scheier & Carver, 1985). Die beiden Forscher sehen dispositionalen Optimismus als relativ stabiles Persönlichkeitsmerkmal[6] an, das sich von situationsbedingter oder bereichsspezifischer Zuversicht unterscheidet. Das kommt auch in den Antwortmöglichkeiten des „Life Orientation Test" (Scheier & Carver, 1985) zum Ausdruck: „Ich blicke stets optimistisch in die Zukunft", „In unsicheren Zeiten erwarte ich gewöhnlich das Beste" oder „Ich sehe stets die guten Seiten der Dinge". Zweck des Fragebogens ist nicht, zu ermitteln, ob Menschen *in einer bestimmten Situation* optimistisch sind, sondern ob sie *im Allgemeinen* optimistisch sind.

Carver und Scheier äußern sich nicht explizit dazu, ob optimistische Menschen davon ausgehen, dass sich Dinge von allein positiv entwickeln oder dass sie selbst dazu beitragen müssen. Allerdings wurde der dispositionale Optimismus ursprünglich im Rahmen von Carvers und Scheiers (1981) Theorie zielgerichteten Verhaltens vorgestellt. Darin diente er zur Erklärung, weshalb manche Menschen auch angesichts von Hindernissen an ihren Zielen festhalten. Hier vertraten die Forscher die Ansicht, dass Personen, die gewohnheitsmäßig positive Ergebnisse erwarten und darauf vertrauen, dass die Zukunft Gutes birgt, in schwierigen Situationen eher in der Lage sind, die Motivation zur Zielerreichung aufrecht zu erhalten, da ihre Zuversicht möglichen Zweifeln entgegenwirkt.

Das erste Instrument zur Erfassung von Optimismus war der oben erwähnte „Life Orientation Test" (kurz LOT; Scheier & Carver, 1985). Dieser beinhaltet vier optimistische und vier pessimistische Aussagen. Die Übereinstimmung mit den Aussagen kann auf einer 5-Punkte-Skala angegeben werden. Ein insgesamt hoher Wert signalisiert Optimismus, ein niedriger hingegen Pessimismus. Eine deutsche Übersetzung haben Wieland-Eckelmann und Carver (1990) vorgestellt. Im englischsprachigen Raum wird inzwischen eine gekürzte Fassung häufiger verwendet („LOT-Revised"; Scheier, Carver & Bridges, 1994). Um die Einstellung von Kindern im Grundschulalter zu erfassen, wurde außerdem der „YLOT" (Youth Life Orientation Test; Ey et al., 2005) entwickelt.

Darüber hinaus gab es einige Diskussionen darüber, ob Optimismus und Pessimismus tatsächlich zwei Pole einer Eigenschaft sind oder ob es sich um zwei eigenständige Persönlichkeitsmerkmale handelt. Somit wäre es möglich, dass Personen zugleich einen hohen Wert auf Optimismus und auf Pessimismus haben. Um dieser Möglichkeit Rechnung zu tragen, wurde des Weiteren der „Extended-LOT" (kurz ELOT; Chang, Maydeu-Olivares & D'Zurilla, 1997) entwickelt, der Optimismus und Pessimismus als zwei unabhängige Konstrukte erfasst.

6 Im Fachjargon auch Disposition genannt.

1.3.4 Dispositionale und situationsbedingte Hoffnung

Die jüngste Variante Positiven Denkens ist das von Snyder (1994) untersuchte Konzept der Hoffnung. Ähnlich wie bei Optimismus handelt es sich hierbei um eine zuversichtliche Zukunftsorientierung. Allerdings ist in diesem Fall klarer definiert, wie die optimistische Haltung zustande kommt. Hoffnung beruht laut Snyder auf der Überzeugung, dass man sowohl den Willen als auch die Möglichkeit hat, seine Ziele zu erreichen (vgl. Snyder, 1994). Personen, die viele mögliche Wege sehen, ihre Ziele zu erreichen, die glauben, potentielle Hindernisse überwinden zu können und außerdem hoch motiviert sind, am Erreichen ihrer Ziele zu arbeiten, haben ein großes Maß an Hoffnung. Sie würden Aussagen zustimmen wie „Ich verfolge meine Ziele voller Energie", „Mir fallen viele Wege ein, die Dinge zu erreichen, die mir im Leben wichtig sind" oder „Es gibt viele Wege, Probleme zu umgehen" (vgl. Snyder et al., 1991, Adult Dispositional Hope Scale).

Wie Hoffnung erfasst wird, hängt davon ab, um welche Art es sich handelt. Snyder unterscheidet zwischen dispositionaler Hoffnung – der allgemeinen Neigung hoffnungsvoll zu sein – und situationsbezogener Hoffnung. Erstere wird entweder mit dem oben zitierten Fragebogen (Snyder et al., 1991) oder dem Pendant für Kinder erfasst (Snyder et al., 1997), letztere mit der „Adult State Hope Scale" (Snyder et al., 1996).

1.3.5 Günstige Erklärungsstile

Eine weitere Variante Positiven Denkens ist die gewohnheitsmäßige Tendenz, sich das Zustandekommen von Ereignissen auf eine Art und Weise zu erklären, die Anlass zur Zuversicht gibt. Diese Neigung wurde von Seligman (1991) als optimistischer Attributionsstil oder erlernter Optimismus bezeichnet. Der Ursprung dieser Variante Positiven Denkens liegt in der zu Beginn dieses Abschnitts zitierten Geschichte. Als „Attributionen" bezeichnet man Ursachenzuschreibungen und Erklärungen, die Menschen für das Zustandekommen von Ereignissen geben. Die Aussage „Peter hat gute Noten, weil er fleißig ist" schreibt Peters gute Leistungen seinen Anstrengungen zu – ein Beispiel für eine Attribution.

Stellt man Menschen die Frage, wie ein bestimmtes Ereignis zustande kam, geben ihre Antworten in der Regel über drei Merkmale Auskunft: den „Ort", die Stabilität und die Globalität der Ursache (vgl. Seligman, 1991; s. auch Kasten „Attribution"). Der Ort gibt an, wer oder was das Ereignis ausgelöst hat. Dabei wird unterschieden zwischen einem internalen Ort („Ich bin schuld!") und einem externalen („Mein Nachbar/der Hund/die Konjunktur ist schuld"). Die Stabilität bezieht sich dagegen auf die Frage, ob die Ursache dauerhaft („Vorträge zu halten liegt mir nicht") oder vorübergehend („Ich war nur ein wenig aufgeregt") ist. Das Merkmal der Globalität unterscheidet außerdem zwischen einer allgemeinen Ursache, deren Auswirkungen umfassend sind („Ich bin zu alt, um einen Job zu bekommen") und einer spezifi-

Attribution

Der psychologische Fachbegriff „Attribution" ist im Grunde eine kürzere Bezeichnung für die Erklärungen, mit denen Menschen sich die Frage „Warum?" beantworten. Wenn unerwartete oder enttäuschende Dinge geschehen, wollen Menschen wissen, wie es dazu kommen konnte (Weiner, 1986). „Wieso ist meine Partnerin heute so schlecht gelaunt?", „Weshalb war meine Diät nicht erfolgreich?", „Warum war mein Kollege plötzlich so nett zu mir?" Das Ziel solcher Fragen ist, eine bestimmte Ursache ausfindig zu machen, also eine sinnvolle Erklärung für den Verlauf der Dinge zu finden – „Sie ist gereizt, weil sie Kopfschmerzen hat", „Ich muss die Portionsgrößen falsch berechnet haben", „Er hat bestimmt eine Lohnerhöhung bekommen". Diese Ursachenzuschreibungen bezeichnet man als Attributionen.

schen Ursache, die sich nur auf einen bestimmten Aspekt bezieht („Die wollten jemanden mit besseren Englischkenntnissen").

Am besten wird das an einem Beispiel deutlich: Sebastian und Markus sind vor einigen Monaten von der Grundschule aufs Gymnasium gekommen. Beide hatten einen etwas problematischen Start und haben nun erfahren, dass sie in einer Mathematikarbeit eine schlechte Note bekommen haben. Natürlich reagieren sie mit Enttäuschung auf diese Nachricht, aber Sebastian scheint stärker davon getroffen zu sein als Markus. Kaum zu Hause angekommen, erklärt er, dass er einfach dumm sei (eine internale, dauerhafte und allgemeine Ursache[7]) und dass er die Jahrgangsstufe bestimmt wiederholen müsse. Die erneute schlechte Note ist ihm Beweis genug, dass sein gutes Abschneiden in anderen Fächern reiner Zufall war. Dagegen kommt Markus zu dem Schluss, dass das verbesserungswürdige Ergebnis am hohen Lärmpegel während der Prüfung lag (external, vorübergehend, spezifisch). Dementsprechend erklärt er seinen Eltern, dass der Krach von der benachbarten Baustelle ihn immer wieder abgelenkt habe, wodurch sich Fehler in die Arbeit eingeschlichen hätten. Er ist sich sicher, dass er eigentlich ein guter Schüler ist und dass die schlechten Zensuren in der Vergangenheit lediglich auf einige unglückliche Umstände zurückzuführen sind.

Wie sich in diesem Beispiel schon andeutet, beeinflusst die Art und Weise, wie sich Menschen das Zustandekommen von Ereignissen erklären, maßgeblich, wie sie ihre Zukunft einschätzen. Es ist möglich, dass Sebastian und Markus gleichermaßen intelligent sind, dass ihre Prognose für den restlichen Verlauf des Schuljahres jedoch sehr unterschiedlich ausfällt. Da Sebastian sein schlechtes Abschneiden auf mangelnde Intelligenz zurückführt – und damit auf eine Ursache, die dauerhaft ist und sich in jedem Fach auswirkt –, geht er davon aus, dass schlechte Leistungen auch in Zukunft auf der Tagesordnung

7 In der Fachliteratur werden die Pole als internal vs. external, variabel vs. stabil und spezifisch vs. global bezeichnet. Um eine bessere Verständlichkeit für fachfremde Leser zu gewährleisten, werden diese Bezeichnungen jedoch durch oben genannte Begriffe ersetzt.

stehen. Somit erscheint es ihm auch als nahezu sinnlos, sich für die kommenden Prüfungen gut vorzubereiten. Markus ist hingegen zuversichtlich, dass sein Können und sein Fleiß ihm fortan mehr gute Ergebnisse bescheren werden – zumindest sobald die Bauarbeiten abgeschlossen sind.

Während Sebastians Ursachenzuschreibungen also dazu führen, dass er in Bezug auf den weiteren Verlauf des Schuljahres pessimistisch ist, gibt die Art und Weise, wie Markus sich die schlechte Note erklärt, Anlass zuversichtlich zu sein. Somit haben Menschen, die negative Begebenheiten auf vorübergehende, spezifische Ursachen zurückführen und hinter erfreulichen Ereignissen dauerhafte, allgemeine Ursachen sehen, Grund, mit Optimismus in die Zukunft zu blicken – umso mehr, wenn sie glauben, den Ausgang selbst beeinflussen zu können. Daher spricht man in diesem Zusammenhang von einem positiven Erklärungsstil. Dagegen zeichnet sich ein negativer Erklärungsstil dadurch aus, dass Menschen die Ursache von Unglück und Misserfolg als nicht beeinflussbar, dauerhaft und allgemein wahrnehmen, positive Erfahrungen hingegen auf externale, vorübergehende und spezifische Faktoren zurückführen (vgl. **Abb. 1**).

	dauerhaft		**vorübergehend**	
	allgemein	**spezifisch**	**allgemein**	**spezifisch**
internal	„Ich bin dumm!"	„Ich bin schlecht in Mathe!"	„Ich war nicht fleißig genug."	„Ich war nicht gut genug auf die Textaufgaben vorbereitet."
external	„Meine Lehrer sind gemein."	„Mein Mathematiklehrer kann Dinge nicht gut erklären."	„Der Wechsel auf das Gymnasium ist anfangs etwas schwierig."	„Der Baustellenlärm hat mich abgelenkt."

Abb. 1: Mögliche Erklärungen für schlechtes Abschneiden in einer Mathematikprüfung

Wenngleich sich der positive Erklärungsstil mit der Frage der Internalität bzw. Externalität einer Ursache befasst, handelt es sich dabei nicht um eine komplexere Variante von Kontrollüberzeugungen. Während sich letztere gewissermaßen um die Frage drehen „Was bestimmt mein Schicksal?", ist das zentrale Thema von Erklärungsstilen vielmehr, ob Negatives oder Positives im Leben Bestand haben wird. Seligman (1991) betont, dass die Frage, ob eine Ursache internal oder external ist, im Vergleich zu den Merkmalen Stabilität und Globalität eine untergeordnete Rolle spielt. Sieht jemand gewisse unangenehme Aspekte in seinem Leben als dauerhaft an, so spielt es für die Einschätzung der Zukunft keine große Rolle, ob die Ursache external oder internal ist – wenngleich sich diese dennoch auf die emotionale Verfassung der Person auswirken kann.

Attributionstheorie und erlernter Optimismus

Die verschiedenen Attributionstheorien, insbesondere die Publikationen Bernard Weiners (1972, 1974), waren wichtige Vorläufer der Theorie des erlernten Optimismus (Seligman, 1991). Den Ursprung hatte dieser Forschungszweig in der Arbeit Fritz Heiders (1958), der beobachtete, dass Menschen bestrebt sind, Prozesse in ihrer Umwelt zu verstehen und daher versuchen, die Ursachen bestimmter Vorgänge zu ergründen. Heider vertrat die Ansicht, dass Menschen dabei zwischen Ursachen unterscheiden, die internal verortet sind, d. h. in einer Person liegen, und solchen, die external verortet, d. h. in äußeren Umständen festzumachen sind. Wichtige Beiträge zur Weiterentwicklung dieser Theorien leisteten neben anderen Harold Kelley (1973), der sich mit der Frage beschäftigte, wie Personen zu bestimmten Ursachenzuschreibungen gelangen, sowie Jones und Kollegen (Jones & Davis, 1965; Jones & McGillis, 1976), die zeigen konnten, dass die Attributionen von Menschen nicht nur auf nüchternen Fakten beruhen, sondern häufig durch motivationale Aspekte verzerrt sind. Günstig im Sinne des Selbstwertschutzes ist es beispielsweise, Erfolge auf eigene Fähigkeiten, Misserfolge aber auf äußere Faktoren zurückzuführen (Miller & Ross, 1975). Bernard Weiner (1972, 1974) untersuchte, in welchem Zusammenhang Attributionen mit dem Verhalten und Empfinden von Menschen stehen. Er analysierte, wie sich die Schlüsse, die Menschen bezüglich bestimmter Leistungen ziehen, auf deren Verhalten, insbesondere auf deren Leistungsmotivation auswirken. Er erweiterte dazu die Dimension des Ortes der Ursache (d. h. internal vs. external) um die Dimensionen der Stabilität und der Kontrollierbarkeit. Eine Abwandlung dieser Dimensionen fand schließlich Eingang in die Theorie des erlernten Optimismus (Seligman, 1991).

Um Erklärungsstile zu erfassen, wurden verschiedene Methoden entwickelt. Am häufigsten wird dazu ein von Christopher Peterson und Kollegen verfasster Fragebogen verwendet, der sog. „Attributional Style Questionnaire" (kurz ASQ; Peterson et al., 1982). Dieser besteht aus 48 knappen Szenarien und jeweils zwei dazugehörigen Ursachenzuschreibungen. Von diesen sollen Personen die Erklärung auswählen, zu der sie für gewöhnlich neigen. Aus den 48 angekreuzten Erklärungen wird dann der allgemeine Erklärungsstil ermittelt. Darüber hinaus wurden einige Tests für besondere Zielgruppen entwickelt. Es gibt eine Reihe vereinfachter Versionen des ASQ, um die Erklärungsstile von Kindern zu erfassen (z. B. Conley, Haines, Hilt & Metalsky, 2001; Kaslow, Tanenbaum & Seligman, 1978) sowie Fragebögen, die Erklärungen in verschiedenen Lebensbereichen messen, wie z. B. im akademischen Kontext (Peterson & Barett, 1987), im Beruf (Kent & Martinko, 1995) oder in Paarbeziehungen (Fincham & Bradbury, 1993). Deutsche Fragebögen, die den Erklärungsstil erfassen, wurden von Stiensmeier und Kollegen (Stiensmeier et al., 1985) sowie von Brunstein (1986) entwickelt. Eine andere Möglichkeit stellten Seligman und Kollegen (Seligman, Peterson, Schulman & Castellon, 1992) vor, die per Inhaltsanalyse Briefe, Tagebucheinträge, Aussagen aus Interviews etc. auf Ursachenzuschreibungen untersuchten. Diese wurden dann nach den Merkmalen Ort, Stabilität und Globalität bewertet, woraus sich der Erklärungsstil der Person ableiten lässt.

1.3.6 Weitere Varianten Positiven Denkens

Neben den oben genannten Formen Positiven Denkens gibt es weitere Konzepte, mit denen zuversichtliche Einstellungen wissenschaftlich erfasst werden. Beispielsweise differenziert Schwarzer (1994) das Konzept des defensiven und funktionalen Optimismus. Epstein und Meier (1989) unterscheiden zwischen realistischem und naivem Optimismus, Davidson und Prkachin (1997) zwischen realistischem und unrealistischem Optimismus, Wallston (1994) zwischen „cautious“ und „cockeyed optimism“, Taylor, Collins, Skokan und Aspinwall (1989) zwischen Optimismus und Verleugnung. Darüber hinaus befassen sich Taylor und Brown (1988) mit positiven Illusionen im Allgemeinen. Murray und Holmes (1997) untersuchen positive Verzerrungen in der Partnerwahrnehmung. Zu diesen und weiteren Varianten gibt es nur wenige Forschungsarbeiten, weshalb sie in den nachfolgenden Kapiteln nur am Rande behandelt werden. Das im Eingangsbeispiel erwähnte Verhalten der Verantwortlichen auf der Titanic kann im Lichte der besprochenen Konstrukte, mit allen Einschränkungen, die bei derartigen „Ferndiagnosen“ zu machen sind, als Hinweis auf besonders hohe Selbstwirksamkeitserwartung interpretiert werden. Man gab sich darüber hinaus einer Illusion der Unverwundbarkeit (Weinstein, 1984) hin, schätzte die äußere Bedrohung gering, die eigenen Handlungspotentiale aber hoch ein, was als Merkmal eines defensiven Optimismus gesehen wird (vgl. Schwarzer, 1993).

Beispiele für wissenschaftliche Varianten Positiven Denkens

Kontrollüberzeugung
Internale Kontrollüberzeugung: Überzeugung, dass man sein Schicksal selbst beeinflussen kann.
(Im Gegensatz dazu: Externale Kontrollüberzeugung: Überzeugung, dass das eigene Schicksal von äußeren Einflüssen bestimmt wird.)
„Wie gesund ich bin, hängt von meinem Lebensstil ab." (internal)
„Wie lange man lebt, ist genetisch bestimmt. Man selbst hat geringen Einfluss darauf." (external)
„Ob der Laden gut läuft, hängt davon ab, wieviel Werbung ich dafür mache." (internal)
„Wenn die Konjunktur gut ist, floriert das Geschäft. Ist sie schlecht, dann bleiben die Kunden aus." (external)

Selbstwirksamkeitserwartung: die Erwartung, dass bestimmte Handlungen zu einem erwünschten Ziel führen und man in der Lage ist, diese Handlungen auszuführen.
„Ein romantisches Gedicht würde sicherlich ihr Herz erobern." (Konsequenzerwartung)
„Ich glaube, dass ich eines schreiben kann." (Kompetenzerwartung)
„Wenn ich mich vier Wochen lang an den Ernährungsplan halte, passe ich wieder in meine Lieblingshose." (Konsequenzerwartung)
„Ich glaube, dass ich das durchhalten kann." (Kompetenzerwartung)

Dispositionaler Optimismus: die Neigung, die Zukunft in positivem Licht zu sehen.
„Ich blicke stets optimistisch in die Zukunft."
„In unsicheren Zeiten erwarte ich gewöhnlich das Beste."

Hoffnung: die Überzeugung, dass man sowohl den Willen als auch die Möglichkeit hat, seine Ziele zu erreichen.
„Ich bin überzeugt, mich als Abteilungsleiterin bewähren zu können."
„Ich werde meinem Kind die Liebe und Zuneigung geben können, die es braucht."

Günstiger Erklärungsstil: die gewohnheitsmäßige Tendenz, sich das Zustandekommen von Ereignissen auf eine Art und Weise zu erklären, die Anlass zu Zuversicht gibt.
„Der Vertrag kam zustande, weil ich so gut mit Menschen umgehen kann." (internal, dauerhaft, global → positives Ereignis wird erneut vorkommen)
„Die Gehaltserhöhung wurde verweigert, weil in diesem Quartal wahrscheinlich schon zu viele Erhöhungen genehmigt wurden" (external, vorübergehend, spezifisch → negatives Ereignis wird nicht wieder vorkommen)

2 Positives Denken und Gesundheit

Ein fröhliches Herz tut dem Leib wohl,
ein bedrücktes Gemüt lässt die Glieder verdorren.
Sprichwort

Mitte der 70er Jahre des vergangen Jahrhunderts untersuchten Ellen Langer und Judith Rodin (1976), welchen Unterschied Entscheidungsspielraum und persönliche Kontrolle im Leben von Altenheimbewohnern ausmachen. Sie teilten die Bewohner nach Stockwerken in zwei Gruppen ein und variierten in Absprache mit der Heimleitung die Auswahlmöglichkeiten und den Grad der Kontrolle, welche die Heimbewohner über verschiedene alltägliche Bereiche haben würden. So verkündete die Heimleitung zu Beginn der Studie, dass es künftig einige Verbesserungen geben werde. Den Bewohnern des ersten Stocks wurde erklärt, dass zum Frühstück fortan auch Omelett und Rührei angeboten würden und sie wählen könnten, welche der Alternativen sie lieber möchten. Des Weiteren würden mittwochs und donnerstags Filmabende veranstaltet, wobei den Bewohnern freigestellt sei, an welchem Termin sie teilnehmen. Außerdem habe die Heimleitung Topfpflanzen gekauft, von denen sich die Heimbewohner jeweils eine würden aussuchen können, für die aber jeder selbst zu sorgen habe. Auch den Bewohnern des zweiten Stockwerks wurden diese Verbesserungen zuteil, allerdings mit kleinen Abwandlungen. Ihnen wurde erklärt, dass sie montags, mittwochs und freitags Omelett serviert bekämen und an den anderen Tagen Rührei. Darüber hinaus würden sie in den Genuss eines Filmeabends kommen – die Bewohner des einen Ganges mittwochs, die des anderen donnerstags. Zu guter Letzt bekäme jeder eine Pflanze, die jedoch von den Schwestern ausgesucht und gepflegt wird.

Somit kamen alle Heimbewohner in den Genuss derselben Verbesserungsmaßnahmen. Während jedoch die einen keinerlei Mitspracherecht in der Gestaltung der Veränderungen hatten, konnten die anderen bestimmte Dinge selbst beeinflussen. Um herauszufinden, wie sich dieser Unterschied an persönlicher Kontrolle auf die älteren Menschen auswirken würde, führten Langer und Rodin eineinhalb Jahre nach Untersuchungsbeginn eine Folgeuntersuchung durch. Sie stellten fest, dass die Bewohner mit dem höheren Maß an Einfluss im Schnitt aktiver und glücklicher waren als diejenigen, die keine Mitsprache gehabt hatten. Am meisten beeindruckte ein anderer Befund: Unter den Bewohnern mit persönlicher Kontrolle hatte es im Laufe der achtzehn Monate eine geringere Zahl an Todesfällen gegeben. Inwiefern das Gefühl, Kontrolle über das eigene Leben zu haben, und andere Formen Positiven Denkens sich auf die Gesundheit auswirken, ist Thema dieses Kapitels.

Kontrollmöglichkeiten tragen zur Gesundheit bei.

2.1 Wechselwirkungen zwischen Körper und Geist

Spätestens seit Descartes seine Theorie des Dualismus von Körper und Geist aufstellte, hat die Frage, ob geistige Zustände die körperliche Verfassung des Menschen beeinflussen, viele Mediziner beschäftigt. Ist es möglich, dass das, was in den Köpfen der Menschen vor sich geht, beeinflusst, was in ihrem Körper geschieht? Wirken sich unsere Gedanken auf unsere Gesundheit aus? Ist es wirklich möglich, dass der Eindruck, seine Umwelt nicht kontrollieren zu können, die Lebensdauer verkürzt?

Historische Ansätze

Die Vermutung, dass geistige und körperliche Prozesse einander tatsächlich beeinflussen, hat eine lange Tradition. Schon Aristoteles sah enge Zusammenhänge zwischen körperlicher Gesundheit und Psyche (Langton, 2000). Auch Hippokrates und Galen – Urväter der heutigen Medizin – waren überzeugt, dass sich psychische und physische Prozesse wechselseitig beeinflussen (Peterson & Bossio, 1991; Singer, 2001). Dass im Laufe der Jahrhunderte auch viele Laien diese Überzeugung teilten, legen hierzulande übliche Redewendungen nahe. So kann jemandem ein tragisches Ereignis „an die Nieren gehen“ oder „wie ein Stein im Magen liegen“. Man kann „vor Eifersucht grün werden“ und vor Sorge „graue Haare bekommen“. Bei Wut spuckt so mancher „Gift und Galle“, und vor allem in Märchen und Legenden kommt es vor, dass Personen den Verlust einer geliebten Person nicht verarbeiten können und folglich „an gebrochenem Herzen“ sterben.

Wenngleich noch heute sehr unterschiedliche Meinungen über den Zusammenhang zwischen geistiger und körperlicher Gesundheit herrschen (vgl. Peterson & Bossio, 1991), ist der von Aristoteles vermutete Zusammenhang inzwischen aus wissenschaftlicher Sicht gut belegt. Es ist bekannt, dass gewisse negative Emotionen und lang anhaltender Stress zu einer Vielzahl körperlicher Beschwerden führen können, von Geschwüren im Verdauungstrakt (Levenstein, 2003) über ein geschwächtes Immunsystem (Herbert & Cohen, 1993) bis hin zu erhöhtem Blutdruck und schwerwiegenden Herz-Kreislauf-Problemen (Goldstein & Niaura, 1992). Aber welche Rolle spielt eine zuversichtliche Einstellung in punkto Gesundheit?

Populäre Aussagen

Wie schon im ersten Kapitel erwähnt, sind sich die Vertreter des Positiven Denkens einig. Sie sind sich sicher, dass die richtige Denkweise ein Schutzschild vor Krankheiten ist. Für manche von ihnen wirkt es gar wie ein Allheilmittel (Murphy, 1965). Wie weit diese Auffassungen jedoch empirischen Prüfungen standhalten, wird seit Mitte der 1980er Jahre verstärkt untersucht.

2.2 Befunde zum Zusammenhang von Optimismus und Gesundheit

Eine der ersten Studien zum Thema „Positives Denken und Gesundheit" führte Christopher Peterson (1988) am Virginia Polytechnic Institute durch. Um festzustellen, ob sich Optimisten und Pessimisten in puncto Krankheitsanfälligkeit unterscheiden, ließ er Studierende zunächst den Attributional Style Questionnaire (Peterson et al., 1982) ausfüllen, der optimistische bzw. pessimistische Erklärungsmuster erfasst. Außerdem bat er die Studierenden, anhand eines Fragebogens anzugeben, wie häufig sie im Laufe der vergangenen dreißig Tage an mindestens einem von verschiedenen Krankheitssymptomen (etwa Kopf- oder Halsschmerzen, laufende Nase, Fieber u. Ä.) gelitten hatten. Einen Monat später bat er die Teilnehmer erneut, die Krankheitsanzeichen anzugeben, die bei ihnen seit der ersten Erhebung aufgetreten waren. Die Daten zeigten, dass Optimisten im Schnitt an drei bis vier von dreißig Tagen an mindestens einem der Symptome gelitten hatten. Diejenigen, die Ereignisse auf pessimistische Weise erklärten, waren hingegen an acht bis neun Tagen krank gewesen. Ähnliche Ergebnisse zeigten sich bei einer weiteren Messung: Als die Teilnehmer ein Jahr später gebeten wurden, zu berichten, wie häufig sie seit der letzten Befragung wegen gesundheitlicher Beschwerden einen Arzt aufgesucht hatten, gaben die pessimistischen Teilnehmer an, etwa drei bis vier Mal beim Arzt gewesen zu sein, die positiv denkenden hingegen nur ein Mal.

Diese Ergebnisse werden gestützt durch ähnliche Studien, in denen Positives Denken jedoch auf andere Weise erfasst wurde. Scheier und Carver (1985) etwa baten Studierende kurz vor Semesterende, einen Fragebogen zu dispositionalem Optimismus sowie eine Checkliste zu Krankheitssymptomen auszufüllen. Vier Wochen später befragten sie die Studierenden erneut zu ihrem Gesundheitszustand. Wie schon in der Studie von Peterson gaben Pessimisten deutlich häufiger als Optimisten an, im Laufe der vier Wochen krank geworden zu sein. Ähnliche Ergebnisse fanden Aspinwall und Taylor (1992) sowie Scheier und Carver (1991).

Methodische Probleme?

An den Untersuchungen kann man einige Punkte kritisieren. Wie auch Peterson einräumt, erfasste der verwendete Fragebogen nur die Dauer, nicht das Ausmaß der Beschwerden. So wäre es prinzipiell möglich, dass eine Person über einen längeren Zeitraum an einem leichten Schnupfen litt, eine andere hingegen hohes Fieber hatte, dies jedoch nur wenige Tage lang. Nach der Krankheitsskala würde letztere Person als die gesündere eingestuft. Da jedoch 95 % der Teilnehmer von ähnlichen Symptomen berichteten (z. B. Schnupfen, Halsschmerzen, Heiserkeit) und somit an vergleichbaren Beschwerden litten, dürfte diese Ungenauigkeit nicht ins Gewicht fallen.

Problematisch war es außerdem, die Anzahl der Arztbesuche als Maßstab für Gesundheit bzw. Krankheit heranzuziehen. Schließlich ist gut vorstellbar, dass pessimistische Menschen dazu neigen, beim Auftreten von Beschwerden eher zum Arzt zu gehen als optimistische. In diesem Fall ist die Häufigkeit, mit der jemand einen Arzt aufsucht, kein Maß dafür, wie krank dieser Mensch ist, sondern möglicherweise nur dafür, wie sehr er sich Sorgen macht. Es ist also möglich, dass Optimisten im Laufe des Jahres nicht seltener krank waren, sondern lediglich seltener die Notwendigkeit sahen, wegen ihrer Beschwerden ärztlichen Rat einzuholen.

Das größte Manko der zitierten Studien ist jedoch die Tatsache, dass für die Erfassung des Gesundheitszustandes nur Selbstberichte verwendet wurden. Somit ist es möglich, dass es sich bei den berichteten Daten gar nicht um eine korrekte Wiedergabe der tatsächlich erlebten Symptome handelt, sondern dass die Berichte durch die positive bzw. negative Haltung der Teilnehmer beeinflusst wurden. Da die Studienteilnehmer ihre Beschwerden nicht in dem Moment notierten, in dem sie auftraten, sondern versuchen mussten, diese im Nachhinein zu rekonstruieren, ist es denkbar, dass die Pessimisten sich rückblickend an mehr Krankheitstage erinnerten als tatsächlich aufgetreten waren, die Optimisten hingegen ihre Krankheit im Nachhinein unterschätzten. Des Weiteren ist es vorstellbar, dass die Optimisten ihre Beschwerden als weniger belastend ansahen (vgl. Scheier et al., 1989), Pessimisten dagegen zu Schwarzmalerei tendierten und ihre Krankheitsanzeichen als schlimmer wahrnahmen als sie tatsächlich waren. So gesehen zeigen die Studien lediglich, dass sich Optimisten und Pessimisten als unterschiedlich gesund wahrnehmen.

Eine Folgestudie

Um Alternativerklärungen ausschließen zu können, war es notwendig, in einer weiteren Studie die genannten Schwachpunkte zu berücksichtigen. Peterson und andere (Peterson, Colvin & Lin, 1992) wiederholten die ursprüngliche Studie mit leichten Veränderungen. Anstatt sich diesmal auf das Erinnerungsvermögen der Teilnehmer zu verlassen, bat man sie, ihren Gesundheitszustand auf täglicher Basis zu berichten. An den Ergebnissen änderte das nichts: Je optimistischer die Teilnehmer waren, desto seltener erwähnten sie gesundheitliche Beschwerden.

Scheier und Kollegen (Scheier et al., 1989) gingen der Frage nach, welchen Einfluss Optimismus auf die physische und psychische Erholung nach einem massiven operativen Eingriff hat. Sie untersuchten die Genesung männlicher Patienten, die sich einer Bypassoperation unterzogen hatten. Dabei hatten sie die Möglichkeit, die optimistische bzw. pessimistische Einstellung der Patienten vor dem Eingriff zu erfassen und anschließend zu prüfen, wie diese Einstellung die Genesung beeinflusst. Die Patienten wurden am Tag vor der Bypasslegung gebeten, Angaben über ihr emotionales Befinden zu machen, ihre Erwartungen für die Woche nach dem Eingriff zu beschreiben und anhand eines Optimismus-Fragebogens über ihre Einstellung zu berichten. Außerdem erfasste man den Gesundheitszustand der Patienten sowie den Schweregrad des bevorstehenden Eingriffs objektiv. Diese Daten wurden später mit verschiedenen Messungen körperlichen und geistigen Wohlbefindens verglichen, die man während der Bypasslegung und nach dem Eingriff vorgenommen hatte.

Zunächst zeigte sich, dass die Optimisten schon während der Operation günstigere Werte hatten. Während des Eingriffs erfasste Messwerte zeigten, dass für sie die Wahrscheinlichkeit, im Laufe der Operation einen Herzinfarkt zu erleiden, deutlich niedriger war als für die Pessimisten. Auch im Anschluss an die Bypasslegung zeigte sich der Einfluss der Geisteshaltung. Die Optimisten waren früher in der Lage, aufrecht im Bett zu sitzen oder das Bett zu verlassen. Außerdem verbrachten sie eine Woche nach der Operation mehr Zeit außerhalb des Bettes als die pessimistischen Teilnehmer. Darüber hinaus belegen auch die vom Krankenhauspersonal[1] vorgenommenen Beurteilungen, dass sich die optimistischen Patienten unter Berücksichtigung ihrer individuellen Diagnose schneller vom Eingriff erholten als die Pessimisten.

Dieser Trend setzte sich fort. Optimisten waren schneller dazu in der Lage, wieder in ihrem Beruf tätig zu werden als Pessimisten. Außerdem war unter ihnen der Anteil derer, die sechs Monate nach der Operation wieder ganztags arbeiten und körperlich anstrengende Aufgaben ausüben konnten, deutlich höher, als unter pessimistischen Patienten. Zwar ließe sich an dieser Stelle einwerfen, dass es nach einem schwerwiegenden Eingriff nur weise sei, Vorsicht walten zu lassen und sich im Zweifelsfall etwas mehr Erholungszeit zu gönnen. Wäre eine längere Ruhephase aber tatsächlich nötig gewesen, hätten Optimisten durch ihr voreiliges Handeln gesundheitliche Schäden erleiden müssen. Tatsächlich verhielt es sich jedoch umgekehrt: Der Anteil derer, die sechs Monate nach dem Eingriff einen Infarkt erlitten hatten, war unter den Optimisten deutlich geringer. Da ausgeschlossen werden konnte, dass die Ur-

1 Hierbei ist zu bedenken, dass das Personal in keiner Weise über die Hintergründe der Untersuchung eingeweiht war und ihre Beurteilungen somit durch die Hypothesen der Autoren unbeeinflusst blieben.

sache hierfür ein vergleichsweise schlechterer Gesundheitszustand der Pessimisten vor der Operation oder ein massiverer Eingriff war, deutet alles darauf hin, dass wirklich die Einstellung den Unterschied im Gesundheitszustand und in der Erholung nach der Operation bedingte.

Langfristige Auswirkungen belegt eine Nachfolgeuntersuchung von Scheier und Kollegen (Scheier et al, 1990). Als sie die Teilnehmer fünf Jahre nach dem Eingriff nochmals befragten, war unter den Optimisten der Anteil derer, die einer Ganztagsbeschäftigung nachgingen, nach wie vor höher. Darüber hinaus konnten die Optimisten nachts besser schlafen und diejenigen von ihnen, die an Angina pectoris litten, verspürten im Vergleich zu den erkrankten Pessimisten weniger Schmerzen.

Seither hat eine Vielzahl von Studien die günstige Beziehung zwischen Positivem Denken und körperlicher Verfassung bestätigen können. Beispielsweise steht Optimismus mit einer langsameren Verengung von Blutgefäßen im Zusammenhang (Matthews, Räikkönen, Sutton-Tyrrell, & Kuller, 2004). Außerdem leiden optimistische Personen gesundheitlich weniger unter Belastungen wie der Pflege eines an Parkinson erkrankten Ehepartners (Lyons, Stewart, Archbold, Carter & Perrin, 2004) oder unter Ereignissen wie einem Todesfall oder einer schweren Erkrankung in der Familie (Kivimäki et al., 2005). Schließlich wirkt sich eine internale Kontrollüberzeugung positiv auf die Genesung von Schwindelgefühlen aus (Grunfeld, Jahanshahi, Gresty & Bronstein, 2003). Darüber hinaus geben Personen mit hohen Selbstwirksamkeitserwartungen an, durch Krankheiten und andere Beschwerden weniger in ihrer körperlichen Leistungsfähigkeit eingeschränkt zu sein. Das ließ sich beispielsweise im Zusammenhang mit Arthrose (Vinaccia, Contreras, Londono, Cadena & Anaya, 2005), Herzerkrankungen (van Jaarsveld, Ranchor, Sanderman, Ormel & Kempen, 2005), systolischem Herzversagen und chronischen Erkrankungen des Respirationstraktes (Arnold et al., 2005), der Implantation eines künstlichen Kniegelenks (Engel, Hamilton, Potter & Zautra, 2004) sowie den Folgen einer Behandlung von Prostatakrebs (Campbell et al., 2004) nachweisen. Umgekehrt demonstrierten Bennett und Elliott (2005), dass Patienten, die dazu neigten, negative Ereignisse auf stabile Ursachen zurückzuführen, in Rehabilitationsprogrammen für Herz-Kreislauf-Patienten über eine schlechtere physische Verfassung berichteten. Somit wird Positives Denken in der Literatur nicht umsonst als Schutzfaktor für Gesundheit bezeichnet (Mittag, 1998).

2.2.1 Alles nicht der Rede wert – oder doch?

Pessimistische Studierende haben also häufiger einen Schnupfen! Na und? Solch ein Fazit könnte man aus den oben erwähnten Resultaten ziehen. So spannend die angeführten Studien auch sein mögen: Kann man aus ihnen wirklich schließen, dass positiv denkende Menschen insgesamt gesünder sind? Immerhin ist es noch nicht lange her, dass der Psychotherapeut und Buchautor Günter Scheich (2001) das Gegenteil verkündete: „Positives Denken macht krank!“ Um feststellen zu können, ob Optimisten auch auf Dauer gesünder sind, muss ein längerer Zeitraum untersucht werden.

Dieser Aufgabe widmeten sich Peterson, Seligman und Vaillant (1988). Sie untersuchten Daten einer im Jahre 1937 begonnenen Langzeitstudie, deren ursprüngliches Ziel darin bestand, die Bedingungen für Erfolg zu identifizieren. Im Rahmen der Untersuchung hatte man jahrzehntelang den Lebensweg von Absolventen der Harvard Universität dokumentiert. Man hatte sie beim Abgang von der Hochschule ärztlich untersuchen lassen und dann alle fünf Jahre ein neues Gutachten des Hausarztes angefordert. Des Weiteren wurden die Hochschulabgänger gebeten, schriftlich über verschiedene Ereignisse in ihrem Leben zu berichten wie etwa über ihre Erfahrungen als Soldaten im Zweiten Weltkrieg. Diese Berichte erwiesen sich später als sehr hilfreich, da Peterson und Kollegen die enthaltenen Erklärungsmuster analysierten. Die Ergebnisse der Analysen wurden mit den medizinischen Daten der Absolventen verglichen, um Unterschiede zwischen der gesundheitlichen Verfassung von Personen mit positivem und solchen mit negativem Erklärungsstil festzustellen. Wie sich zeigte, beeinflusste die Art und Weise, wie Teilnehmer sich Ereignisse erklärten, ihren späteren Gesundheitszustand, und das, obwohl zu Studienbeginn keine wesentlichen Unterschiede in der körperlichen Verfassung der Absolventen festgestellt werden konnten. Während die Teilnehmer im Alter von 25 Jahren noch gleichermaßen gesund waren, begannen die negativ denkenden früher unter altersbedingten Beschwerden zu leiden. Nach dem Urteil der Ärzte war ab dem Alter von 45 Jahren ein deutlicher Unterschied zwischen den beiden Gruppen auszumachen. Zwar ließ auch die Gesundheit der Teilnehmer mit positivem Erklärungsmuster mit der Zeit nach, jedoch verlief die Veränderung weniger drastisch als bei ihren pessimistischen Kollegen. Ihr Gesundheitszustand blieb im Laufe der Jahre stabiler. Der Bezug zur Lebensdauer wurde in weiteren Langzeitstudien hergestellt, die zeigten, dass die relative Zahl frühzeitiger Todesfälle unter Optimisten (Giltay et al., 2004) und unter Personen mit positivem Erklärungsmuster (Kubzansky, Sparrow, Vokonas & Kawachi, 2001) deutlich geringer war als in anderen Populationen. Relevant war dabei das geringere Risiko der positiv denkenden Teilnehmer, an den Folgen von Herz-Kreislauf-Beschwerden zu sterben.

2.2.2 Optimismus als Gesundheitsrisiko?

Wenngleich es vorstellbar ist, dass Positives Denken in mancher Hinsicht förderlich sein kann, etwa indem es den negativen Einfluss von Angst und Sorge minimiert, scheint es auch plausibel, dass eine optimistische Sicht in manchen Situationen ein Gesundheitsrisiko darstellen kann. „Du kannst, wenn du glaubst, du kannst!“ mag für einen sportlichen Wettkampf ein taugliches Motto sein. Wer jedoch beim Anblick einer abenteuerlichen Skipiste oder eines riskanten Mountainbikepfades auf einen solchen Leitspruch setzt, riskiert unter Umständen Kopf und Kragen. Selbst Reparaturen im Haushalt oder die tägliche Fahrt zur Arbeit können Gefahren bergen, wenn man auf

Abb. 2: Risiken Positiven Denkens am Beispiel von Calvin & Hobbes
CALVIN AND HOBBES © 1988 Watterson. Dist. By UNIVERSAL PRESS SYNDICATE. Reprint with permission. All rights reserved.

wackelnde Hocker oder riskante Überholmanöver vertraut. Wenn Positives Denken dazu verleitet, Gefahren zu unterschätzen oder seine eigenen Fähigkeiten in gewissen Situationen zu überschätzen, kann das früher oder später zu Gesundheitsschädigungen führen (vgl. Schwarzer, 1993).

Ähnliches gilt für den Umgang mit dem eigenen Körper. Wer bei gesundheitlichen Beschwerden völlig unbesorgt bleibt und darauf vertraut, dass sich der Zustand mit der Zeit bessern wird, mag seltener oder später einen Arzt aufsuchen, als jemand, der das Ganze weniger optimistisch sieht. Das kann angenehm sein, weil es Zeit, Nerven und Geld spart, kann aber dazu führen, dass schwerwiegende Probleme unbehandelt bleiben und sich verschlimmern. Des Weiteren scheint es einleuchtend, dass Menschen, die optimistisch sind und meinen, von bestimmten Krankheiten und Beschwerden verschont zu bleiben, nicht die Notwendigkeit zur Vorsorge erkennen. So ist es vorstellbar, dass Optimisten im Vergleich zu Pessimisten häufiger ungeschützten Sex haben, sich seltener impfen lassen, weniger auf ihre Ernährung achten und generell ein schlechteres Gesundheitsverhalten aufweisen. Studien mit Rauchern scheinen diese Hypothese auf den ersten Blick zu belegen. Viele Menschen, die zum Glimmstängel greifen, glauben zwar, dass Tabakkonsum schädlich sein kann, gleichzeitig sind sie jedoch zuversichtlich, dass sie selbst von den nachteiligen Auswirkungen verschont bleiben (McKenna, 1993) – (ein nur) scheinbar Positives Denken. Wie kommt es dann, dass Optimisten in so vielen Studien trotzdem besser abschneiden?

2.3 Optimismus und gesundheitsförderndes bzw. präventives Verhalten

Entgegen den oben angeführten einleuchtenden Vermutungen, zeigen viele Untersuchungen, dass Optimisten in puncto Gesundheit in der Regel weder risikofreudig sind, noch sorglos mit ihrem Körper umgehen. Tatsächlich wurde ihnen in den meisten Studien sogar ein besseres Gesundheitsverhalten attestiert als pessimistischen Zeitgenossen, sowohl was die Prävention von Beschwerden als auch deren Behandlung betrifft. Beispielsweise zeigen einige Studien, dass Optimisten eher dazu neigen, sich über gesundheitsrelevante Themen zu informieren und potentiellen Gefahren vorzubeugen. Aspinwall und Brunhart (2000) gaben einer Gruppe von Studierenden Material über die Risiken von Vitamineinnahme und Sonnenbaden zu lesen und ermittelten anschließend, ob die dispositionalen Optimisten und Pessimisten auf unterschiedliche Weise mit der Information umgingen. Wie sich zeigte, verarbeiteten die optimistischen Teilnehmenden die Information sorgfältiger. Sie lasen besonders lang über mögliche negative Folgen von Vitamineinnahme, unterhielten sich anschließend mehr mit den Versuchsleitern über den Inhalt des Gelesenen und erinnerten sich nach einer Woche an mehr Fakten als die pessimistischen Teilnehmer. Außerdem machten sie sich mehr Gedanken über die schädlichen Folgen von Sonnenbädern.

Ähnliches zeigte sich in der Studie von Scheier und Kollegen (1989). Vor der Bypass-Operation tendierten Optimisten eher dazu, Pläne zu schmieden und sich Ziele für die Genesung zu setzen. Außerdem holten sie im Anschluss an die Operation häufiger ärztlichen Rat ein und fragten häufiger, worauf sie in den kommenden Monaten zu achten hätten. Die Pessimisten hingegen neigten dazu, ihre Symptome nach der Operation zu ignorieren und fanden es angenehmer, nicht darüber nachzudenken, wie ihre Genesung in den Folgemonaten aussehen würde. Wie außerdem im nächsten Kapitel noch beschrieben wird, waren die Optimisten deutlich positiver gestimmt. Somit waren sie einerseits zwar recht unbekümmert, andererseits hielt ihre relative Sorglosigkeit sie nicht davon ab, sich über ihre Gesundheit Gedanken zu machen und ihrer körperlichen Verfassung die notwendige Aufmerksamkeit zu schenken. Letzteres ließ sich außerdem im Zusammenhang mit Selbstwirksamkeit demonstrieren. De Nooijer, Lechner und de Vries (2003) stellten fest, dass Menschen eher auf Anzeichen einer Krebserkrankung achten, wenn sie über hohe Selbstwirksamkeitserwartungen verfügen.

Ferner sind Optimisten bestrebt, aktiv für gute körperliche Verfassung zu sorgen. Die verschiedenen Formen Positiven Denkens stehen in Zusammenhang mit einer Vielzahl gesundheitsförderlicher und protektiver Verhaltensweisen. In der Studie von Scheier et al. (1990) zeigte sich beispielsweise, dass Optimisten fünf Jahre im Anschluss an die Bypassoperation eher an Rehabilitationsmaßnahmen teilnahmen, häufiger Vitaminpräparate einnahmen und sich gesünder ernährten. Außerdem neigten die Optimisten dazu, sich fettärmer sowie vitamin- und ballaststoffreicher zu ernähren, weniger Alkohol zu konsumieren und seltener zu rauchen (Kelloniemi, Ek & Laitinen, 2005). Ähnliches gilt für Menschen mit positivem Erklärungsstil: Sie ernähren sich in der Regel ausgewogener, nehmen weniger Salz und Fett zu sich, lassen seltener das Frühstück ausfallen, treiben häufiger Sport, schlafen ausreichend, rauchen weniger und konsumieren weniger Alkohol (Peterson, 1988). Sie nehmen körperliche Beschwerden eher nicht auf die leichte Schulter und suchen bei Bedarf früher einen Arzt auf (Lin & Peterson, 1990; Peterson, Colvin & Lin, 1992). Personen mit internaler Kontrollüberzeugung tendieren dazu,

Medikamente zuverlässig einzunehmen (Hong, Oddone, Dudley & Bosworth, 2006). Auch bei Jugendlichen und Kindern zeigten sich Zusammenhänge zwischen Optimismus bzw. Selbstwirksamkeit und Gesundheitsverhalten (Klein-Hessling, Lohaus, & Ball, 2005). Entgegen landläufiger Meinungen bemühen sich positiv denkende Menschen also stärker darum, aktiv für ihr körperliches Wohlergehen zu sorgen und Beschwerden vorzubeugen bzw. gegen sie anzugehen. Allerdings sollte geprüft werden, inwiefern Bildung hier eine relevante Hintergrundvariable ist.

Menschen, die positiv denken, ernähren sich in der Regel gesünder und zeigen höhere Bereitschaft zu gesundheitsförderndem Verhalten.

Bei pessimistischen Personen sieht das anders aus. Sie waren nicht nur diejenigen, die in den zitierten Studien den gesundheitsrelevanten Informationen weniger Aufmerksamkeit schenkten, sie neigten außerdem dazu, einen gefährlicheren Lebensstil zu führen. Das konnten Peterson und Kollegen (Peterson & Bossio, 1991) demonstrieren. Sie führten eine Untersuchung mit homosexuellen und bisexuellen Männern durch, um mögliche Zusammenhänge zwischen Positivem Denken und dem Wissen über AIDS und damit verbundenen Verhaltensweisen zu ermitteln. Dabei stellten sie zunächst fest, dass sowohl Optimisten als auch Pessimisten über einen sehr guten Kenntnisstand zu dem Thema verfügten. Beide Gruppen wussten, wie AIDS übertragen wird und was man tun kann, um sich davor zu schützen. Befragt nach der Wahrscheinlichkeit, sich mit HIV zu infizieren, äußerten sie jedoch unterschiedliche Ansichten. Erwartungsgemäß schätzten Pessimisten die Gefahr, sich mit dem Virus anzustecken, größer ein als Optimisten. Die Konsequenz daraus sollte sein, dass Pessimisten mehr Maßnahmen ergreifen würden, um sich vor der Übertragung von HIV zu schützen. Paradoxerweise war genau das Gegenteil der Fall. Im Vergleich zu den optimistischen Teilnehmern wechselten Pessimisten häufiger ihre Sexualpartner und hatten häufiger ungeschützten Sex, wodurch sie sich stärker der Infektionsgefahr aussetzten.

Diese Ergebnisse stimmen überein mit anderen überraschenden Befunden, die belegen, dass Menschen mit negativer Einstellung größere Risiken eingehen als solche mit positiven Überzeugungen. Beispielsweise neigen Bauarbeiter mit hoher externaler Kontrollüberzeugung eher dazu, sich auf dem Arbeitsplatz in riskanter Weise zu verhalten (Kuo & Tsaur, 2004). Außerdem ließ sich zeigen, dass Personen mit negativem Erklärungsstil eher als solche mit positivem bereit sind, Risiken einzugehen, und häufiger unvorsichtig agieren, etwa indem sie zu schnell Auto fahren oder relativ viel Alkohol konsumieren (Peterson et al., 2001). Der riskantere Lebensstil ist für Unfälle mit Todesfolge mitverantwortlich. Auch konnte in einer umfangreichen Längsschnittuntersuchung mit mehr als 1 000 Teilnehmern nachgewiesen werden, dass Personen mit negativem Erklärungsstil deutlich häufiger bei einem Gewaltverbrechen oder einem Unfall ums Leben kommen als solche mit positiver Sichtweise (Peterson, Seligman, Yurko, Martin & Friedman, 1998). Zu klären ist hier allerdings die Frage von Ursache und Folgen bzw. die Rolle von Drittvariablen. Dies wird im Folgenden eingehender diskutiert.

Erklärungen zum Zusammenhang zwischen Optimismus und Gesundheitsverhalten: Fatalismus bei Pessimisten oder Umweltbedingungen?

Eine Erklärung für die – auf den ersten Blick verblüffenden – Ergebnisse zum Zusammenhang von Optimismus und Gesundheitsverhalten ist, dass Pessimisten möglicherweise zu Fatalismus neigen. Hin und wieder hört man, wie Menschen beispielsweise ihren Tabakkonsum dadurch entschuldigen, dass die Umwelt so belastet sei – von verschmutzter Luft über verseuchtes Rindfleisch bis hin zum Ozonloch –, dass es ja gar keinen Unterschied mehr mache, ob man rauche oder nicht. Sie glauben, dass sie ihr Geschick nicht oder nur begrenzt selbst beeinflussen können und dass eigene Anstrengungen daher wenig erfolgversprechend sind (im Sinne eines Alles-Oder-Nichts-Denkens). Folgt auf geringe Hoffnung wenig Anstrengung oder Vorsorge, kann das einen Kreislauf in Gang setzen, in dessen Verlauf sich die negativen Erwartungen erfüllen. Eine solch pessimistische Denkweise findet man bei Personen, die sich wenig Selbstwirksamkeit zuschreiben, deren Kontrollüberzeugung niedrig ist oder die pessimistische Erklärungen heranziehen (vgl. Bandura, 1997; Rotter, 1966; Seligman, 1991). Somit schätzten die pessimistischen Teilnehmer die Wahrscheinlichkeit, sich mit HIV zu infizieren, vielleicht deshalb höher ein, weil sie nicht das Gefühl hatten, dass ihr eigenes Verhalten sie gut genug davor schützen könne. Möglicherweise ist es diese Überzeugung, die dazu führt, dass Pessimisten leichtfertiger Risiken eingehen. Wer der Ansicht ist, dass die eigene Gesundheit eher von Faktoren abhängig ist, auf die man ohnehin keinen Einfluss hat – etwa von den Genen, der verschmutzten Umwelt oder der (Un-)Fähigkeit der Ärzte –, der wird verständlicherweise keine Notwendigkeit sehen, präventive Maßnahmen zu ergreifen. Und für jemanden der glaubt, dass man sowieso nicht verhindern könne, von einem Auto angefahren oder Opfer einer Naturkatastrophe zu werden, ergibt es wenig Sinn, seinen Alkoholkonsum zu reduzieren, Safer Sex zu praktizieren oder im Straßenverkehr Vorsicht walten zu lassen.

Eine andere Erklärung für den Zusammenhang zwischen Lebensstil und Pessimismus ist der Einfluss möglicher Drittvariablen. Beispielsweise können soziale Schicht und Wohnverhältnisse sowohl die positive bzw. negative Lebenshaltung als auch das Gesundheitsverhalten beeinflussen. Für Personen, die unter ungünstigen Bedingungen aufwachsen (z. B. in einem Slum), gibt es vermutlich weniger Gründe, hoffnungsvoll zu sein als für andere. Gleichzeitig leben sie in Umständen, die – objektiv gesehen – relativ gefährlich sind. Diese Situation könnte also sowohl das persönliche Risiko als auch die individuelle Einstellung beeinflussen, ohne dass direkte Beziehungen zwischen Risikoverhalten und Einstellung bestehen.

2.3.1 Positives Denken und die Veränderung gesundheitsschädlicher Gewohnheiten

Positives Denken ist nicht nur von Belang beim Schutz vor potentiellen Gefahren, sondern auch, um gesundheitsschädliche Gewohnheiten zu ändern. Welche Rolle positive Haltungen in diesem Zusammenhang spielen, konnten Chambliss und Murray (1979) in einer Studie zur Reduktion von Körpergewicht demonstrieren. Sie gaben übergewichtigen Frauen ein Placebo, das angeblich den Stoffwechsel – und damit die Gewichtsabnahme – fördern sollte. Außerdem wurde ihnen erklärt, was sie selbst tun könnten, um Gewicht zu verlieren. Nach zwei Wochen hatten die Teilnehmerinnen im Schnitt 1,8 Pfund abgenommen. Anschließend wurde die Hälfte der Probandinnen über das Placebo aufgeklärt, damit diese die Gewichtsreduktion nicht der Wirkung der Tablette zuschrieben, sondern auf ihre eigene Fähigkeit und Willensstärke zurückführten. In den darauf folgenden zwei Wochen zeigte sich die Wirkung einer positiven Überzeugung: Nur die Frauen nahmen weiter ab, die über das Placebo Bescheid wussten und das Gefühl hatten, dass sie das Abnehmen selber steuern konnten.

Einen weiteren relevanten Faktor identifiziert Leppin (1992): die Überzeugung von der Notwendigkeit einer bestimmten Verhaltensweise. In ihrer Untersuchung mit übergewichtigen Frauen nahmen nur diejenigen ab, die aufgrund eines erhöhten Bluthochdruckrisikos die Notwendigkeit dazu sahen und darüber hinaus der Ansicht waren, dass sie ihre Nahrungsaufnahme kontrollieren konnten.

Positives Denken spielt also eine wichtige Rolle in der Bereitschaft zu gesundheitsförderlichem Verhalten, weil das Wissen um Risiken und Vorsorgemaßnahmen nur dann in die Tat umgesetzt wird, wenn die Menschen sich zum einen dazu in der Lage sehen, das jeweilige Verhalten auszuführen, und zum anderen davon überzeugt sind, dass das Verhalten auch die gewünschte Wirkung zeigen wird. Demzufolge überrascht es nicht, dass Studien den günstigen Einfluss positiver Haltungen in vielen verschiedenen Zusammenhängen bestätigen konnten, wie etwa bei der Verringerung von Zigarettenkonsum (Devins & Edwards, 1988), im Alkoholentzug (Strack, Carver & Blaney, 1987), in der Prävention von AIDS (Taylor et al., 1992), im Bereich sexuellen Risikoverhaltens, der Bewältigung chronischer Krankheiten, der Förderung körperlicher Aktivität (Schwarzer, 1993) sowie der Reduktion von Körperfett und Blutfettwerten und einer damit einhergehenden Verminderung des Risikos von Koronarerkrankungen (Shepperd, Maroto und Pbert, 1996). Auch Studien zu Placebo-Effekten können so interpretiert werden – ist es doch die positive Erwartung des Patienten, die zur Genesung verhilft. Eine ähnliche Bedeutung wird der Hoffnung in der Psychotherapie zugeschrieben (Snyder, Michael & Cheavens, 1999).

2.3.2 Emotionale Ausgeglichenheit und Abwehrkräfte

Wie Peterson und Seligman (1987; vgl. auch Kamen-Siegel, Rodin, Seligman & Dwyer, 1991) feststellten, korreliert Positives Denken aber auch unabhängig vom Gesundheitsverhalten mit einer besseren körperlichen Verfassung. Beispielsweise liegt eine Ursache für bessere Gesundheit von Optimisten darin, dass sie – wie im nächsten Kapitel dargestellt wird – weniger anfällig für negative Emotionen sind, bestimmte Ereignisse als weniger belastend wahrnehmen und besser mit Stress umgehen können. Da Stress und gewisse negative Emotionen mit einer Reihe von gesundheitlichen Problemen in Zusammenhang stehen, wie z. B. gastro-intestinalen Geschwüren (Levenstein, 2003), verschiedenen Herz-Kreislauf-Problemen (Goldstein & Niaura, 1992) oder einem geschwächten Immunsystem (Herbert & Cohen, 1993), erfüllt Positives Denken in Bezug auf diese Beschwerden eine Schutzfunktion. So deuten eine höhere Anzahl an T-Helferzellen sowie eine verbesserte Funktion der natürlichen Killerzellen auf ein stärkeres Immunsystem bei dieser Personengruppe hin (Segerstrom, Taylor, Kemeny & Fahey, 1998). Der positive Immunstatus geht unter anderem auf die Fähigkeit zurück, erfolgreich mit Ärger umzugehen (Penedo et al., 2006). Auch die besseren physiologischen Werte der optimistischen Patienten während der Bypassoperation belegen, dass ihr Organismus resistenter ist (Scheier et al., 1989).

Dass der Effekt auf das Immunsystem aber nicht nur über Emotionen vermittelt wird, sondern dass es möglicherweise einen direkten Einfluss gibt, legt ein Experiment von Visintainer, Volpicelli und Seligman (1982) nahe. Sie wollten wissen, inwieweit das Erleben von Kontrolle den Körper bei der Bekämpfung von Krebs unterstützen bzw. nachteilig beeinflussen kann. Die Frage erforschten sie allerdings nicht an Menschen, sondern an Ratten, was auf den ersten Blick befremdlich erscheinen mag. Aber Untersuchungen an Tieren sind in bestimmten Fällen notwendig, weil sie es ermöglichen, Sachverhalte zu erforschen, die am Menschen aus ethischen Gründen nicht durchführbar sind. Dies gilt auch für die folgende Studie.

Visintainer und Kollegen pflanzten gesunden Laborratten Krebsgewebe ein. Dabei handelte es sich um Tumore, die unweigerlich zum Tod führen, sofern sie nicht durch das Immunsystem der Ratten abgewehrt werden. Die Größe des Tumors wurde so gewählt, dass die Überlebenschance der Tiere unter normalen Bedingungen etwa 50 % betrug. Anschließend wurden die Ratten in drei Gruppen eingeteilt, die sich in allem genau glichen bis auf die Tatsache, dass die Tiere in Gruppe A und Gruppe B gelegentlich milde Elektroschocks bekamen. Im Gegensatz zu den Ratten in Gruppe B konnten die Tiere in Gruppe A die Dauer der Schocks beeinflussen: Wurden sie einem Elektroschock ausgesetzt, so konnten sie diesen durch Drücken eines Hebels ausschalten. Die Schocks, welche die Ratten in Gruppe B erhielten, waren direkt an die der ersten Gruppe gekoppelt. Das bedeutete, dass es für sie keine Möglichkeit gab, die Dauer der Schocks zu beeinflussen. Sie waren darauf angewiesen, dass die Ratten in Gruppe A den Hebel betätigten und somit den unangenehmen Stressor ausschalteten. Durch das Untersuchungsdesign war gewährleistet, dass die Dauer und die Intensität der Elektroschocks für die Tiere in beiden Gruppen gleich war, darüber hinaus aber auch, dass es einen wichtigen Unterschied gab: Die Tiere in Gruppe A lernten, dass sie den Stressor selbst beseitigen konnten, während die Ratten in Gruppe B lernten, dass nichts, was sie taten, die Elektroschocks in irgendeiner Weise beeinflusste. Den einen wurde also das erfolgreiche Ausüben von Kontrolle beigebracht, den anderen dagegen Hilflosigkeit. Gruppe C diente als neutrale Vergleichsgruppe und erhielt deshalb keine Elektroschocks.

Das Ergebnis der Untersuchung war beeindruckend. Während von den Ratten, die keinen Schocks ausgesetzt gewesen waren, im Laufe eines Monats die Hälfte starb und die andere Hälfte den Tumor erfolgreich abwehren konnte, klaffte bei den anderen beiden Gruppen die Sterblichkeitsrate deutlich auseinander. Von den Ratten, die die Dauer der Stromstöße kontrollieren konnten, hatten 70 % den Tumor abgewehrt, während von denen, die den Schocks gegenüber machtlos waren, nur 26 % den Krebs überwanden.

Dass es sich bei diesen Zahlen nicht nur um ein Zufallsprodukt handelt, bestätigt eine von anderen Forschern durchgeführte analoge Studie (Sklar & Anisman, 1979). Der Unterschied der zweiten Studie bestand lediglich darin, dass Mäuse an Stelle von Ratten verwendet wurden und dass nicht die Sterblichkeit erfasst wurde, sondern das Wachstum des Tumors. In diesem Experiment zeigte sich ebenfalls, dass das Immunsystem der Tiere, die zu Hilflosigkeit verurteilt waren, weniger in der Lage war, das Krebsgeschwür abzuwehren bzw. dessen Wachstum zu verhindern.

Zwar könnte man nun einwerfen, dass die Erkenntnisse für Ratten und Mäuse ja äußerst bemerkenswert seien, diese aber nicht auf Menschen anwendbar sind, weil der Mensch ein viel komplexeres Wesen ist. Es gibt jedoch Studien, die auch bei Menschen über günstige Zusammenhänge zwischen einer zuversichtlichen Haltung und der Reaktion des Körpers auf Krebs berichten. Antoni und Goodkin (1988) befragten Frauen, die sich auf Gebärmutterkrebs untersuchen ließen. Sie fanden heraus, dass die vor Bekanntwerden des Untersuchungsergebnisses festgestellte Haltung die Entwicklung der Krankheit vorhersagte. Frauen, bei denen zu Beginn der Studie eine pessimistische Geisteshaltung festgestellt worden war, erhielten später im Schnitt eine schwerwiegendere Diagnose. Levy und Kollegen (Levy, Seligman, Morrow, Bagley & Lippman, 1987) untersuchten Frauen, die wiederholt an Brustkrebs erkrankt und deren Überlebenschancen dementsprechend gering waren. Sie wollten wissen, welche Faktoren die Überlebensdauer nach der erneuten Krebsdiagnose beeinflussten. Dabei stellten sie fest, dass auch Optimismus eine Rolle spielte, wenngleich eine untergeordnete.

2.4 Soziale Unterstützung als protektiver Faktor

Schließlich spielen soziale Kontakte eine wichtige Rolle für die Gesundheit. Wie viele Untersuchungen gezeigt haben, sind Personen, die in ein soziales Netz von Freunden und Verwandten eingebunden sind, gesünder als solche, die sozial eher isoliert leben (vgl. Atkins, Kaplan & Toshiman, 1991). Das hat verschiedene Ursachen. Den Menschen, die gute Freunde haben, geht es emotional besser, weil sie Liebe und Wertschätzung erfahren und die Möglichkeit haben, ihren Kummer zu teilen, was beim Umgang mit Stress hilfreich ist und negative Emotionen reduziert (Wills, 1990). Außerdem können Freunde und Verwandte Hilfe und Unterstützung geben, wodurch Stress und andere Belastungen oftmals von vornherein vermieden werden können. Das wirkt sich sogar dahingehend aus, dass Menschen mit guten zwischenmenschlichen Beziehungen länger leben (Berkman & Syme, 1979).

Genau diese soziale Unterstützung fehlt jedoch manchem Pessimisten. Anderson und Arnoult (1985) zeigten, dass Menschen, die zu negativen Attributionen neigen, häufiger sozial isoliert sind, was sich langfristig wiederum ungünstig auf die physische Verfassung auswirkt. Hier ergibt sich offenbar ein Teufelskreis. Wo dabei die anfängliche Ursache liegt, ist kaum auszumachen.

In Bezug auf Partnerschaften wurde demonstriert, dass Menschen, die das Verhalten ihres Ehepartners auf pessimistische Weise erklären, sich häufiger scheiden lassen (siehe Kap. 5). Es ist plausibel, dass jemand, der alles von einer negativen Warte aus betrachtet, der seinem Partner böse Absichten unterstellt oder häufig miesepetrig ist, ein weniger attraktiver Partner ist als jemand, der Dinge eher positiv sieht. Andererseits kann die pessimistische Sichtweise natürlich auch objektive Hintergründe haben und eine realistische Antizipation einer ungünstigen Entwicklung der Partnerschaft darstellen.

2.5 Ursache und Wirkung?

Was ist also der Schluss, den man aus den oben erwähnten Studien ziehen kann? Auf den ersten Blick scheint die Aussage völlig klar: Positives Denken macht Menschen gesünder. Es führt zu gesundheitsförderlichem Verhalten, stärkt das Immunsystem und begünstigt soziale Unterstützung. Das wiederum schützt Menschen vor Krankheit, reduziert das Ausmaß der Beschwerden, beschleunigt die Genesung und verringert die Wahrscheinlichkeit eines Rückfalls. Dieser Schluss ist allerdings etwas voreilig, weil die Frage nach Ursache und Wirkung nicht eindeutig geklärt ist.

Zunächst stellt sich die Frage, was zuerst da war: Der Optimismus oder die Gesundheit? Die bisher formulierte Erklärung ist, dass Menschen, die optimistisch sind und sich hohe Kontrolle über viele Lebensbereiche zuschreiben, sich Mühe geben, ihre körperliche Verfassung positiv zu beeinflussen und folglich gesünder sind. Jedoch ist die umgekehrte Reihenfolge ebenso denkbar. Personen, die von Kindesbeinen an vorsichtig waren und versucht haben, Krankheiten und Unfällen vorzubeugen, werden aller Wahrscheinlichkeit nach relativ gesund gewesen sein. Daraus hätten sie gelernt haben können, dass es möglich ist, das Leben so zu gestalten, dass die Zukunft vorteilhaft sein wird – sie wären also Optimisten. Somit kann Positives Denken das Ergebnis einer erfolgreichen gesundheitsförderlichen Lebensweise sein. Ebenso kann man argumentieren, dass Menschen, die Glück hatten und in günstige Umweltbedingungen hineingeboren wurden und außerdem günstige gesundheitsfördernde Lebensumstände erfuhren, mehr Grund haben, von Anfang an optimistisch bezüglich ihres Geschicks zu sein. Sinnvoll wären hier Studien, bei denen der sozioökonomische Status kontrolliert wird.

In ähnlicher Weise kann in Bezug auf Umgang mit Stress oder soziale Unterstützung argumentiert werden. Möglicherweise haben bestimmte Menschen in diesen Bereichen schlechte Erfahrungen gemacht: Sie haben im Laufe der Zeit gelernt, dass sie nicht fähig sind, effektiv mit Belastungen umzugehen oder gute Beziehungen aufzubauen. Ihr Pessimismus kann also Folge der negativen Erfahrungen sein und nicht deren Ursache. Wenn das so wäre, würde eine negative Haltung kein Gesundheitsrisiko darstellen bzw. eine positive kein Schutzschild vor Krankheit, sondern beide wären Nebenprodukte der jeweiligen Erlebnisse. Das würde bedeuten, dass die Bypasspatienten, die sich schnell erholten, möglicherweise schon immer gesünder waren und dass ihr Optimismus lediglich Folge dieses Umstands war und nicht die Ursache ihrer schnellen Genesung. Zwar wurde zu Untersuchungsbeginn die Verfassung jedes Teilnehmers gemessen und mit den anderen verglichen mit dem Ergebnis, dass die Optimisten im Schnitt vergleichbare Gesundheitsindikatoren aufwiesen wie die Pessimisten. Allerdings war das nur eine Momentaufnahme, die keine Aussage über die Krankheitsgeschichte erlaubt und offen lässt, ob die Optimisten in der Vergangenheit gesünder waren.

Selbst wenn es möglich wäre, mit Sicherheit zu sagen, dass positive Einstellungen die Gesundheit beeinflussen, stellt sich dennoch die Frage, ob diese Wirkung tatsächlich auf Positives Denken zurückzuführen ist. Zwar sind die Unterschiede zwischen Optimisten und Pessimisten gut bestätigt, das bedeutet aber nicht zwingend, dass es die *positiven* Einflüsse einer optimistischen Haltung sind, welche die Differenz ausmachen. Ebenso plausibel ist die Erklärung, dass der Unterschied Folge der *schädlichen* Wirkung von Pessimismus ist (vgl. z. B. Affleck, Tennen & Apter, 2001) oder dass andere Faktoren, wie ein günstiger Bewältigungsstil (vgl. Carver et al., 1993), eine vermittelnde Rolle zwischen Optimismus und den positiven Ergebnissen spielen. Womöglich macht Positives Denken nicht gesund, sondern negatives Denken macht krank. Das würde bedeuten, dass Optimismus nicht dazu führt, dass Menschen besser auf ihre Gesundheit achten, besonders gut mit Stress umgehen und mehr soziale Unterstützung bekommen, sondern dass Pessimismus bewirkt, dass Menschen ihre Gesundheit vernachlässigen, Belastungen schlechter bewältigen und nicht so gut mit anderen auskommen. Die mit Optimismus verbundenen Gesundheitsaspekte wären dann Folge der Abwesenheit von Pessimismus.

Wenngleich diese Fragen beim derzeitigen Forschungsstand nicht endgültig geklärt werden können, so geben einige Untersuchungen zu anderen Bereichen Positiven Denkens doch Hinweise darauf, wie der Zusammenhang zwischen Gesundheit und positiver bzw. negativer Haltung aussieht. Als besonders aufschlussreich erweisen sich Studien zum Kontrollerleben. Eine Stärke des Experiments von Visintainer und Kollegen (1982) liegt darin, dass es an Tieren durchgeführt wurde, so dass viele Störquellen – und somit viele alternative Erklärungen für die Ergebnisse – ausgeschlossen werden konnten. Die verwendeten Laborratten waren unter gleichen Bedingungen gezüchtet worden, was die Unterschiede zwischen ihnen von vornherein auf ein Minimum reduziert hat. Sie wurden außerdem per Zufall den verschiedenen Gruppen zugeteilt, was sicherstellte, dass das Verhältnis von widerstandsfähigen zu weniger widerstandsfähigen Tieren in den Gruppen gleich war. Außerdem wurden auch während des Experimentes alle Bedingungen sorgfältig kontrolliert: Art der Behausung, Futtermenge sowie Häufigkeit und Dauer der Schocks. Gruppe A und Gruppe B unterschied sich nur in der Art und Weise, wie sie die Schocks erlebten. Die einzige plausible Erklärung der Ergebnisse ist, dass die Widerstandskraft der Tiere durch das Erleben von Kontrolle bzw. Hilflosigkeit beeinflusst wurde.

Dass dieses Experiment durchaus als Modell dafür dienen kann, wie sich der Umgang mit Stressoren auf den Menschen auswirkt, wird zusätzlich durch die Ergebnisse von Langers und Rodins (1976) Studie mit Altenheimbewohnern bestätigt, da sich beide Experimente sowohl in ihrem Aufbau als auch in ihren Ergebnissen sehr ähnlich sind. Wie im Experiment von Visintainer und Kollegen wurden auch in der Studie im Altenheim die Bedingungen für alle Teilnehmer gleichgehalten. Alle Bewohner lebten unter denselben Bedingungen und alle kamen in den Genuss derselben Verbesserungsmaßnahmen. Individuelle Unterschiede zwischen den Bewohnern können als zufallsverteilt angesehen werden und dürften sich ausmitteln. Der einzige systematische Unterschied war das Ausmaß an Kontrolle, das ihnen gewährt wurde, je nachdem, welcher Gruppe sie angehörten. Auch hier wirkte sich der Grad der Kontrolle dahingehend aus, dass diejenigen, die mehr Einfluss auf ihre Umgebung hatten, eine günstigere Entwicklung zeigten.

An der Studie von Visintainer und Kollegen ist außerdem die Art und Weise aufschlussreich, wie sich die Manipulation auf die Widerstandsfähigkeit der Ratten auswirkte. Die Tatsache, dass in der Gruppe der hilflosen Ratten deutlich mehr Tiere starben als in der Gruppe der gewöhnlichen Ratten (d. h. derer, die keine Schocks bekommen hatten), zeigt, dass das Erlebnis von Hilflosigkeit einen schädlichen Einfluss auf die Abwehrkräfte der Tiere hatte.

Das Erleben von Hilflosigkeit belastet die Gesundheit. Das Erleben von Kontrolle stärkt die Gesundheit.

Noch beeindruckender sind die Auswirkungen der Möglichkeit, die Elektroschocks zu kontrollieren. Die Fähigkeit der Ratten, den Tumor abzuwehren, wurde durch diese Manipulation offensichtlich sogar gestärkt. Die erlebte Kontrolle steigerte also die Widerstandskraft, so dass das Immunsystem dieser Ratten nicht nur stärker war als das der hilflosen Tiere, sondern auch stärker als das der Ratten, die keine Schocks erhalten hatten. Es zeigt sich also, dass sowohl negative als auch positive Umstände ihre eigenen, spezifischen Konsequenzen haben.

Andererseits konnte nachgewiesen werden, dass die Stärkung der Kontrollüberzeugung bei Frauen, die an einem Diätprogramm teilnahmen, dazu führte, dass das gesundheitsförderliche Verhalten – d. h. die Diät – beibehalten wurde, während die Versuchspersonen, die den Gewichtsverlust nicht primär auf ihre eigenen Fähigkeiten zurückführten, nach kurzer Zeit nicht weiter abnahmen (Chambliss & Murray, 1979). Bandura (1992) zeigte schließlich, dass die Erhöhung von Kompetenzerwartung durch Training auch die Abwehrkräfte stärkte.

Salovey und Birnbaum (1989) konnten zeigen, dass auch die Stimmung die Einschätzung von gesundheitsrelevantem Verhalten beeinflusst. Sie brachten erkältete Studierende im Rahmen eines Experiments in gute oder schlechte Laune, indem sie sie baten, an positive oder negative Erlebnisse zu denken und erfragten anschließend erlebte Selbstwirksamkeit in Bezug auf gesundheitsschützendes Verhalten. In guter Stimmung erlebten die Befragten höhere Selbstwirksamkeit als in schlechter. Abele und Hermer (1993) untersuchten, wie sich Stimmung auf die Beurteilung gesundheitsgefährdender Verhaltensweisen auswirkt. Sie versetzten die Versuchsteilnehmer durch den Auftrag, ein besonders angenehmes oder unangenehmes Lebensereignis möglichst detailliert zu beschreiben, in gute oder schlechte Laune. Danach baten sie sie unter anderem, eine Skala zur Einschätzung der Schädlichkeit ungesunder Verhaltensweisen auszufüllen (z. B. regelmäßig zu wenig zu schlafen, nicht regelmäßig Sport zu treiben usw.). Gesundheitsgefährdendes Verhalten wurde in positiver Stimmung als problematischer beurteilt als in neutraler oder negativer Stimmung. Dagegen wurde bei schlechter Laune der eigene Gesundheitszustand als ungünstiger eingeschätzt als bei neutraler oder positiver Laune. Der Befund zeigte sich auch in einer weiteren Studie, in der die Befragten ihren Gesundheitszustand in negativer Stimmung sowohl als schlecht als auch als wenig änderbar einschätzten. In positiver Stimmung dagegen nahmen sie ihre Situation zuversichtlicher wahr und schrieben sich mehr internale Kontrolle zu (Abele, 1993). Die Studien sind deshalb so aufschlussreich, weil die Stimmung zu Beginn der Untersuchung künstlich herbeigeführt wurde, aber alle anderen Faktoren konstant gehalten wurden. Die Unterschiede in der Einschätzung der verschiedenen Merkmale – von eigener Verfassung bis zu Selbstwirksamkeit – müssen also auf den unterschiedlichen emotionalen Zustand zurückgeführt werden. Wenn gesundheitsrelevante Einschätzungen durch Stimmung beeinflusst werden, dann dürften sich auch habituelle Einstellungen auf diese Einschätzungen auswirken. So gesehen können die Befunde als Hinweis darauf interpretiert werden, dass der Zusammenhang zwischen positiven Einstellungen und Gesundheitsverhalten durch den mit Pessimismus assoziierten Fatalismus erklärt werden kann.

2.6 Ist Positives Denken nur förderlich?

Nicht alle Studien sprechen für günstige Effekte Positiven Denkens. Segerstrom (2001, 2005) weist darauf hin, dass mehrere Studien im Kontext von Krebs und AIDS gemischte Ergebnisse berichten. Im Zusammenhang mit Krebsgeschwüren an Hals und Kopf war die Sterblichkeitsrate von Optimisten geringer (Allison et al., 2003), aber nicht im Zusammenhang mit Lungenkrebs (Schofield et al., 2004), und in einer Studie mit verschiedenen Krebsformen waren die Effekte nur bei jüngeren Patienten nachweisbar (Schulz et al., 1996). Bezüglich des Krankheitsverlaufs bei AIDS kommen einige Untersuchungen zu dem Schluss, dass die Entwicklung, gemessen an der Vermehrung des HI-Virus und der Abnahme des Proteins CD4, für optimistische Patienten (Ironson, Balbin, et al., 2005; Milam, Richardson, Marks, Kemper & McCutchan, 2004) und Personen mit hohen Selbstwirksamkeitserwartungen (Ironson, Weiss, et al., 2005) langsamer und damit positiver verläuft. Andererseits zeigte sich, dass der Krankheitsverlauf von Patienten mit sehr hohem Optimismus weniger günstig war als der von moderaten Optimisten (Milam et al., 2004), weshalb die Autoren zwischen Optimismus und dem Fortschreiten von AIDS eine kurvilineare Beziehung vermuten. Ihrer Ansicht nach ist weder niedriger noch sehr hoher Optimismus von Vorteil.

Wie lassen sich diese unterschiedlichen Ergebnisse erklären? Segerstrom (2005) vermutet, dass die Wirkung Positiven Denkens kontextabhängig ist: Einerseits profitieren Optimisten von ihren aktiven Bewältigungsstrategien, weil sie so viele Probleme durch eigene Anstrengungen lösen können. Sind sie andererseits mit besonders schwierigen oder langwierigen Problemen konfrontiert, können ihre ständigen Bemühungen eine Zusatzbelastung darstellen, die sich ihrerseits negativ auf die Gesundheit auswirkt. Um diese Vermutung zu überprüfen, führten Segerstrom und Kollegen eine Reihe von Experimenten durch, in denen sie die Teilnehmer schwierige oder unlösbare Worträtsel bearbeiten ließen (Solberg, Segerstrom & Sephton, 2005; vgl. auch Segerstrom, Castaneda & Spencer, 2003). Dabei zeigte sich, dass Optimisten, die darauf bedacht waren, eine möglichst gute Leistung zu erbringen, länger an den Aufgaben arbeiteten und höhere physiologische Anzeichen von Stress zeigten, als die pessimistischen Teilnehmer. Ihre Überzeugung, die Aufgabe meistern zu können, führte also nicht nur zu erhöhter Anstrengung, sondern auch zu mehr körperlicher Belastung. Da weitere Befunde der Untersuchung außerdem nahe legen, dass Optimisten dazu neigen, sich mehr zuzumuten, kann ein hohes Maß an Positivem Denken unter bestimmten Umständen also gesundheitsschädlich sein.

Aufschlussreich ist auch eine Studie über den sogenannten „John-Henryismus“[2]. Dabei handelt es sich um die Überzeugung, dass man gewisse schwierige Ziele erreichen kann, sofern man sich nur genügend anstrengt. Es zeigte sich, dass bei männlichen Afroamerikanern, die einer niedrigen sozialen Schicht angehörten und denen es an Ressourcen mangelte, ihre Ziele in die Tat umzusetzen, John-Henryismus mit höherem Blutdruck zusammenhing und sich insgesamt negativ auf das Herz-Kreislauf-System auswirkte (James, Hartnett & Kalsbeek, 1983). Man kann also folgern, dass in Situationen, in denen es objektiv fast unmöglich ist, bestimmte Ziele zu erreichen, die Überzeugung, Schmied seines eigenen Glückes zu sein, eine enorme Belastung darstellt. Im Kontext von Krankheiten wie Krebs oder AIDS kann ein gewisses Maß an Positivem Denken daher hilfreich sein, weil es bestimmte adaptive Bewältigungsstrategien begünstigt. Aber ein zu hohes Maß an Zuversicht scheint der körperlichen Verfassung eher abträglich zu sein.

In nicht kontrollierbaren Situationen wird das Bemühen um Veränderung der Situation zur Quelle der Belastung.

Eine Reihe weiterer Untersuchungen weist außerdem auf andere Schattenseiten von Positivem Denken hin. So zeigte sich beispielsweise, dass optimistische Mütter, die bei der Geburt eines Kindes vergleichsweise alt waren, unter mehr Komplikationen im Laufe der Geburt litten als pessimistische (Chesterman, Cohen & Adler, 1990). Je höher die Selbstwirksamkeit ehemaliger Raucher ausgeprägt ist, desto häufiger geben sie der Versuchung nach, doch wieder zur Zigarette zu greifen (Haaga & Stewart, 1992; Staring & Breteler, 2004). Dieses Ergebnis könnte damit zusammenhängen, dass Personen mit hoher Selbstwirksamkeit sich in einer solchen Situation sagen: „Ich kann jederzeit wieder aufhören!“. Auch im Umgang mit AIDS zeigten sich einige negative Zusammenhänge. Personen, die ihre Kontrolle in Bezug auf die HIV-Infektionsgefahr überschätzten, schützten sich im Schnitt weniger effektiv vor einer möglichen Übertragung (Thompson, Kent, Thomas & Vrungos, 1999). Wenn man Teilnehmer über die Tendenz illusorischer Kontrolle informierte, ergriffen sie bessere Vorsorgemaßnahmen als andere (Thompson, Kyle, Swan, Thomas & Vrungos, 2002).

Extrem hohe Selbstwirksamkeitserwartung und Kontrollüberzeugung verleiten zu riskantem Verhalten.

Manche Untersuchungen kommen zu Ergebnissen, die anderen Studien widersprechen. Beispielsweise wurden junge Erwachsene in einem Experiment gebeten, sich Bilder von Melanomen anzusehen, mit dem Hinweis, dass ihnen

2 Einer amerikanischen Legende zufolge war John Henry ein Gleisarbeiter, der Ende des neunzehnten Jahrhunderts beweisen wollte, dass er mit eigener Körperkraft schneller beim Bau eines Tunnels vorankommt als ein Pressluftbohrer. Henry soll den Wettbewerb gegen die Maschine gewonnen haben, anschließend jedoch einem Herzinfarkt erlegen sein.

das helfen könnte, Hautkrebs bei sich und anderen besser zu erkennen (Isaacowitz, 2005). Anschließend wurde gemessen, wie genau die Teilnehmenden die Bilder betrachteten. Dabei zeigte sich, dass optimistische Personen die Melanome weniger gründlich betrachteten als Pessimisten. Hiervon abgesehen stellten Davidson und Prkachin (1997) fest, dass Menschen, die optimistisch waren und ihr Risiko hinsichtlich späterer Gesundheitsprobleme als gering ansahen, bei Präventionsprogrammen am wenigsten lernten. Sie ließen Studierende einen Fragebogen zu dispositionalem Optimismus ausfüllen und außerdem einschätzen, wie sehr sie im Vergleich zu anderen Personen gleichen Alters gefährdet seien, in Zukunft unter bestimmten Gesundheitsproblemen zu leiden. Auch ihr Wissen über Herz-Kreislauf-Erkrankungen wurde per Fragebogen gemessen. Einige Wochen später wurden sie im Laufe einer Vorlesung über Koronarerkrankungen belehrt. Als die Teilnehmer dann im Anschluss an die Vorlesung noch einmal per Fragebogen über ihr Wissen bezüglich Herz-Kreislauf-Erkrankungen befragt wurden, stellte sich heraus, dass diejenigen am wenigsten gelernt hatten, die sowohl einen hohen Wert auf der Optimismusskala erzielt als auch das objektiv gegebene Risiko von bestimmten Gesundheitsproblemen unterschätzt hatten. Die Autoren kamen daher zu dem Schluss, dass Optimismus verhindern kann, mögliche Gefahren zu sehen und sich dagegen zu wappnen.

Die genannten Studien werfen die Frage auf, wieso die Ergebnisse der oben zitierten Studie von Aspinwall und Brunhart (2000) zu den Risiken von Vitamineinnahme und Sonnenbaden widersprechen. Eine mögliche Erklärung liegt in der Relevanz der potentiellen Gefahren. Viele der Teilnehmer hatten angenommen, dass Hautkrebs eine verhältnismäßig ungefährliche Krankheit sei und erst in höherem Alter auftrete (Aspinwall & Brunhart, 1996). In einer Nachfolgeuntersuchung zeigte sich, dass diejenigen Teilnehmer, denen erklärt worden war, dass die Gefahren von Sonnenbaden schon in ihrem Alter existieren, sich intensiver mit dem Informationsmaterial beschäftigten, als diejenigen, denen gesagt worden war, dass die Beschwerden sie voraussichtlich erst viel später betreffen würden (Aspinwall & Brunhart, 2000). Auch Abele (1993) kommt zu dem Schluss, dass Menschen relativ abstrakten Wahrscheinlichkeitsaussagen zur Gesundheitsgefährdung häufig mit unrealistischem Optimismus, also einer Unterschätzung des eigenen Risikos, begegnen und dass positive Stimmung sich vor allem bei unmittelbar gesundheitsförderlichem Verhalten positiv auswirkt. Möglicherweise achten Optimisten also eher auf solche Informationen, von denen sie unmittelbar betroffen sein können, und schenken Inhalten wenig Beachtung, die in naher Zukunft von geringer Relevanz sind. Die Tatsache, dass die Risiken der Einnahme von Nahrungsergänzungsmitteln und des Bräunens im Solarium für Studierende relevanter sind als Koronarerkrankungen, mag erklären, weshalb optimistische Teilnehmer der einen Information mehr Aufmerksamkeit schenkten als der anderen.

Optimisten schenken gesundheitsrelevanten Informationen relativ wenig Aufmerksamkeit, wenn diese für sie nicht von unmittelbarer Bedeutung sind.

Eine weitere Differenzierung ergibt sich durch verschiedene Komponenten Positiven Denkens (Davidson und Prkachin, 1997). Dispositionaler Optimismus steht mit günstigem Gesundheitsverhalten in Zusammenhang. Hingegen hat unrealistischer Optimismus negative Auswirkungen. Das zeigte sich auch in einer Studie zum Schutz vor HIV. Personen, die glaubten, die Wahrscheinlichkeit, sich mit dem HI-Virus zu infizieren, sei für sie niedriger als für andere Personen ihrer Altersgruppe, verhielten sich in einer Art und Weise, die ihr Infektionsrisiko erhöhte (Kok, Ho, Heng & Ong, 1990). Es ist also möglich, dass gewisse Formen Positiven Denkens negative Folgen für die Gesundheit haben.

2.7 Fazit

Wenngleich die Optimismusforschung noch vergleichsweise jung ist, so hat sie doch im Laufe der letzten zwei Jahrzehnte eine Reihe beeindruckender Erkenntnisse zu Tage gefördert. Zahlreiche Studien demonstrieren, dass Positives Denken eine wichtige Grundlage gesunden Lebens bildet. Es führt dazu, dass Menschen sich aktiv um ihre Gesundheit kümmern und beugt dadurch Krankheiten und anderen körperlichen Beschwerden vor, vermindert das Ausmaß von Beschwerden, beschleunigt die Genesung und verringert die Wahrscheinlichkeit eines Rückfalls. Darüber hinaus wirkt Positives Denken hilfreich, indem es das Immunsystem stärkt, im Umgang mit Belastungen unterstützt und zur Bildung eines besseren sozialen Netzes beiträgt. Somit stellt eine zuversichtliche Haltung einen – nicht vollkommenen, aber dennoch effektiven – Schutz dar.

Trotz allem ist Vorsicht geboten. Wenngleich die Befürworter Positiven Denkens mit ihrer Vermutung über die günstigen Auswirkungen einer zuversichtlichen Geisteshaltung in vielen Punkten richtig liegen, muss vor einer Überbewertung dieser Haltungen gewarnt werden. Bei all dem Positiven, was Optimismus zu leisten vermag, sollte er keinesfalls als Allheilmittel angesehen werden. Obwohl Positives Denken durchaus zur Lebensverlängerung beitragen kann, wird es weder Menschen vom Totenbett zurück ins Leben rufen, noch Blinde sehend oder Lahme gehend machen. Positives Denken macht notwendige medizinische Behandlung nicht überflüssig. Im Gegenteil: Es ist vor allem als Unterstützung der gängigen medizinischen Praxis wirksam. Ungünstige Nebenwirkungen einer positiven Einstellung sind im Vergleich zu den günstigen Konsequenzen verhältnismäßig harmlos. Wer aber mit der Einstellung „Alles ist dem möglich, der glaubt" durchs Leben geht, wird Schaden davon tragen, der hätte verhindert werden können.

3 Positives Denken und psychisches Wohlbefinden

Für unterschiedliche Persönlichkeiten ist dieselbe Welt entweder eine Hölle oder ein Himmel.
Ralph Waldo Emerson; Übers. d. V.

Helen Keller war noch keine zwei Jahre alt, als sie im Februar 1882 an einem Fieber erkrankte, das sie dauerhaft ihres Seh- und Hörvermögens beraubte (Herrmann, 1998). Bevor das geschah, war Helen als lebendiges und aufgewecktes Kind aufgefallen, das schon sehr früh die ersten Wörter gelernt hatte. Nun trieb die aus ihrer Krankheit resultierende Unfähigkeit, angemessen mit ihrer Umwelt kommunizieren zu können, sowohl sie selbst als auch ihre Eltern häufig zur Verzweiflung. Nach einer Weile lernte Helen zwar, gewisse Wünsche pantomimisch darzustellen, die Interpretationsversuche anderer waren oft jedoch nicht mehr als frustrierende Ratespiele. Auf Misserfolge reagierte sie mit Tobsuchtsanfällen. Im Laufe der folgenden Jahre entwickelte sich Helen zu einem Kind, das immer schwerer zu bändigen war. Die Erkenntnis, dass andere in ihrem Umfeld nicht mit den gleichen Schwierigkeiten zu kämpfen hatten wie sie, ließ sie so wütend und unkontrollierbar werden, dass Verwandte bald empfahlen, sie in ein Heim einzuweisen.

Der Wendepunkt in Helens Leben kam, als ihre Mutter von einem blind und taub geborenen Mädchen las, welches durch eine besondere Zeichensprache gelernt hatte, mit anderen zu kommunizieren und dadurch sogar in der Lage war, eine Schule zu besuchen. Von der Hoffnung angetrieben, dass Helen von einer ähnlichen Unterweisung profitieren könnte, kontaktierten ihre Angehörigen den Erfinder des Telefons, Alexander Graham Bell, der sich für die Schulung hörgeschädigter Kinder einsetzte. Mit Bells Hilfe lernte Familie Keller eine Lehrerin kennen. Im März 1887 reiste diese nach Tuscumbia (Alabama) und führte die sechsjährige Helen in die Welt der Sprache ein.

Diesen Tag bezeichnete Helen Keller später als den wichtigsten ihres Lebens. War ihre Welt vorher von Dunkelheit und Stille geprägt, öffnete sich nun die Tür zu unzähligen Erfahrungen, die ihr bislang verwehrt geblieben waren. Ihre Lehrerin Anne half ihr, sich zu verständigen. Sie lernte verschiedene Formen der Blindenschrift sowie das Schreiben mit einer Schreibmaschine. Sie begann, mit Begeisterung zu lesen, Briefe und Tagebucheinträge zu verfassen und sich Wissen in vielen Bereichen anzueignen. Vor allem aber begriff Helen, dass ihre Behinderung sie nicht davon abhalten musste, ein erfülltes Leben zu führen. Anstatt sich Selbstmitleid und Zorn hinzugeben, erkannte sie, dass sie jeder Situation auch etwas Positives abgewinnen konnte: „Ist es nicht wahr, dass mein Leben mit all seinen Beschränkungen in vielen Punkten dem Leben der großen Welt gleicht? Alles besitzt sein Wunderbares, selbst Dunkelheit und Stille, und ich lerne, mich unter allen Umständen mit meiner Lage abzufinden“ (Keller, 1994, S. 118). So wurde aus der zornigen, unglücklichen Helen eine Frau, die trotz ihrer immensen Einschränkungen glücklich war und Dinge erreichte, die damals selbst vielen gesunden Menschen versagt blieben. Weil sie nun des Lesens und Schreibens mächtig war, konnte Helen eine Blindenschule besuchen, auf der sie unter anderem lernte, viele Werke der klassischen Literatur in Französisch, Deutsch, Griechisch und Latein zu lesen. Zu einer Zeit, in der ein Hochschulstudium für die meisten Frauen undenkbar war, gelang es ihr, am renommierten Radcliffe College einen Studienplatz zu erhalten. In ihrer Studienzeit schrieb sie ein Buch über ihr bisheriges Leben und ihre Erfahrungen mit ihrer Behinderung. Als sich das Buch erfolgreich verkaufte und Helen sich plötzlichem Ruhm ausgesetzt sah, beschloss sie, diesen Erfolg zu nutzen. Sie trat mit ihrer Lehrerin Anne Vortragsreisen an, setzte sich für soziale Gerechtigkeit und die Rechte der Frau ein, veröffentlichte regelmäßig Artikel in Zeitschriften und Tageszeitungen, engagierte sich in der Sozialistischen Partei und schrieb weitere Bücher. Vor allem aber nutzte sie ihren Ruhm, um sich für die Verbesserung der Lebensbedingungen von seh- und hörgeschädigten Menschen einzusetzen und in vielen Ländern die Gründung von Sonderschulen und anderen sozialen Institutionen zu initiieren.

Als Helen Keller 1968 starb, hatte sie internationale Bekanntheit erlangt und viele Auszeichnungen erhalten. Vor allem aber war es ihr gelungen, aus ihren Einschränkungen einen Vorteil zu schöpfen und ihr Leid zu nutzen, um anderen Freude zu bringen. Als Quelle ihrer Kraft führte sie häufig ihre optimistische Weltsicht an: „Ich weiß, was Übel ist. Ein oder zwei Mal habe ich mit ihm gekämpft und eine Zeitlang seine erstarrende Wirkung auf mein Leben verspürt; [...] Gerade weil ich damit in Berührung gekommen bin, bin ich eine [...] Optimistin. Ich kann aus voller Überzeugung sagen, dass der Kampf, den das Böse notwendig macht, ein wunderbarer Segen ist. Er macht uns zu starken, geduldigen und hilfreichen Charakteren. Er führt uns in das innerste Wesen der Dinge und lehrt uns, dass, wiewohl die Welt voller Leid ist, sie auch voll ist von Mitteln, es zu überwinden“ (Keller, 1997, S. 6).

3.1 Positives Denken und der Umgang mit Belastungen

In den USA zählt Helen Keller heute zu den allgemein geschätzten Vorbildern. Ihr Leben wurde mehrfach verfilmt, Schulen und Straßen wurden nach ihr benannt und einige ihrer Aussagen werden immer wieder zitiert. Auch heute noch geht von ihrer Geschichte eine große Faszination aus. Die Ursache dieser

Bewunderung mag darin liegen, dass Helen Kellers Leben eine Antwort auf die Frage bietet, wieso manche Menschen nachhaltig unter Krisen und Belastungen leiden, während andere sie nach einer gewissen Bewältigungsphase überwinden und mit Tatendrang zu ihrem alten Leben zurückkehren. Dass Optimismus und andere Formen Positiven Denkens beeinflussen, wie gut Menschen mit außerordentlichen sowie alltäglichen Belastungen fertig werden, belegen jedoch nicht nur einzelne biographische Episoden, sondern auch viele wissenschaftliche Untersuchungen.

3.2 Positives Denken als Schutz vor Depressionen

Eines der ältesten Rätsel der Menschheit ist die Frage, was Menschen glücklich macht. Philosophen, Schriftsteller, Wissenschaftler und Laien haben im Laufe der Jahrhunderte gleichermaßen versucht, diese Frage zu beantworten. Dass viele Menschen heutzutage die Antwort in finanziellem Wohlstand suchen, zeigt eine Reihe von Umfrageergebnissen. 1993 bekundeten etwa drei Viertel aller amerikanischen Studienanfänger, dass Wohlstand für sie sehr wichtig sei – doppelt so viele wie noch 1970 (Astin, Korn & Riggs, 1993). Der Schauspieler Alan Alda sagt ironisch: „Um glücklich zu sein, muss man nicht unbedingt reich und berühmt sein. Es genügt, wenn man reich ist" (Winokur, 1987; Übers. d. V.). Allerdings hat das Streben nach Reichtum einen Haken: Es birgt zwar Annehmlichkeiten, führt aber nicht zwangsläufig zu höherer Lebenszufriedenheit. Die Kaufkraft des durchschnittlichen US-Bürgers hat sich seit den fünfziger Jahren mehr als verdoppelt, der Prozentsatz derer, die angeben, sehr glücklich zu sein, ist dennoch leicht gesunken (vgl. Myers & Diener, 1995). Auch zeigte eine 1985 durchgeführte Befragung der hundert reichsten Amerikaner, dass diese nur geringfügig glücklicher sind als der amerikanische Durchschnittsbürger – 37 % von ihnen bezeichneten sich sogar als weniger glücklich (Diener, Horowitz & Emmons, 1985).

Worin unterscheiden sich nun zufriedene von weniger zufriedenen Menschen? In ihrer Literaturübersicht kommen David Myers und Edward Diener (1995) zu dem Schluss, dass neben Zufriedenheit mit dem Arbeitsplatz, der Religiosität und dem Eingebundensein in befriedigende Beziehungen auch Positives Denken mit größerer Lebenszufriedenheit verbunden ist (vgl. auch Daukantaite & Bergman, 2005; Dubey & Agarwal, 2004; Leung, Moneta & McBride-Chang, 2005). Sie konstatieren, dass Menschen, die optimistisch sind, hohe Selbstwertschätzung haben und überzeugt sind, Kontrolle über ihr eigenes Schicksal zu haben, im Schnitt glücklicher sind als andere. Warum das so ist, lässt sich nicht in wenigen Sätzen beantworten, doch scheint eine der wichtigsten Ursachen die Tatsache zu sein, dass die verschiedenen Formen Positiven Denkens einen Schutz vor Depressionen bieten. Genetische Faktoren, die sich auch auf Extraversion und emotionale Stabilität auswirken, spielen hierbei ebenfalls eine Rolle (Diener, 2000).

Nach Schätzungen der Weltgesundheitsorganisation WHO leiden 300 Millionen Menschen weltweit an depressiven Erkrankungen. Diese Menschen berichten, dass ihr Leben von starker Traurigkeit und Niedergeschlagenheit gekennzeichnet ist und dass sie häufig von Gefühlen der Schuld und Wertlosigkeit geplagt seien. Sie geben an, antriebslos zu sein, wichtige Bereiche ihres Lebens zu vernachlässigen und selbst an Dingen, die ihnen sonst Spaß machten, keinen Gefallen mehr zu finden. Sie bejahen Aussagen wie: „Ich habe das Gefühl, dass die Zukunft hoffnungslos ist und dass die Situation nicht besser werden kann" (Hautzinger, Bailer, Worall & Keller, 1995). Außerdem berichten sie von mangelnder Konzentrationsfähigkeit, innerer Unruhe, Schlafstörungen und Gedanken an den Tod. Jegliche Lebensfreude scheint ihnen abhanden gekommen. Nicht umsonst bezeichnet David Lykken depressive Störungen als „Diebe der Lebensfreude" („happiness thieves") (Lykken, 1999). Was hat jedoch eine optimistische Einstellung mit Depressionen zu tun?

Negative Kognitionen als Problem

Der Therapeut und Gründervater der kognitiven Therapie, Aaron Beck, stellte in den sechziger Jahren fest, dass negative Gedanken kennzeichnend für Depressionen sind. Er bemerkte, dass die meisten seiner Patienten immer wieder negative Gedanken über sich selbst, ihre Situation und ihre Zukunft berichteten. Sie fühlten sich wertlos, empfanden ihre gegenwärtige Lage als unerträglich und konnten für die Zukunft keinerlei Besserung erkennen. Was seine Patienten anscheinend brauchten, war eine Veränderung ihrer negativen Denkmuster (vgl. auch Seligman, 1991).

Hilflosigkeit und ungünstige Erklärungsstile

Zu einem ähnlichen Schluss gelangten auch Martin Seligman und Kollegen. Sie hatten in Untersuchungen festgestellt, dass Menschen unterschiedlich auf negative Ereignisse reagieren. Die meisten Menschen, die einen Rückschlag oder eine Enttäuschung erlitten haben, sind zunächst traurig und niedergeschlagen, erholen sich wieder und versuchen, ihre Probleme in den Griff zu bekommen. Einigen Menschen gelingt das nicht. Anstatt ihr emotionales Tief zu überwinden, bleiben sie entmutigt und hoffnungslos und ergreifen keinerlei Initiative, um ihre Situation zu verändern. Diese Resignation, die auch ein Merkmal von Depression ist, erkannten Seligman und Mitarbeiter bei einigen Versuchsteilnehmern, die in den Experimenten mit Hilflosigkeit reagiert hatten. Typisch für diese Personen war ein negativer Erklärungsstil (vgl. **Abb. 3** und Kap. 1.3.5), woraus die Autoren schlossen, dass dieses negative Erklärungsmuster zur Entstehung von Depression beiträgt.

Seligman (1991) folgerte, dass sich Depressionen entwickeln, wenn negative, enttäuschende Ereignisse auf eine Weise interpretiert werden, die erwünschte Ziele unerreichbar oder negative Ergebnisse unvermeidbar scheinen lässt (vgl. Kasten) und dadurch zu Hoffnungslosigkeit führt (z. B. „Ich habe

Attributionsdimension	Ausprägung	Auswirkungen in Bezug auf Depression
Kontrollüberzeugung	internal	→ Selbstwertverlust → bestimmt Ausmaß der Defizite
	external	→ wirkt Depression entgegen
Stabilität	stabil	→ Stabilität und lange Dauer → Aufrechterhaltung
	variabel	→ wirkt Depression entgegen
Globalität	global	→ begünstigt Entwicklung einer Depression
	spezifisch	→ wirkt Depression entgegen

Abb. 3: Attributionsstil im Umgang mit negativen Ereignissen und Depression nach Seligman, Abramson, Semmel und von Baeyer (1979) bzw. W.-U. Meyer (2000)

die Prüfung nicht bestanden, weil ich zu dumm für das Studium bin. Wahrscheinlich werde ich nie meinen Abschluss bekommen.“).

Eine Studie zu Misserfolg und Erklärungsstil

Zur empirischen Prüfung untersuchte man die Reaktion von Studierenden auf ein negatives Ereignis: das Versagen in einer Prüfung (Seligman, Abramson, Semmel & von Baeyer, 1979). Dazu befragten die Forscher die Anwesenden in einer Vorlesung zu Semesterbeginn bezüglich Erklärungsstil, psychischem Wohlbefinden und Depressionssymptomen. Einige Wochen später – kurz vor der ersten Prüfung – wurden die Studierenden nochmals befragt. Diesmal sollten sie angeben, welche Prüfungsnote sie als enttäuschend empfinden bzw. als Misserfolg ansehen würden. Diese Angaben konnten nach der Prüfung herangezogen werden, um festzustellen, ob es sich bei der erzielten Note subjektiv gesehen um ein negatives Ereignis handelte.
Bezüglich der Ergebnisse lag die Mehrheit der Studierenden unter ihren Erwartungen, hatte nach eigenen Maßstäben also versagt. Wie sich dieses Ergebnis nun emotional auf die Studierenden auswirken würde, hing, wie von Seligmans Theorie vorhergesagt, davon ab, wie sich die Betroffenen gewöhnlich Erfolge und Misserfolge erklärten. Studierende mit positivem Erklärungsstil tendierten dazu, die Ursache für ihr Versagen in spezifischen, variablen Faktoren wie den unglücklich gewählten Fragen, in Ablenkung durch äußere Umstände oder ungenügender Vorbereitung zu suchen. Zu negativen Erklärungen neigende Studierende führten ihr schlechtes Abschneiden hingegen auf nicht veränderbare, globale Faktoren wie mangelnde Fähigkeit zurück. Nur eine Minderheit der positiv denkenden Studierenden berichtete infolge der Enttäuschung Anzeichen einer Depression, aber 70 % derjenigen mit negativem Erklärungsmuster zeigten Depressionssymptome. Besonders langfristige negative Wirkungen zeigten sich bei den Studenten, die typischerweise für negative Ereignisse internale, stabile und globale aversive Ursachenerklärungen heranzogen („Es liegt an meiner allgemeinen Unfähigkeit“).

Offensichtlich sind es nicht die positiven oder negativen Ereignisse an sich, die uns glücklich oder unglücklich machen. Unsere Zufriedenheit und unser psychisches Wohlbefinden sind davon abhängig, wie wir uns diese Ereignisse erklären und wie wir mit Belastungen umgehen. Selbstwirksamkeitserwartung, Kontrollüberzeugungen und Erklärungsmuster spielen hierbei eine wichtige Rolle (Kinderman & Bentall, 1997; O'Leary, 1992).

3.2.1 Stress und alltägliche Beanspruchungen

Der Begriff „Stress" zählt wohl zu den im Alltag am häufigsten verwendeten Ausdrücken zur Beschreibung von Belastungen. Stress ist gekennzeichnet durch ein Ungleichgewicht zwischen erlebten Anforderungen und den eigenen Bewältigungsmöglichkeiten (Lazarus, 1966). Je nach dem Verhältnis von täglichen Anforderungen zu den eigenen Ressourcen kann auch Alltägliches zu einer großen Beanspruchung werden. Allerdings können positive Überzeugungen auf verschiedenen Ebenen helfen, mit den Belastungen des täglichen Lebens fertigzuwerden.

Herausforderungen oder Belastungen?

Die bekannten Stressforscher Richard Lazarus und Susan Folkman (1984) betonen, dass hohe Anforderungen nicht notwendigerweise als belastend wahrgenommen werden. Sie gehen davon aus, dass Menschen, die sich mit einem potentiellen Stressor konfrontiert sehen, mehr oder weniger bewusst zweierlei Bewertungen vornehmen. Die erste Bewertung *(„primary appraisal")* betrifft die Bedeutung des Stressors für das eigene Wohlergehen. Personen beurteilen, welche Konsequenzen eine erfolgreiche bzw. eine nicht erfolgreiche Bewältigung der Situation mit sich bringen würde („Was steht für mich auf dem Spiel?"). Dabei werden drei mögliche Kategorien primärer Bewertungen postuliert: irrelevante, angenehm-positive und stressbezogene. Stressbezogene Bewertungen lassen sich differenzieren als Bedrohung, Schaden bzw. Verlust oder Herausforderung. Im letzteren Fall sieht die betroffene Person eine Chance zur persönlichen Weiterentwicklung in der Stresssituation. Durch die erfolgreiche Bewältigung einer schweren Krankheit oder einer Prüfungssituation entstehen positive Erlebnisqualitäten. Negative Emotionen entstehen hingegen, sofern in Verbindung mit dem Ereignis eine Bedrohung wie z. B. eine Selbstwertbeeinträchtigung nach Versagen antizipiert wird. Ist ein solches bedrohliches Ereignis schon zur Realität geworden, erleben wir Schaden oder Verlust. Das ist der Fall, wenn man beispielsweise eine Prüfung nicht bestanden oder einen nahestehenden Angehörigen verloren hat.

Ob und in welchem Ausmaß die als stressbezogen interpretierte Situation belastend ist, hängt von der zweiten Bewertung *(„secondary appraisal")* ab. Diese dreht sich um Mittel und Wege, die zur Verfügung stehen, um die Situation erfolgreich zu bewältigen („Was kann ich tun?"). Es wird also überprüft, auf welche physischen, intellektuellen, sozialen und materiellen Ressourcen man zurückgreifen kann, um die Lage zu seinen Gunsten zu entscheiden. Kommt man dabei zu dem Ergebnis, dass die Möglichkeiten zur Bewältigung des Stressors groß genug sind, so wird das keine negativen emotionalen Auswirkungen haben. Muss man jedoch befürchten, dass die Anforderungen, denen man sich gegenübergestellt sieht, die Bewältigungsressourcen übersteigen, dann ist Belastungserleben die Folge. Die Belastung ist umso größer, je wichtiger und wünschenswerter eine erfolgreiche Bewältigung der Situation ist und je geringer die eigenen Möglichkeiten sind. Die Begrifflichkeiten „primary" und „secondary" deuten dabei keine zeitliche Abfolge an, denn der zweite Bewertungsprozess kann zeitgleich mit dem ersten erfolgen oder ihm sogar vorausgehen (vgl. **Abb. 4**). Außerdem kann aufgrund der sekundären Bewertung auch eine Neubewertung der Situation erfolgen.

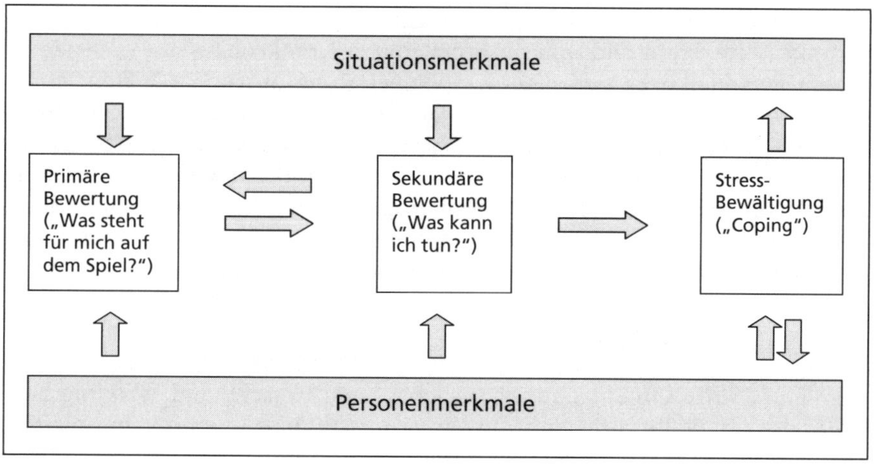

Abb. 4: Stressbewältigungsprozess nach Lazarus und Folkman (1984)

Die Bedeutung Positiven Denkens ist in diesem Zusammenhang leicht nachzuvollziehen. Schon bei der ersten Bewertung kann eine zuversichtliche Haltung die potentielle Bedrohlichkeit reduzieren. Würde beispielsweise ein pessimistischer Angestellter zu Beginn seiner Probezeit bemerken, dass ihm häufig Fehler unterlaufen, könnte er die Lage sehr schnell als bedrohlich einschätzen, da er befürchten müsste, seinen Arbeitsplatz wieder zu verlieren, wenn er den Anforderungen seines Vorgesetzten nicht gerecht werden kann. Wenn er dann keinen Weg fände, seine Leistungen zu steigern, wäre jeder weitere Tag der Probezeit von Stress und Angst geprägt.

Ein zuversichtlicherer Angestellter würde die Situation möglicherweise als Herausforderung wahrnehmen. Er würde seine Fehler als natürlichen Teil des Anlernprozesses sehen, für den sein Vorgesetzter sicherlich Verständnis aufbrächte. Für ihn stünde daher aufgrund seiner Missgeschicke nicht gleich sein Job auf dem Spiel. Die ersten sechs Monate verliefen wahrscheinlich entspannter als bei einer pessimistischen ersten Bewertung. Allzu gelassene Haltung den eigenen Fehlern gegenüber birgt allerdings das Risiko, dass Lerngelegenheiten verpasst und Entwicklungschancen vergeben werden (Schütz, 2005).

Selbstwirksamkeit und der Umgang mit Belastungen

Eine noch wichtigere Rolle spielt Positives Denken bei der Einschätzung der eigenen Bewältigungsmöglichkeiten. Da eine potentielle Bedrohung erst dann auch als solche empfunden wird, wenn man befürchtet, sie nicht meistern zu können, helfen zuversichtliche Erwartungshaltungen wie Selbstwirksamkeit und Kontrollüberzeugungen, die Entstehung von Stress trotz vorhandener Stressoren zu vermeiden. Wie sich das vorteilhaft auf das psychische Wohlbefinden auswirkt, demonstrierten Greenglass und Burke (2000), welche die Folgen alltäglicher Belastungen bei der Arbeit von über 1300 Beschäftigten in der Krankenpflege untersuchten. Die teilnehmenden Krankenschwestern und -pfleger arbeiteten in Krankenhäusern, in denen sie durch Personalkürzungen einer Doppelbelastung ausgesetzt waren: einerseits der zusätzlichen Arbeit, die sie nach der Entlassung von Kollegen übernehmen mussten und andererseits der Angst, ebenfalls den Arbeitsplatz zu verlieren. Somit stellte ihr Alltag besondere Anforderungen an ihre Fähigkeit, erfolgreich mit belastenden Situationen umzugehen. Diejenigen, deren Einstellung zu Beginn der Studie von hoher Selbstwirksamkeit geprägt war, nahmen erwartungsgemäß weniger Stress wahr und zeigten geringere Anzeichen von Depression und größere Zufriedenheit mit ihrer Arbeit. Wer sich als kompetent im Umgang mit belastenden Situationen ansieht, reagiert also weniger heftig auf potentielle Belastungen (Krohne, 1990; Lazarus, 1991; Jerusalem, 1990). Ob es sich hier tatsächlich um Ursache und Wirkung handelt oder ob die Betroffenen vielmehr relativ akkurat vorhersagen konnten, wie gut oder schlecht sie mit der Situation zurechtkommen werden, scheint allerdings nicht ganz geklärt.

Höhere Selbstwirksamkeitserwartungen stehen in Zusammenhang mit geringerem Belastungserleben.

Ähnliche Effekte zeigten andere Studien. Auch Angestellte, die berufliche Umstrukturierungsmaßnahmen bewältigen mussten, erlebten weniger Stress und größere berufliche Zufriedenheit, wenn sie hohe Selbstwirksamkeit aufwiesen (Jimmieson, Terry & Callan, 2004). Studierende mit hoher Selbstwirksamkeitserwartung reagierten auf belastende Alltagsereignisse seltener als andere mit Niedergeschlagenheit (Lightsey, 1997).

Kontrollüberzeugungen und dispositionaler Optimismus als Schutz vor Belastungen

Kontrollüberzeugungen wirkten bei Jugendlichen, die hohen Belastungen ausgesetzt waren (Herman-Stahl & Petersen, 1999), bei Angestellten, die häufig mit Konfliktsituationen umgehen mussten (Hahn, 2000), und bei Personen, die mit Arbeitslosigkeit konfrontiert waren (Cvetanovski & Jex, 1994), als Schutz vor Depressionen. Dispositionaler Optimismus hat sich ebenfalls als protektiver Faktor bewährt. Mehrere Studien berichten von einem erfolgreicheren, weniger belastenden Studienbeginn bei optimistischen Studierenden (Aspinwall & Taylor, 1992; Segerstrom, Taylor, Kemeny & Fahey, 1998; Stewart et al., 1997) sowie von besserem Befinden am Arbeitsplatz (Cohen, 1990), in Zusammenhang mit der Pflege kranker Angehöriger (Given et al., 1993; Hooker et al., 1992; Tompkins, Schulz & Rau, 1988) und im täglichen Leben mit einem verhaltensauffälligen Kind (Baker, Blacher & Olsson, 2005). Gestützt werden diese größtenteils selbst berichteten Daten durch physiologische Messungen. Beispielsweise fanden Lai et al. (2005) in den Speichelproben optimistischer Personen eine deutlich geringere Menge an Cortisol, einem Hormon, das unter Stress verstärkt ausgeschüttet wird, als in den Proben von Pessimisten.

Positives Denken spielt somit eine wichtige Rolle in der Bewältigung alltäglicher Belastungen, weil es dem Gefühl, den täglichen Anforderungen nicht gewachsen zu sein, entgegenwirkt und dadurch Stress und Depressionen vorbeugt. Umgekehrt können negative Gedanken Bestandteil ungünstiger Kreisläufe sein. Teasdale (1983, 1988) argumentiert, dass sich durch negative Erinnerungen, negative Befindlichkeit und die damit verbundene negative Interpretation neuer Erfahrung Teufelskreise ergeben, die zur Aufrechterhaltung von Depression beitragen.

3.2.2 Tod einer nahestehenden Person

Eine der schwierigsten Belastungsproben im Leben eines Menschen ist der Tod einer nahestehenden Person. Ganz gleich, ob der Tod überraschend kommt oder absehbar ist, kaum ein Ereignis kommt diesem in seinen Auswirkungen gleich und führt Menschen so nah an die Grenzen ihrer Belastbarkeit. In solchen Zeiten können Freunde und Verwandte eine wichtige Quelle der Unterstützung sein. Wie gut Menschen in der Lage sind, ein tragisches Ereignis zu bewältigen, wird jedoch auch von der eigenen Einstellung beeinflusst. Zu versuchen, in dem Geschehenen Sinn zu finden, ist eine Voraussetzung für erfolgreiche Bewältigung.

Wenn eine nahestehende Person stirbt, wirft ihr Tod oft quälende Fragen auf: „Wieso musste die Tochter sterben?“, „Warum musste der Vater so lange leiden?“, „Weshalb musste es ausgerechnet so einen herzensguten Menschen treffen?“ Je nachdem, unter welchen Umständen Menschen sterben, kann ihr Tod akzeptabel oder sinnlos erscheinen. Stirbt jemand mit 92 Jahren an Altersschwäche, ist es das natürliche Ende eines langen Lebens. Ähnliches gilt für einen starken Raucher, der den Kampf gegen Lungenkrebs verliert: Sein Ableben kann als Folge des Lebensstils gesehen werden. In beiden Fällen ist die Entwicklung relativ verständlich.

Häufig kommt es aber vor, dass ein Todesfall besonders schwer nachvollziehbar erscheint. Kommt eine junge Mutter bei einem Frontalzusammenstoß mit einem betrunkenen Autofahrer um, gibt es keinen offensichtlichen Grund, weshalb gerade sie sterben musste. Sie hatte den größten Teil ihres Lebens noch vor sich und ihr Tod war nicht zu erwarten.

Ob Menschen dazu in der Lage sind, einen Sinn im Tod einer Bezugsperson zu sehen, wird maßgeblich dadurch beeinflusst, wie erfolgreich sie das Ereignis verarbeiten (vgl. Nolen-Hoeksema & Larson, 1999). Damit das geschehen kann, müssen sie Antworten auf die Fragen finden, die durch den Tod aufgeworfen werden, um mit dem „Wie“ und „Weshalb“ des Ablebens Frieden zu finden. Ereignisse wie der Tod der jungen Mutter stehen in Kontrast zum Bedürfnis vieler Menschen, die Welt als einen relativ gerechten, vorhersehbaren und kontrollierbaren Ort anzusehen (vgl. Rubin & Peplau, 1975). In solch einem Fall stellt sich möglicherweise die Frage, wie es sein kann, dass eine glückliche junge Frau sterben und ihre Familie zurücklassen muss, während der volltrunkene Fahrer überleben darf. Zwar könnte man darauf erwidern, dass die Mutter starb, weil jemand anderes dies durch sein Verhalten in Kauf genommen hat. Allerdings ist diese Erklärung unbefriedigend, weil sie das Gefühl nicht beseitigen kann, dass der Tod zu früh kam und ungerecht ist. Die Hinterbliebenen stehen also vor der Aufgabe, den in ihrer Weltsicht entstandenen Riss zu kitten, indem sie zu einer Betrachtungsweise des Ereignisses gelangen, die mit dem Weltbild harmoniert oder ihre Sicht der Welt dem Geschehenen entsprechend anpassen. Das Ereignis kann so in zufriedenstellender Art und Weise in einen Rahmen eingebettet werden. Die Angehörigen könnten beispielsweise zu dem Schluss kommen, dass der Tod nun mal ein natürlicher Teil des Lebens ist und man daher nicht trauern muss, wenn Menschen früh gehen, sondern sich über die Zeit freuen kann, die sie hatten. Oder sie könnten zu der Erkenntnis kommen, dass ein Mensch seine „Aufgabe“ bereits erfüllt hat. Sehen die Hinterbliebenen jedoch keine Möglichkeit, die Tatsachen mit ihrem Verständnis der Welt in Einklang zu bringen, ist die Anpassung des Weltbilds der einzige Weg, das Geschehene erfolgreich zu verarbeiten. So ist vorstellbar, dass sie ihren Glauben an eine gerechte, kontrollierbare Welt aufgeben und zu dem Schluss kommen, dass man nur Einfluss auf seine eigenen Taten hat und man daher jeden Tag so bewusst und weise leben sollte, dass man stets bereit ist, aus dem Leben zu scheiden, wenn unerwartet etwas außerhalb der eigenen Kontrolle Liegendes eintritt. Der plötzliche Tod würde in dem neuen Kontext Sinn ergeben, weil in einer unvorhersehbaren, unkontrollierbaren Welt nun einmal unvorhersehbare, unkontrollierbare Dinge geschehen.

Wie man den Tod eines Menschen bewältigt, hängt auch davon ab, ob man in der Lage ist, dem Ereignis etwas auch nur annähernd Positives abzugewinnen (Davis, Nolen-Hoeksema & Larson, 1998). Beispielsweise stellen Menschen oft fest, dass der Tod des Partners einerseits zwar ein unwiederbringlicher Verlust ist, andererseits auch Auswirkungen hat, die in gewisser Weise positiv sind. Etwa mögen die Hinterbliebenen nun ihre Prioritäten überdenken und ihr Leben neu gestalten. Sie mögen auch erfahren, wie wertvoll ihre Freundschaften sind oder lernen, anderen Menschen in ähnlichen Situationen zu helfen. Auch berichten Angehörige manchmal, dass sie mit dem Gedanken an das „Vermächtnis“ oder den „Auftrag“, den ihnen der Verstorbene hinterlassen hat, bewusster leben als vorher. Selbst die Erkenntnis, dass der Tod für die verstorbene Person eine Erlösung von ihrem Leid gewesen ist, kann ausreichen, um den Verlust in positiverem Licht zu sehen.

Wie wichtig es ist, diese zwei Schritte der Bewältigung – d. h. die Sinnfindung und das Erkennen positiver Aspekte – erfolgreich zu durchlaufen, zeigen Untersuchungen von Nolen-Hoeksema und Kollegen (Davis, Nolen-Hoeksema & Larson, 1998; vgl. auch Nolen-Hoeksema & Larson, 1999). Sie baten Männer und Frauen, zu mehreren Zeitpunkten nach dem Tod eines Angehörigen anzugeben, inwiefern sie in dem, was geschehen war, einen Sinn sahen und ob sie der Erfahrung etwas Positives abgewinnen konnten. Dabei zeigte sich, dass das emotionale Befinden derjenigen, denen es innerhalb von sechs Monaten nach dem Todesfall gelungen war, einen Sinn in dem Geschehenen zu finden, deutlich besser war als der Zustand anderer Betroffener. Sie gaben unter anderem an, häufiger entspannt und zufrieden zu sein und wiesen seltener Symptome klinischer Depression auf.

Einige Teilnehmer waren zwar nicht innerhalb der ersten sechs Monate in der Lage, eine Antwort auf die Frage nach dem „Wieso" zu finden, berichteten aber zu einem späteren Zeitpunkt, in dem Ereignis einen Sinn erkannt zu haben. Anders als bei denen, die diesen Schritt schon bei der ersten Befragung abgeschlossen hatten, war die spätere Sinnfindung jedoch nicht mit höherem Wohlbefinden verbunden. Das mag zunächst verwundern. Bei näherer Untersuchung stellte sich allerdings heraus, dass die Ursache dafür in der unterschiedlichen Art und Weise lag, wie diese Personen sich das „Wie" und „Weshalb" des Ablebens ihres Familienmitglieds erklärten. So neigten Teilnehmer, die innerhalb von sechs Monaten zu einer Sinnfindung gekommen waren, dazu, eine positive Lösung zu finden. Sie berichteten, zur Einsicht gekommen zu sein, dass der Tod Gottes Wille war, dass die Zeit auf der Erde einfach abgelaufen war oder dass der Verstorbene auf das Kommende vorbereitet war und den bevorstehenden Tod friedlich akzeptiert hatte. Wer dagegen erst zu einem späteren Zeitpunkt das eigene Weltbild mit dem Ereignis in Einklang bringen konnte, neigte zu einer negativen Deutung. Ein Teilnehmer erklärte, zu der Erkenntnis gekommen zu sein, dass Gott möglicherweise gar nicht existiert oder die Menschen nicht immer behütet. Andere vertraten die Ansicht, dass tragische Dinge einfach geschehen und dass man daran nichts ändern könne, ganz gleich, wie sehr man es sich wünscht, oder dass das Leben schlicht und ergreifend unberechenbar und unvorhersehbar sei und man jederzeit von Unglück betroffen sein könne. So erklärte einer der Teilnehmer:

> Der Sinn im Tod ist, dass es keinen Sinn gibt. Solche Dinge passieren einfach. […] Für mich ist der Sinn […] bereite dich darauf vor zu sterben. Sei nicht überrascht, wenn es passiert. Denk nicht, dass du irgendwie davon verschont bleiben wirst. […] Es gibt keine tiefer liegende Ordnung in dem Sinne, dass sich Dinge in einem vorhersehbaren Muster entwickeln. Tja, das Muster ist, dass du geboren wirst und stirbst. (nach Nolen-Hoeksema & Davis, 2002; Übers. d. V.)

Personen, die nicht in der Lage waren, Tod und Leid auf eine positive Weise in ihre Sicht der Welt einzufügen, tendierten ähnlich wie dieser Teilnehmer dazu, ihr ursprüngliches Weltbild zugunsten einer weniger wohlwollenden, zum Teil zynischen und verbitterten Sicht aufzugeben. Zwar gaben sie an, im Tod einen Sinn gefunden zu haben; dennoch scheint ihre Erklärung ihnen nicht wirklich Frieden mit dem „Wie" und „Weshalb" des Sterbens gebracht zu haben. Deshalb ist diese Art der Bewältigung, im Gegensatz zur positiven Sinnfindung, nicht mit einer Erholung von der emotionalen Belastung verbunden.

Wie schon erwähnt, spielt neben der Sinnfindung auch das Erkennen positiver Aspekte eine wichtige Rolle im Bewältigungsprozess. Nolen-Hoeksema und Kollegen zeigten, dass Personen, die die Erfahrung nicht nur in einem negativen Licht sahen, sondern angaben, in gewisser Hinsicht davon profitiert zu haben, sich schneller vom Tod der nahestehenden Person erholten – unabhängig davon, ob sie bis zum ersten Befragungszeitpunkt oder erst zum zweiten dazu in der Lage waren. Einige berichteten, dass die Erfahrung ihnen geholfen habe, Stärken an sich zu entdecken, die sie vorher nicht gekannt hatten und dass sie dadurch persönliches Wachstum erlebt hätten. Beispielsweise erklärte eine Teilnehmerin, wie sie sich durch die Krankheit und den anschließenden Tod ihres Vaters positiv verändert hat:

> Ich sah mich in einer verantwortungsvollen Position handeln, in der ich manchmal all meine Energie aufwenden musste, um einfach nur durchzuhalten. Ich musste dem medizinischen Personal […] Anweisungen erteilen. Eine Person wie ich, die es hasst, Unmut zu zeigen und die keine Konflikte verträgt. Ich musste dastehen und Versorgung vom Pflegeheim verlangen und es war notwendig und ich habe es getan. Ich kam also mit einem Gefühl von Kompetenz und Stärke und Dankbarkeit hervor. […] Ich hätte niemals darum gebeten, aber ich kann sehen, wie ich wirklich von der Erfahrung profitiert habe. Ich war gezwungen zu wachsen. (nach Nolen-Hoeksema, 2000; Übers. d. V.)

Andere beschrieben, wie sie durch das Erlebnis lernten, ihr Leben bewusster zu leben, oder dass ihnen die Angst vor dem Tod genommen wurde. Häufig wurde auch davon berichtet, wie eng die schwierige Situation die Familie zusammenschweißte. Eine Teilnehmerin berichtete über ihre Erfahrungen mit der Pflege und dem Tod ihres an AIDS erkrankten Cousins:

> Wir hatten unglaubliche Unterstützung von Familie und Freunden […].[Mein Cousin] war sehr gerührt durch die Sorge, die unsere Freunde, die ihn besuchen kamen, zum Ausdruck brachten. Es war eine Zeit, in der sich alle in meiner Familie sehr nah waren, d. h. mein Ehemann, meine Kinder und meine Eltern. Meine Mutter und ich haben zu zweit zusammengearbeitet und unsere Beziehung hat sich als Folge dessen verändert. Wir sind aus dieser Erfahrung als ebenbürtige Partner hervorgegangen. Wir sind uns viel näher. Das war wirklich wunderbar. (nach Nolen-Hoeksema & Davis, 2002; Übers. d. V.)

Insgesamt konnten diejenigen Teilnehmer den Verlust eines Familienmitglieds am besten verarbeiten, die in der Lage waren, das Ereignis mit ihrer Sicht der Welt in Einklang zu bringen oder ihr Weltbild auf konstruktive Weise anzupassen und dem Geschehen trotz der Trauer etwas Positives abzugewinnen. Dagegen kamen diejenigen am wenigsten mit dem Tod zurecht, die keinen Sinn darin sahen und ebensowenig etwas Gutes daran finden konnten.

Nun stellt sich allerdings die Frage, was den Unterschied zwischen diesen Personengruppen ausmacht: Wieso war die eine in der Lage, die Schritte im Bewältigungsprozess erfolgreich zu absolvieren, die andere hingegen nicht? Wie sich zeigte, gibt es Faktoren, die die Sinnfindung begünstigen, so etwa das Alter der verstorbenen Person und die Spiritualität der Hinterbliebenen. Wie schon erwähnt, wirft der Tod eines alten Menschen weniger Fragen auf als der Tod eines Kindes, da bei ersterem die Diskrepanz zwischen dem Ereignis und dem Weltbild der Hinterbliebenen in der Regel nicht so groß ist. Tatsächlich konnten Nolen-Hoeksema und Kollegen zeigen, dass das Alter der verstorbenen Person beeinflusste, wie leicht oder wie schwer den Angehörigen die Sinnfindung fiel. Wer ein jüngeres Familienmitglied verlor, stand also vor einer besonders schwierigen Aufgabe.

Außerdem fiel die Sinndeutung Menschen, die an eine höhere, leitende Macht oder an Schicksal glaubten, vergleichsweise leicht, was unter anderem daran liegen dürfte, dass der Tod in den meisten Religionen nicht das Ende des Lebens, sondern nur den Übergang in einen anderen Lebensabschnitt oder in eine andere Daseinsform darstellt und somit ein Wiedersehen nicht ausschließt. Darüber hinaus geben viele religiöse Texte Antworten darauf, weshalb Menschen leiden müssen und weshalb auch guten Menschen Unglück widerfährt. Viele der Fragen, die sich Menschen im Angesicht des Todes einer geliebten Person stellen, werden also durch religiöse Lehren beantwortet, was die Sinnfindung vereinfacht.

Was das Finden positiver Aspekte betrifft, spielten in der genannten Untersuchung das Alter der verstorbenen Person und die Religiosität der Hinterbliebenen allerdings keine Rolle. In diesem Zusammenhang fanden Nolen-Hoeksema und Kollegen nur ein Merkmal, das erfolgreichere Bewältigung beeinflusste: Optimismus. Wie sich schon in anderen Studien gezeigt hatte, hängt die Fähigkeit, einer traumatischen Erfahrung etwas Positives abgewinnen zu können, eng mit dispositionalem Optimismus zusammen (Affleck & Tennen, 1996; Park, Cohen & Murch, 1996; Tedeschi & Calhoun, 1995; Urcuyo, Boyers, Carver & Antoni, 2005; vgl. Tennen & Affleck, 1998, 1999). Entsprechend waren es auch in der Studie von Davis, Nolen-Hoeksema und Larson (1998) die optimistischen Teilnehmer, die am ehesten in der Lage waren, den förderlichen Einfluss zu erkennen, den das tragische Ereignis auf ihr Leben gehabt hatte. Sie gaben sich bewusst Mühe, nicht nur auf den Schmerz und die Schwierigkeiten zu achten, welche die Krankheit und der Tod verursacht hatten, sondern ebenso das Gute zu sehen, das dadurch geschehen war. Ohne ihre Bedrängnisse zu leugnen oder ihr Leid zu minimieren, versuchten sie, das Erlebnis und ihre neue Situation im bestmöglichen Licht zu sehen. Darüber hinaus profitierten die optimistischen Teilnehmer von ihrem aktiven Bewältigungsstil (Nolen-Hoeksema & Larson, 1999). Sie neigten dazu, Probleme nicht zu verdrängen, sondern sie anzupacken, nach Lösungen zu suchen und ihre Stimmung auf konstruktive Weise zu verbessern, indem sie sich durch Aktivitäten wie Hobbys oder Sport auf andere Gedanken brachten. Außerdem tendierten Optimisten häufiger dazu, die Unterstützung von anderen zu suchen und offener über ihre Gefühle zu sprechen.

Dass Positives Denken im Umgang mit dem Tod einer nahestehenden Person eine wichtige Rolle spielt, ließ sich überdies in einer Reihe anderer Studien nachweisen. Beispielsweise zeigte sich, dass sowohl Eltern, deren jugendliche Kinder gewaltsam umgekommen waren (S. A. Murphy et al., 1999), als auch Frauen, deren Ehemann an Krebs gestorben war (Benight, Flores & Tashiro, 2001), deutlich geringere psychische Belastung und höheres Wohlbefinden aufwiesen, wenn sie über hohe Selbstwirksamkeitserwartungen verfügten. Außerdem überwanden Menschen mit hoher Selbstwirksamkeit schneller ihre Trauer über den Verlust ihres Ehepartners (Bauer & Bonanno, 2001), während Witwen und Witwer mit geringer internaler Kontrollüberzeugung besonders lange an Depressionen litten (Stroebe & Stroebe, 1992).

Allerdings gilt es bei dieser Form der Bewältigung zu beachten, dass man eine positive Betrachtungsweise nicht erzwingen kann, sondern dass sie von der hinterbliebenen Person selbst ausgehen muss. Wer noch nicht von sich aus bereit oder in der Lage ist, den Blick auf das Positive zu richten, kann sich durch die Aufforderungen anderer, den Blickwinkel zu verändern, schnell angegriffen fühlen. Schließlich kann durch leichtfertige Ratschläge der Eindruck entstehen, andere würden die Situation auf die leichte Schulter nehmen, den großen Verlust minimieren wollen oder unterschwellig vorwerfen, dass man nicht angemessen reagiere. Daher sind es gerade diese Aufforderungen zu Positivem Denken, die Hinterbliebenen in solchen Situationen oftmals am wenigsten helfen (Lehman, Ellard & Wortman, 1986).

3.2.3 Umgang mit körperlicher Beeinträchtigung

Menschen, die von chronischen Krankheiten betroffen sind, stehen ebenfalls vor einer enormen Herausforderung. Die Tatsache, dass ihr Zustand dauerhaft ist, kann selbst bei leichten Symptomen entmutigend wirken. Beispielsweise berichten Menschen, die an Tinnitus leiden, dass das Ohrgeräusch an sich zwar keine unmittelbare Einschränkung darstelle, die ständige Anwesenheit eines irritierenden Tons jedoch ein enormer Stressor sei, der wiederum zu weiteren Problemen führe (vgl. Sirois, Davis & Morgan, 2006). Schmerzen und andere Symptome können die Zahl und die Art der Aktivitäten, die man im täglichen Leben ausführen kann, stark einschränken. Das kann von Hobbys über soziale Kontakte bis hin zur Körperpflege reichen. Dadurch haben Menschen mit chronischen Beschwerden oft nicht nur mit den unmittelbaren körperlichen Leiden zu kämpfen, sondern zusätzlich mit den nachteiligen Auswirkungen auf andere Lebensbereiche.

Zahlreiche Studien belegen die Bedeutung Positiven Denkens in diesem Zusammenhang. Schermelleh-Engel (1992) etwa befragte Patienten, die unter rheumatischen Schmerzen litten, zu ihrer Krankheit. Sie stellte fest, dass Personen mit hoher Selbstwirksamkeitserwartung geringere Schmerzen empfanden, weniger unter ihnen litten und besser mit ihnen umgingen. In anderen Studien gaben Rheumapatienten mit niedrigen Selbstwirksamkeitserwartungen an, müder zu sein, stärker unter Depressionen und Ängsten zu leiden als

Positives Denken und Wohlbefinden: Weitere Befunde

Neben den bisher angeführten Studien konnte eine große Anzahl weiterer Studien günstige Effekte positiver Einstellung demonstrieren. Es hat sich gezeigt, dass Menschen, die positiv denken, sich psychisch besser von chirurgischen Eingriffen erholen wie z. B. Bypass-Operation (Elizur & Hirsh, 1999; Fitzgerald, Tennen, Affleck & Pransky, 1993; King, Rowe, Kimble & Zerwic, 1998; Scheier et al., 1990), der Implantation eines neuen Gelenks (Chamberlain, Petrie & Azaria, 1992) sowie Herz- (Kugler et al., 1994) und Knochenmarkstransplantationen (Curbow, Somerfield, Baker, Wingard & Legro, 1993). Außerdem sind sie besser in der Lage, mit Verletzungen der Wirbelsäule (Krause, Stanwyck & Maides, 1998; Pelletier, Alfano & Fink, 1994) oder des Nackens (LaChapelle, Hadjistavropoulos, McCreary & Asmundson, 2001) umzugehen. Auch im Zusammenhang mit AIDS (Ironson, Balbin et al., 2005; Taylor et al., 1992) und insbesondere mit Krebs haben sich viele günstige Auswirkungen positiver Einstellung demonstrieren lassen. Positiv denkende Menschen bewiesen sowohl bei einer Krebsdiagnose (Carver et al., 1993; Friedman et al., 1992; Stanton & Snider, 1993) als auch während und nach der Behandlung besseres psychisches Wohlbefinden als negativ denkende Teilnehmer (Arraras, Wright, Jusue, Tejedor & Calvo, 2002; Carver et al., 2005; Schou, Ekeberg, Ruland, Sandvik & Karesen, 2004; Luszczynska, Mohamed & Schwarzer, 2005).

Menschen profitieren in Zusammenhang mit Schwangerschaft (Park, Moore, Turner & Adler, 1997) und Geburt (Carver & Gaines, 1987; Fontaine & Jones, 1997), gescheiterter künstlicher Befruchtung (Litt, Tennen, Affleck & Klock, 1992) oder Abtreibung (Cozzarelli, 1993; Major, Richards, Cooper, Cozzarelli & Zubek, 1998) von Positivem Denken. Es begünstigt ferner den Umgang mit dem Älterwerden (Fry & Debats, 2002) und spielt eine wichtige Rolle in der Bewältigung seltener aber potentiell traumatisierender Ereignisse, wie sich etwa in Studien über den Umgang mit Naturkatastrophen (Benight & Harper, 2002), Bombenanschlägen (Benight et al., 2000) oder Raketenangriffen (Zeidner & Hammer, 1992) gezeigt hat.

andere und weniger in der Lage zu sein, die eigene Situation zu akzeptieren (Barlow, Cullen & Rowe, 2002). Rheumatiker mit hoher internaler Kontrollüberzeugung hingegen legten eine größere Motivation zur Krankheitsbewältigung sowie geringere Resignation an den Tag (Wiedebusch, Volle, Lohaus & Schmitt, 1990) und waren im Schnitt besser gelaunt (Affleck, Tennen, Pfeiffer & Fifield, 1987).

Auch Optimismus erwies sich als protektiver Faktor. Tennen und Kollegen (Tennen, Affleck, Urrows, Higgins & Mendola, 1992) erfassten über einen Zeitraum von mehreren Wochen tägliche Angaben über Krankheitssymptome, Bewältigungsmethoden und verschiedene Maße psychischen Wohlbefindens von Patienten mit rheumatischer Arthrose. Wie sich bei der Analyse der Daten herausstellte, waren die optimistischen Teilnehmer bei der Bewältigung ihrer Krankheit erfolgreicher. Sie berichteten, häufiger guter Dinge zu sein, mehr Kontrolle über ihre Symptome zu verspüren und mehr soziale Unterstützung zu erhalten. Außerdem waren sie eher in der Lage, ihrer Krankheit etwas Positives abzugewinnen. Dagegen gaben die pessimistischen Teilnehmer an, schlechter zu schlafen, häufiger schlecht gelaunt und aufgrund ihrer Schmerzen stärker in ihren Aktivitäten eingeschränkt zu sein. Sie berichteten auch häufiger, dass ihnen im Laufe des Tages etwas Negatives widerfahren sei. Pessimismus könnte hier allerdings auch die Folge unangenehmen Erlebens sein.

Ähnliche Ergebnisse ließen sich im Zusammenhang mit vielen weiteren Störungsbildern und Symptomen demonstrieren. Personen mit zuversichtlicher, hoffnungsvoller Sichtweise wiesen im Schnitt besseres psychisches Wohlbefinden auf, ganz gleich, ob sie an chronischen Rückenschmerzen (Lin & Ward, 1996), Asthma oder Fibromyalgie (Affleck, Tennen & Apter, 2001), Querschnittlähmung (Krause, Stanwyck & Maides, 1998), Parkinsonscher Krankheit (McQuillen, Licht & Licht, 2003), Multipler Sklerose (Barnwell & Kavanagh, 1997; Fournier, de Ridder & Bensing, 2002) oder Diabetes mellitus (Helgeson & Franzen, 1998) litten (vgl. Kasten S. 73). Positives Denken scheint also selbst angesichts großer körperlicher Beschwerden wie ein Schutzschild zu wirken, der dafür sorgt, dass die physischen Leiden nicht zu sehr das psychische Wohlergehen beeinträchtigen.

3.3 Positives Denken und aktive Problembewältigung

Gott gebe mir die Gelassenheit,
Dinge hinzunehmen, die ich nicht ändern kann,
den Mut, Dinge zu ändern, die sich ändern lassen,
und die Weisheit, das eine vom andern zu unterscheiden.
Reinhold Niebuhr

Dass zuversichtliche Menschen viele Belastungen besser bewältigen, dürfte niemanden überraschen. Es leuchtet ein, dass Menschen, die mit Optimismus in die Zukunft blicken und glauben, potentielle Hindernisse durch eigene Anstrengung überwinden zu können, relativ fröhlich und unbelastet sind. Bei anderen Schwierigkeiten ist die Erklärung nicht ganz so offensichtlich, z. B. wenn Menschen Opfer eines traumatischen Erlebnisses wie etwa sexuellen Missbrauchs sind oder wenn sie erfahren, dass sie unheilbar krank sind. Was bringen Zukunftserwartungen bei der Bewältigung der Vergangenheit? Welchen Unterschied macht Optimismus für eine Person, die weiß, dass sie an ihrer Krankheit sterben wird?

Untersuchungen belegen, dass Menschen auch in diesen Situationen von Positivem Denken profitieren. Beispielsweise fühlten sich hoch selbstwirksame Patienten mit Krebs in fortgeschrittenem Stadium emotional weniger belastet als Patienten mit niedriger Selbstwirksamkeitserwartung (Hirai et al., 2002). Auch Filipp und Ferring (2000, 2002) stellten die Bedeutung positiver Bewältigungsstrategien beim Umgang mit kritischen Lebensereignissen fest. Studien zeigen, dass Opfer sexuellen Missbrauchs seltener an Depressionen und verringertem Selbstwertgefühl litten, wenn ihr Attributionsstil optimistisch war (Feiring, Taska & Lewis, 2002) und dass Vergewaltigungsopfer mit hoher internaler Kontrollüberzeugung ein Jahr nach dem Übergriff seltener an Depressionen litten als Opfer mit niedriger internaler Kontrollüberzeugung (Regehr, Regehr & Bradford, 1998). Inwiefern Optimismus dabei nur Ursache des besseren Umgangs mit Problemen oder auch dessen Folge ist, bleibt zu klären.

Warum aber sind Menschen, die positiv denken, in besserer emotionaler Verfassung? Viele Studien kommen zu dem Schluss, dass die Antwort in der Art und Weise zu finden ist, wie sie mit ihren Schwierigkeiten umgehen. Der Bewältigungsstil von Optimisten ist aktiv, sie versuchen tatkräftig, unangenehme Aspekte ihrer Situation zu verändern und negative Emotionen zu überwinden. Dagegen wird der Bewältigungsstil von Pessimisten als vermeidend bezeichnet, weil sie oft dazu neigen, ihre Schwierigkeiten zu ignorieren und ihre Gefühle zu verdrängen, anstatt sie zu verändern.

3.3.1 Umgang mit Problemen

Pessimistische Personen, die mit Problemen konfrontiert sind, resignieren häufig, wohingegen positiv denkende Menschen durch ihre Zuversicht befähigt werden, sich aktiv um die Verbesserung ihrer Lage zu bemühen. Sowohl Personen mit hoher Selbstwirksamkeit als auch Optimisten richten ihre Aufmerksamkeit stärker als andere darauf, ihre Probleme zu bearbeiten (Fournier, de Ridder & Bensing, 2002) und bemühen sich ausdauernder um die Bewältigung der Situation (Turner, Ersek & Kemp, 2005). Hoffnungsvollen Personen fällt es außerdem besonders leicht, eine Vielzahl unterschiedlicher Wege zur Zielerreichung zu finden, wenn sich ihr ursprünglicher Plan nicht umsetzen lässt (vgl. Snyder, Sympson, Michael & Cheavens, 2001).

3.3.2 Bewältigung negativer Emotionen

Nicht alle Probleme lassen sich lösen. Im Falle einer chronischen Krankheit oder wenn eine tödliche Krankheit diagnostiziert wird, kann auch der stärkste Optimismus keine medizinischen Wunder bewirken. Dennoch bedingt die Lebenshaltung die Art und Weise, wie ein Mensch mit der Situation umgeht.

Die übliche Reaktion negativ denkender Personen ist Resignation. Wird bei Pessimisten unheilbarer Krebs diagnostiziert, würden sie zu dem Schluss neigen, dass sie nun so gut wie tot seien, weswegen alles egal sei. Weitere Aufgaben und Ziele würden ihnen daher sinnlos erscheinen. Pessimisten neigen auch dazu, die Situation zu verleugnen, sie nicht wahrhaben zu wollen („Was weiß der Arzt schon? Der hat doch keine Ahnung!", „Ich soll Krebs haben? Ich habe doch immer so gesund gelebt!" oder „Sie kann das mit der Scheidung nicht so gemeint haben. Sie hat bestimmt nur zuviel Stress"). Derartige Gedanken führen oft dazu, dass sie hilfreiche Schritte unterlassen und stattdessen jeden Gedanken an ihre missliche Lage verdrängen. Anstatt Gefühle zu bearbeiten, betäuben sie sich durch Schlafen, Essen, Alkoholkonsum oder ablenkende Aktivitäten (vgl. Carver & Scheier, 2002).

Optimisten sind dagegen eher dazu bereit, unveränderbare Situationen zu akzeptieren (Fontaine, Manstead & Wagner, 1993). Dadurch können sie sich bewusst machen, was der bevorstehende Tod oder chronische Beschwerden für sie und ihre Angehörigen bedeuten und was zu tun bleibt. Sie haben so Gelegenheit, ihr Leben neu auszurichten, ihre Ziele zu verändern und die Zeit effektiv zu nutzen (Scheier & Carver, 2001). Es gelingt ihnen, auf konstruktive Weise mit eigenen Gefühlen umzugehen und die Situation so angenehm wie möglich zu gestalten.

Wie den bisher zitierten Studien zu entnehmen ist, trägt das Bemühen von Optimisten, Dinge möglichst wohlwollend zu sehen, sehr zu ihrem Wohlbefinden bei. Wie das geschehen kann, zeigte sich auch in einem eigenen Forschungsprojekt (Laux & Schütz, 1996), in dessen Rahmen 200 Ehepaare zur Bewältigung von Belastungen im Familienalltag befragt wurden. Positiv denkende Menschen versuchen demzufolge, die unangenehmen emotionalen Auswirkungen widriger Erlebnisse oder negativer Situationen abzumildern, indem sie sie auf positive Weise uminterpretieren („Da gibt‘s mal Konflikte, aber – es ist schon fast wieder verkehrt, eigentlich sind es nur Meinungsverschiedenheiten."), durch Vergleich mit anderen relativieren („... anderen Menschen geht es viel, viel schlechter als mir") oder im Kontext ihrer eigenen Stärken betrachten („Ich bin ein ausgeglichener Mensch – das macht mir nichts aus, nicht?"). Wie schon im Zusammenhang mit der Bewältigung eines Todesfalles erwähnt wurde, spielte außerdem die Konzentration auf positive Gesichtspunkte eine wichtige Rolle, z. B. „Ich habe versucht, die Sache positiv zu sehen, auch Gutes darin zu finden." So könnte man bemerken, dass man Fortschritte gemacht oder aus Erfahrungen gelernt hat. Im Gegensatz dazu sind die Gedanken von Pessimisten stärker auf die negativen Aspekte ihrer Situation gerichtet (Scheier et al., 1989; Taylor et al., 1992). Verschiedene Studien demonstrierten, dass auch Humor eine wichtige Rolle spielt. Selbstwirksame Personen versuchten, die eigene Lage mit Humor zu sehen und erholten sich schneller von einem chirurgischen Eingriff (Schwarzer, Böhmer, Luszczynska, Mohamed & Knoll, 2005).

Eine weitere Strategie, derer sich optimistische Menschen bedienen – allerdings nicht unbedingt bewusst –, ist der so genannte rückblickende Pessimismus. Bat man Optimisten, nachdem sie eine Aufgabe absolviert hatten, die Wahrscheinlichkeit eines positiven Resultats einzuschätzen, gaben sie ein vergleichsweise zuversichtliches Urteil ab. Wurden sie dagegen befragt, nachdem man ihnen berichtet hatte, das Ergebnis sei schlecht ausgefallen, hielten sie die Wahrscheinlichkeit, dass es anders hätte ausgehen können, für gering – sogar für geringer als Pessimisten es taten (Chang & Sanna, 2003a). Somit scheinen Optimisten also zunächst eher zuversichtlich zu sein (nach dem Motto „Wird schon ganz gut gelaufen sein"). Um dann aber nach einem Misserfolg ihr Wohlbefinden zu schützen, schätzen sie den Ausgang des Ereignisses als eher unvermeidbar ein („Ging nicht anders. Da war nichts zu machen").

Beide Strategien tragen dazu bei, das Wohlbefinden zu erhöhen und den Selbstwert zu schützen.

Optimisten bedienen sich des rückblickenden Pessimismus.

An dieser Stelle könnte man argumentieren, dass Optimisten sich lediglich etwas vormachen, sich in die Tasche lügen. Dagegen lässt sich jedoch einwenden, dass Optimisten nicht einfach die Augen vor der Wahrheit verschließen oder Dinge erfinden, um sich besser zu fühlen. Sie nutzen lediglich den Ermessensspielraum, der sich ihnen bietet, voll aus. In aller Regel gibt es mehrere Wege, objektive Tatsachen zu deuten, von denen keiner notwendigerweise richtiger ist als der andere. Fährt z. B. ein PKW auf einer Landstraße nur 60 km/h, ist es möglich, dass der Fahrer etwas Zerbrechliches transportiert, seinen kaputten Wagen in die Werkstatt fährt oder mit seinen Gedanken auf Jamaika ist. Wie man sich die Lage erklärt, beeinflusst vor allem die eigene Reaktion auf die Situation. Zwar wird es hin und wieder Situationen geben – etwa wenn auf Basis der Interpretation eine riskante Entscheidung getroffen werden muss –, in denen es weise wäre, eher pessimistisch zu sein[1]. In anderen Fällen kann es hilfreich sein, sich für die optimistische Betrachtungsweise zu entscheiden. Eine Grenze des Nutzens optimistischer Einschätzungen ist dann allerdings erreicht, wenn Veränderungen notwendig sind – wenn ein Misserfolg etwa dazu ermuntern müsste, neue Strategien einzuschlagen, wäre die Erklärung „ging nicht anders" unproduktiv.

In der Regel sind Pessimisten nicht näher an der Wahrheit – sind sie es doch, die häufig die Augen vor unangenehmen Erkenntnissen verschließen. Optimisten tendieren dazu, die positiven Aspekte gegenüber negativen zu stark zu gewichten, bei Pessimisten ist es umgekehrt. Daher ist es ein wichtiger Schritt in der Therapie von Depressionen, den Betroffenen zu helfen, positive Aspekte in ihrem Leben anzuerkennen und überzogene, negative Gedanken zu identifizieren und zu korrigieren. Da die Wahrheit häufig nicht auf objektive Weise zu finden ist, ist es kaum möglich, ein ganz akkurates Bild der Welt zu gewinnen. Im Zweifelsfall mag es jedoch günstiger sein, sich in Richtung einer optimistischeren Interpretation zu täuschen.

3.4 Kritische Einwände

Wo viel Licht ist, gibt es nach dem Volksmund bekanntlich auch viel Schatten. Wie verschiedene Untersuchungen gezeigt haben, gilt das auch für Positives Denken. So weisen die Ergebnisse einiger Studien darauf hin, dass optimistische Einstellungen nicht immer hilfreich, manchmal sogar problematisch

1 Wie im letzten Kapitel schon erläutert wurde, neigen optimistische Menschen trotz anderslautender Vorurteile eher dazu, in solchen Fällen vorsichtig zu sein.

sind. Das ist beispielsweise der Fall, wenn sich über einen längeren Zeitraum Ereignisse häufen, welche die Bewältigungskapazitäten von Personen beanspruchen. So konnten Chang und Sanna (2003b) zeigen, dass optimistische Personen, über einen kurzen Zeitraum betrachtet, besser mit Stress und problematischen Lebensumständen fertig wurden als Pessimisten. In einer weiteren Studie (Chang & Sanna, 2003c) stellten sie jedoch fest, dass sich dieser Effekt nach einer gewissen Zeit umkehrte: Optimisten berichteten im Vergleich zu pessimistischen Teilnehmern geringeres psychisches Wohlbefinden, wenn die Anzahl belastender Ereignisse im Laufe eines Jahres hoch war. Wie schon im vorangegangenen Kapitel erwähnt, scheint sich Positives Denken dann nachteilig auszuwirken, wenn zu häufig oder über längere Zeiträume Situationen auftreten, die aktive Bewältigungsreaktionen fordern und dadurch die Ressourcen von Optimisten erschöpfen. In solchen Fällen scheint die Passivität von Pessimisten die günstigere Strategie zu sein. In der Tat zeigen Studien, dass das Burn-Out-Syndrom bei Optimisten häufiger ist als bei Pessimisten (Chang, Rand & Strunk, 2000).

Langandauernde Belastungen erschöpfen die Bewältigungsressourcen von Optimisten.

Affleck, Tennen, Pfeiffer und Fifield (1987) stellten weitere bedenkliche Effekte positiver Einstellungen fest. Sie untersuchten verschiedene Kontrollüberzeugungen bei Patienten mit rheumatoider Arthrose und beobachteten, dass einerseits Patienten, die hohe Kontrolle erlebten, im Schnitt besseres Befinden angaben als Patienten mit niedrigen internalen Kontrollüberzeugungen. Andererseits stellten sie aber fest, dass Teilnehmer, die trotz großer Beschwerden davon überzeugt waren, den Verlauf ihrer Krankheit (und nicht nur die Symptome) kontrollieren zu können, stärkere Stimmungsschwankungen und mehr Schwierigkeiten bei der Bewältigung ihrer Situation berichteten. Das lässt sich folgendermaßen erklären: Ist man im Umgang mit seinen Schmerzen erfolgreich und schreibt diesen Umstand den eigenen Fähigkeiten zu, fühlt man sich gut. Das Umgekehrte ist allerdings ebenso möglich: Fühlt man sich für den Krankheitsverlauf verantwortlich und es tritt eine Verschlechterung ein, kann das für die Person zusätzlich belastend sein. Einen gewissen Einfluss mag außerdem die tatsächliche Kontrollierbarkeit der Situation haben: Wenn eine Situation de facto nicht kontrollierbar ist, aber als solche wahrgenommen wird, ist Frustration fast zwangsläufig die Folge, wenn es den Betroffenen nicht gelingt, die Gegebenheit gemäß ihren Wünschen zu verändern oder wenn sich die Lage trotz eigener Bemühungen sogar verschlechtert. So könnte das niedrigere Wohlbefinden der Patienten, die sich internale Kontrolle bezüglich des Krankheitsverlaufes zuschrieben, dadurch mitbedingt gewesen sein, dass sie sich auch für Verschlechterungen ihrer Situation verantwortlich machten, obwohl hierfür keine Anhaltspunkte bestanden. Ähnliches scheint auch im Zusammenhang mit Schlafproblemen zuzutreffen. Es ließ sich zeigen, dass Personen, die an Schlaflosigkeit leiden, stärker von Angst und Sorge geplagt sind, wenn sie sich in Bezug auf das Einschlafen höhere Kontrolle zuschreiben (Vincent, Sande, Read & Giannuzzi, 2004).

Internale Kontrollüberzeugungen wirken bei nicht kontrollierbaren Verschlechterungen belastend.

Auch im Prozess des Alterns wirkt sich Positives Denken im Sinne von Kontrollüberzeugungen nicht nur günstig aus. Zwar betonen Brandtstädter und Rothermund (1994), dass gelungenes Altern mit der Aufrechterhaltung von Kontrollüberzeugungen verbunden ist. Andererseits zeigt eine Studie von Janoff-Bulman und Marshall (1982), dass die Eingewöhnung in ein Altersheim für Personen mit hoher internaler Kontrollüberzeugung am schwierigsten ist. Das könnte so erklärt werden, dass Altersheime darauf ausgerichtet sind, den Bedürfnissen von Menschen gerecht zu werden, die im Ausmaß ihrer Kontrolle eingeschränkt sind. Somit werden manche Bewohner unter Umständen als hilfloser behandelt, als sie tatsächlich sind. Außerdem sind viele Aspekte des täglichen Lebens auf die Bewohner als Gruppe zugeschnitten, wodurch die individuelle Mitsprache reduziert ist. So ist es also möglich, dass eine Person ihre eigene Kontrolle als ausreichend wahrnimmt, diese aber nicht in zufriedenstellendem Maß ausüben darf. Somit kann die Diskrepanz zwischen der eigenen Überzeugung, die Dinge beeinflussen zu können, und dem Erlebnis, dass das in der neuen Umgebung nur beschränkt möglich ist, zu Störungen des Anpassungsprozesses führen.

Bezüglich der Bewältigung eines sexuellen Übergriffs zeigen die meisten Studien günstige Effekte verschiedener Formen Positiven Denkens. Jedoch legen einige Befunde nahe, dass das Erleben von Kontrolle mit Nachteilen verbunden sein kann. Frazier (2003) stellte fest, dass Frauen, die sich Kontrolle hinsichtlich ihrer psychischen Genesung und zukünftiger Übergriffe zuschrieben, höheres Wohlbefinden berichteten. Schätzten Frauen aber ihre Kontrolle hinsichtlich des Vorfalls rückblickend als hoch ein, so war das mit negativen Folgen für die Bewältigung des traumatischen Erlebnisses verbunden. Zwar könnte man argumentieren, dass diese Form der Kontrollüberzeugung gar keinen Ausdruck Positiven Denkens darstellt. Sich die Verantwortung für aversive Ereignisse selbst zuzuschreiben, ist schließlich eher ein Merkmal von dispositionalem Pessimismus und negativem Erklärungsstil. Allerdings kamen auch Porter und Long (1999) in einer Studie mit Frauen, die als Kind sexuell missbraucht worden waren, zu dem Ergebnis, dass in schweren Missbrauchsfällen hohe internale Kontrollüberzeugungen mit besonders hoher psychischer Belastung einhergingen. Anscheinend sahen sich diese Opfer nicht nur für ihre Zukunft verantwortlich, sondern auch für die Gewalt, die ihnen in der Vergangenheit widerfahren war. Somit scheinen Kontrollüberzeugungen ein zweischneidiges Schwert zu sein. Wer glaubt, sein Schicksal selbst in der Hand zu haben, wird zwar weniger unter Zukunftsängsten und alltäglichen Belastungen leiden, kann aber unter Umständen bei Unglücken und Misserfolgen eben diese Verantwortung auch nicht leugnen.

Neben Studien, die mögliche Nachteile positiver Einstellungen aufgezeigt haben, wurden in anderen Untersuchungen keinerlei Zusammenhänge festgestellt. Friedman und Kollegen konnten im Kontext der Bewältigung von Krebs weder für internale Kontrollüberzeugungen (Friedman, Baer, Lewy,

Lane & Smith, 1988) noch für Optimismus (Friedman et al., 1992) positive Effekte belegen. Allerdings könnte der letztgenannte Befund auf geringe Heterogenität im Stichprobeneffekt zurückführbar sein, da die Teilnehmer dieser Studie insgesamt wenig optimistisch waren. Andere Studien kamen zum Schluss, dass lediglich Personen, die ihre Krankheit als schwerwiegend einstuften, von internalen Kontrollüberzeugungen profitierten (Marks, Richardson, Graham & Levine, 1986). Weitere Studien identifizierten externale Kontrollüberzeugungen bei der Bewältigung von Krebs als günstig (Burish et al., 1984). Das mag dann der Fall sein, wenn jemand glaubt, selbst auf die Krankheit keinen Einfluss zu haben, aber darauf vertraut, dass andere, beispielsweise ein liebender Gott (Cousson-Gélie, Irachabal, Bruchon-Schweitzer, Dilhuydy & Lakdja, 2005) oder ein bestimmter Arzt, zur Gesundung beitragen können (vgl. auch Schröder, 1997).

Des Weiteren muss die Frage nach der „Haltbarkeit" zuversichtlicher Erwartungshaltungen gestellt werden. Schließlich ist es möglich, dass Positives Denken nur solange aufrechtzuerhalten ist, wie es keinen dauerhaften Widerstand gibt. Nahmen beispielsweise bei Rheumapatienten die Beschwerden mit der Zeit zu, ging das zu Lasten ihrer internalen Kontrollüberzeugungen (Wiedebusch et al., 1990). Ebenso wiesen erfahrene Feuerwehrmänner trotz größerer Erfahrung (oder gerade aufgrund dieser) eine deutlich geringere Selbstwirksamkeit auf als Berufseinsteiger (Regehr, Hill, Knott & Sault, 2003). Die zuversichtliche Einschätzung der aus der Ausbildung kommenden Neulinge scheint also der Realität des Alltags nicht zu entsprechen und daher auf Dauer nicht aufrechtzuerhalten zu sein. Allerdings ist es möglich, dass sich der Verlust an Positivem Denken nur in diesem Kontext auswirkt, andere Lebensbereiche aber unberührt bleiben, oder dass die Zuversicht wieder zunimmt, wenn Misserfolge eine Weile ausbleiben. Hier bieten sich weitere Forschungsperspektiven.

Überzogene Selbstwirksamkeitserwartungen nehmen durch Erfahrung ab.

Eine in Bezug auf Erklärungsstile häufig geäußerte Kritik ist, dass Personen, die sich Ereignisse auf positive Weise erklären, ihren Beitrag zur Entstehung eines Problems ignorieren. Dieser Kritik zufolge hilft die Ursachenzuschreibung auf äußere Einflüsse zwar, das eigene Wohlbefinden zu schützen und ein positives Selbstbild zu wahren, führt aber unter Umständen dazu, dass Personen sich nicht ändern und durch sie verursachte Probleme somit bestehen bleiben. Das könnte auf Dauer schädlicher sein als frühe Einsicht in die eigenen Fehler. Allerdings betont Seligman (1991), dass nicht Internalität der Ursache der wichtigste Faktor ist, sondern dass Stabilität und Globalität eine viel wichtigere Rolle spielen. Erhält z. B. ein Schüler in einer Prüfung eine schlechte Note, führt eine Attribution auf den übel gesonnenen Lehrer (stabil, global, aber external) zu einem höheren Maß an Hoffnungslosigkeit, als wenn er die Ursache in seiner mangelhaften Vorbereitung sieht (internal, aber variabel und spezifisch). In einem solchen Fall wäre die Zurückführung der Note auf den eigenen Fehler die optimistischere und wünschenswertere Attribution.

Darüber hinaus ist ein Umdenken – weg von der eigenen Verantwortung hin zur Suche nach externalen Verursachern – erst dann wichtig, wenn Personen in Gefahr sind, Depressionen zu entwickeln. Schließlich neigen Menschen in solchen Fällen ohnehin dazu, die Verantwortung über Gebühr bei sich selbst zu suchen und äußere Ursachen zu übersehen. Dieses Erklärungsmuster beizubehalten, wäre eine problematische Selbsttäuschung, weil man sich mehr Schuld zuschreibt, als man tatsächlich hat. Für andere Personen hingegen ist die Einsicht, dass man zu der Entstehung eines negativen Ereignisses beigetragen hat, in der Regel unproblematisch.

3.5 Fazit

Ende der achtziger Jahre landete der Musiker Bobby McFerrin einen Überraschungshit, der es in vielen Ländern der Welt auf den ersten Platz der Charts schaffte. Wenngleich das Lied zwei Jahrzehnte später nur noch selten im Radio läuft, begegnet man dem Titel dennoch regelmäßig auf Stickern, T-Shirts, Tassen und vielen anderen Artikeln: „Don't Worry, Be Happy!" In Anbetracht der vielen Studien, die den verschiedenen Formen Positiven Denkens günstige Konsequenzen für psychisches Wohlbefinden und Lebenszufriedenheit bescheinigen, könnte man daher geneigt sein, McFerrins Slogan als weisen Ratschlag anzunehmen. Wie man jedoch bei genauerem Hinsehen erkennt, sollte man das nur tun, wenn man die Ermahnung „don't worry" nicht als Erlaubnis zum Verdrängen und Faulenzen, „be happy" dafür aber als Aufforderung zu positivem Umdenken und zu aktiver Gestaltung der Lebensfreude auffasst – ohne dabei potentielle Schattenseiten außer Acht zu lassen.

4 Positives Denken, Selbstregulation und Erfolg

Alles, was man zum Leben braucht,
ist Unwissenheit und Selbstvertrauen,
dann ist der Erfolg sicher.
Mark Twain

Über keinen Aspekt des Lebens findet man in der Literatur zu Positivem Denken so viele Aussagen und Versprechungen wie über das Erreichen privater und beruflicher Ziele. Wenn man den Ratgebern glauben darf, stellt eine positive Einstellung den Schlüssel zur Erfüllung von Träumen dar. Äußerungen der prominentesten Autoren darüber, was Menschen erreichen können, reichen von vergleichsweise zurückhaltenden Aussagen wie „Selbstvertrauen ist der erste Schritt zum Erfolg" (Peale, 1988a, S. 103) oder „Erfolg […] hängt von Ihrer Geisteshaltung ab" (Hill & Stone, 1990, S. 102) bis hin zu überschwänglichen Verheißungen wie „Sie können alles, was Sie sich zutrauen!" (Hill & Stone, 1990, S. 158) oder „Nichts ist unmöglich" (Peale, 1988a, S. 114). Allerdings sind Fallstudien, Anekdoten und Parabeln keine Belege. Was an den Lehrsätzen der Ratgeberliteratur zur leistungsfördernden Wirkung Positiven Denkens dran ist, was man glauben darf und wann Vorsicht geboten ist, wird nachfolgend näher dargestellt.

4.1 Positives Denken im Berufsleben

Als Metropolitan Life, eine der größten Versicherungsgesellschaften der USA, Anfang der achtziger Jahre beschloss, die Zahl ihrer Außendienstmitarbeiter von ca. 8 000 auf 10 000 zu erhöhen, stand das Unternehmen vor einer großen Herausforderung (vgl. Seligman, 1991). Während Angestellte in anderen Branchen vergleichsweise viele Jahre bei derselben Firma tätig blieben, war der Verkauf von Versicherungen ein Gewerbe mit hohem Personalverlust. Obwohl „Met Life" im Laufe der Jahre viel Geld in die Entwicklung eines Verfahrens investiert hatte, das eine ziemlich treffsichere Auswahl geeigneter Bewerber gewährleisten sollte, kündigten von 5 000 Mitarbeitern, die jedes Jahr eingestellt wurden, etwa 50 % schon binnen der ersten zwölf Monate. Die meisten derer, die blieben, wurden mit der Zeit immer weniger erfolgreich und kündigten nach einiger Zeit ebenfalls, so dass nach vier Jahren in der Regel nur noch etwa 20 % der neu eingestellten Makler übrigblieben. Daher stellte sich dem Vorstand die Frage, wie eine dauerhafte Anhebung der Angestelltenzahl um 2 000 Mitarbeiter zu bewerkstelligen sei, ohne die Zahl der jährlichen Neueinstellungen um ein Vielfaches zu erhöhen.

Um das Problem zu lösen, beschloss John Creedon, der Vorstandsvorsitzende von Met Life, die Hilfe Martin Seligmans und seiner Kollegen einzuholen. Creedon hatte im Laufe der Jahre beobachtet, dass nur diejenigen Angestellten im Außendienst blieben, die sich von den häufigen Absagen und Rückschlägen nicht entmutigen ließen. Er hoffte deshalb, die Forscher fänden einen Weg, um unter zukünftigen Bewerberinnen und Bewerbern diejenigen zu identifizieren, die auch in schwierigen Zeiten nicht an Zuversicht verlieren würden. Seligman und Kollegen planten eine Reihe von Untersuchungen.

Bewerberauswahl anhand habitueller Erklärungsstile

Seit vielen Jahren hatte man bei Met Life zur näheren Bewerberauswahl vor allem das Abschneiden in einem branchenüblichen Eignungstest, dem sogenannten Career Profile, herangezogen. War das Ergebnis einer Person hoch genug, wurde sie zu einem Vorstellungsgespräch eingeladen, bei dem die endgültige Entscheidung über die Einstellung getroffen wurde. Um zu überprüfen, ob sich dieses Verfahren durch die Messung des Erklärungsstils der Kandidaten verbessern lassen würde, erfassten Seligman und Kollegen im Januar 1983 bei einer Gruppe von 104 neu eingestellten Personen mithilfe eines Fragebogens (ASQ) die typischen Erklärungsmuster (Seligman & Schulman, 1986; vgl. Kap. 1.3.5). Etwa zwölf Monate später verglichen sie diese Daten mit den Informationen, die Met Life über das erste Berufsjahr der Betroffenen gesammelt hatte. Dabei zeigte sich zunächst, dass auch diese Gruppe der üblichen Statistik treu blieb: Von den 104 Neueinsteigern hatten im Laufe des Jahres 59 ihren Job gekündigt. Die Daten des ASQ verrieten nun, welche Rolle Positives Denken in diesem Zusammenhang spielte. Wenngleich die 104 Neueinsteiger verglichen mit der Gesamtbevölkerung insgesamt eine relativ positiv eingestellte Gruppe darstellten, hatten Personen mit unterdurchschnittlich günstigem Erklärungsstil doppelt so häufig wie andere gekündigt. Diejenigen, die bezogen auf ihren Erklärungsstil im unteren Viertel lagen, hatten sogar eine dreimal so hohe Kündigungsrate wie diejenigen im oberen Viertel. Die Werte im branchenüblichen Eignungstest standen dagegen nicht in Bezug zur Kündigungswahrscheinlichkeit.

Dass ein optimistischer Erklärungsstil bei beruflichem Erfolg hilfreich sein kann, zeigte sich nicht nur im Durchhaltevermögen der Untersuchten. Als die Forscher der Universität von Pennsylvania die Verkaufszahlen analysierten, stellte sich nämlich außerdem heraus, dass Optimismus mit Verkaufserfolg einherging. Diejenigen, die überdurchschnittlich optimistisch waren, hatten 20 % mehr Versicherungen verkauft als ihre weniger optimistischen Kollegen. Noch deutlicher zeigte sich dieser Unterschied beim Vergleich der Personen, die zu den oberen oder unteren 25 % gehörten. Die Mitarbeiter in der besten Gruppe hatten im Laufe ihres ersten Jahres bei Met Life 50 % mehr Versicherungen an den Mann gebracht als die in der schlechtesten. Man konnte auch anhand der Werte, die die Mitarbeiter auf dem Career Profile erzielt hatten, zwischen erfolgreichen und weniger erfolgreichen Versicherungsmaklern unterscheiden: Teilte man die Gruppe nach ihrem Abschneiden im Career Profile in zwei Hälften, so war festzustellen, dass die bessere Hälfte 37 % mehr Versicherungen verkauft hatte als die andere. Da es – im Gegensatz zum ASQ – jedoch nicht möglich war, anhand des Career Profile zu prognostizieren, welche Personen mit größerer Wahrscheinlichkeit aufgeben würden und welche nicht, schien eine Kombination der beiden Tests sinnvoll. Tatsächlich zeigte eine Analyse, dass Personen, die in beiden Tests zur besseren Hälfte zählten, im Vergleich zu denjenigen, die in beiden Tests zur schwächeren Hälfte gehörten, eine um 56 % höhere Verkaufsquote erzielten (vgl. Seligman, 1991). Der erste Schritt zur Lösung des Problems von Met Life war getan.

Du kannst, wenn du denkst, du kannst!?

Dass John Creedon mit seiner Vermutung über die Wirkungsweise von Positivem Denken im Berufsleben tatsächlich richtig lag, hat sich unterdessen in einer Vielzahl weiterer Studien und unter Einbeziehung anderer positiver Haltungen nachweisen lassen. So hat sich z. B. die Erforschung von Selbstwirksamkeitsüberzeugungen im Kontext von Berufserfolg als sehr fruchtbar erwiesen (vgl. Sadri & Robertson, 1993; Stajkovic & Luthans, 1998). Orpen (1995) beispielsweise untersuchte die berufliche Entwicklung von 49 Managern und stellte fest, dass hohe Selbstwirksamkeit mit mehreren positiven Leistungsmerkmalen in Zusammenhang stand wie z. B. einer besseren Gehaltsentwicklung und einer positiveren Beurteilung ihrer Arbeit durch drei Vorgesetzte. Wolfe, Nordstrom und Williams (1998) konnten außerdem zeigen, dass Personen, deren Selbstwirksamkeitsüberzeugung vor ihrem Arbeitsantritt bei einer Telemarketingfirma durch Feedback gestärkt worden war, länger bei der Firma angestellt blieben als Personen, die diese Fördermaßnahme nicht erhalten hatten. Darüber hinaus steht Selbstwirksamkeit im Zusammenhang mit: höherer Produktivität in der wissenschaftlichen Forschung (Vasil, 1992), besserem Abschneiden in Verhandlungen (Stevens & Gist, 1997) und Vorstellungsgesprächen (Tay-Lee, Ang & Van Dyne, 2006), schnellerer Wiedereinstellung nach Arbeitsplatzverlust (Kanfer & Hulin, 1985), besseren Verkaufsleistungen (Krishnan, Netemeyer & Boles, 2002; Sager, Strutton & Johnson, 2006), produktiverem Umgang mit Misserfolgen (Dixon & Schertzer, 2005), größerem Einfallsreichtum in der Ausübung beruflicher Aufgaben (Tierney & Farmer, 2002), größerer Arbeitszufriedenheit und geringeren Fehlzeiten (McDonald & Siegall, 1992; Schwoerer & May, 1996). Außerdem zeigten verschiedene Studien, dass Arbeitsgruppen, die hohe kollektive Selbstwirksamkeit berichteten, bessere Leistungen erbrachten als solche mit niedriger kollektiver Selbstwirksamkeit (Little & Madigan, 1997; Seijts, Latham & Whyte, 2000).

Auch internale Kontrollüberzeugung ist mit positiven Effekten im Berufsleben verbunden: Personen mit internaler Überzeugung sind stärker darum bemüht, ihre Karriere voranzutreiben (Hammer & Vardi, 1981) und erbringen in der Regel bessere Leistungen (Hattrup, O'Connell & Labrador, 2005). Frantz (1980) stellte fest, dass der Stundenlohn junger Arbeitskräfte mit ihrer Kontrollüberzeugung variierte: Unabhängig von Faktoren wie Bildung, Erfahrung oder Rassenzugehörigkeit ging internale Überzeugung mit höherer Bezahlung einher, externale Überzeugung dagegen mit niedrigerem Lohn. Ebenso zeigte Broedling (1975) in einer Studie mit Marinesoldaten, dass internale Kontrollüberzeugung mit höherer Arbeitsmotivation, besserer Leistung und höherem Dienstgrad in Zusammenhang stand. Zwar kann die Wirkung gerade beim Dienstgrad umgekehrt sein, da mit zunehmendem Rang auch der Verantwortungsbereich wächst, wodurch es möglich ist, dass die höhere internale Kontrollüberzeugung lediglich eine tatsächlich größere Kontrolle widerspiegelt. Allerdings zeigte sich in einer weiteren Untersuchung, dass schon Rekruten, wenn sie hohe Werte bei internaler Kontrollüberzeugung, Selbstwirksamkeit und Optimismus verzeichneten, bessere Führungsqualitäten aufwiesen, als wenn sie zu negativem Denken neigten (Popper, Amit, Gal, Mishkal-Sinai & Lisak, 2004).

Kontrollüberzeugungen, Selbstwirksamkeit und Optimismus stehen mit Führungsqualitäten in Zusammenhang.

Menschen, die positiv denken, erbringen im Schnitt nicht nur bessere Leistungen, sondern sind auch zufriedener mit ihrer beruflichen Situation. Verschiedene Untersuchungen berichten von einem negativen Zusammenhang zwischen externaler Überzeugung und Zufriedenheit im Beruf (Muhonen & Torkelson, 2004). In einer Studie mit Lehrern stellte McIntyre (1984) außerdem fest, dass Personen mit externaler Kontrollüberzeugung häufiger von emotionaler Erschöpfung berichteten und seltener vom Gefühl, etwas erreicht zu haben. Internal Denkende sehen ihre Arbeit dagegen in positiverem Licht (Knoop, 1981). Norris und Niebuhr (1984) kamen zu dem Ergebnis, dass der Zusammenhang zwischen Leistung und größerer Jobzufriedenheit bei Personen mit internaler Kontrollüberzeugung stärker ausgeprägt ist. Es ist verständlich, dass Personen, die glauben, ihr Schicksal selbst steuern zu können, sich auch ihre Erfolge entsprechend stärker selbst zuschreiben. Hingegen waren external Denkende weniger von Erfolgen berührt, da sie ihre eigene Beteiligung daran im Vergleich zu internal Denkenden geringer einschätzen. Davon abgesehen geben Personen mit internaler Überzeugung an, sich bei der Wahl ihres Arbeitsfeldes stärker durch intrinsische Faktoren leiten zu lassen, wohingegen external orientierte das Gefühl haben, in ihrer Berufswahl stärker von äußeren Einflüssen geleitet zu werden (Denga, 1984).

Internale Kontrollüberzeugung steht in Zusammenhang mit Berufszufriedenheit.

Die Rolle von dispositionalem Optimismus in beruflichem Kontext wurde überraschenderweise bislang kaum untersucht. In den wenigen Studien zeichnen sich aber positive Ergebnisse ab. Lounsbury und Kollegen (2003) untersuchten den Zusammenhang zwischen verschiedenen Persönlichkeitsmerkmalen und Zufriedenheit im Arbeitsleben. Ihre Befragung von ca. 6 000 Personen aus 14 verschiedenen Arbeitsfeldern ergab, dass nur Optimismus, Arbeitsmotivation und emotionale Widerstandsfähigkeit mit beruflicher Zufriedenheit in Zusammenhang stand. Eine Studie von Creed, Patton und Bartrum (2002) zeigte, dass von etwa 500 Schülern diejenigen besser auf ihre berufliche Zukunft vorbereitet waren, die hohe Optimismuswerte aufwiesen. Diese berichteten häufiger, sich hinsichtlich des Berufs, den sie erlernen möchten, im Klaren zu sein und diesbezüglich Informationen zu sammeln, Pläne zu schmieden und Ziele zu setzen.

4.2 Positives Denken in Schule und Weiterbildung

Für die meisten Menschen – zumindest in der westlichen Welt – stellt der Schulbeginn den ersten Schritt in eine leistungsorientierte Gesellschaft dar. Das tägliche Leben von Kindern im Vorschulalter ist maßgeblich von angenehmen Freizeitbeschäftigungen bestimmt, von Schülern wird dagegen erwartet, dass sie bestimmte Leistungen erbringen. Somit stellt die Schule oftmals den ersten Rahmen dar, in dem Menschen versuchen müssen, gewisse Ziele zu erreichen. Wie sich vielfach demonstrieren ließ, hängt ihr Erfolg dabei nicht nur von ihren kognitiven Kompetenzen ab, sondern ebenso von ihrer Überzeugung, bestimmte Leistungen erbringen zu können.

Man unterscheidet verschiedene Determinanten schulischer Leistung: individuelle Faktoren (Konstitution, Intelligenz und Motivation), Familienmerkmale, Schulmerkmale, Medien und Freundeskreis (Helmke & Schrader, 2000). Insbesondere im Hinblick auf individuelle Faktoren spielt Positives Denken eine Rolle. Collins (1982) untersuchte den Einfluss von Selbstwirksamkeit auf Mathematikleistungen von Kindern. Zunächst unterschied er Kinder nach ihren mathematischen Fähigkeiten (gering, mittel, hoch) sowie nach hoher bzw. niedriger Selbstwirksamkeit und bat sie anschließend, eine Reihe mathematischer Aufgaben zu lösen. Die zuversichtlichen Kinder waren klar im Vorteil: Verglichen mit Kindern gleicher Fähigkeit, aber geringerer Selbstwirksamkeit, lösten sie mehr Aufgaben, ließen schneller von falschen Lösungsstrategien ab, überarbeiteten mehr Aufgaben, die sie zunächst nicht hatten lösen können und waren dabei sorgfältiger. In weiteren Studien erzielten Schüler mit hoher Selbstwirksamkeit bessere Resultate in Mathematikaufgaben (Pietsch, Walker & Chapman, 2003; Stevens, Olivárez, Lan & Tallent-Runnels, 2004) und Aufsätzen (Pajares & Valiante, 1997; Pajares & Johnson, 1996) sowie in einem standardisierten Leistungstest (Anderson, Greene & Loewen, 1988). Wie verschiedene Längsschnittstudien zeigen, ist von wechselseitiger Beeinflussung zwischen Selbsteinschätzung und Leistung auszugehen. Positive Selbsteinschätzungen fördern Leistung und gute Leistungen verbessern die Selbsteinschätzung (Marsh & Yeung, 1997; van Aken, Helmke & Schneider, 1997).

Auch Erklärungsstil und Kontrollüberzeugungen spielen im Kontext schulischer Leistungen eine Rolle. Amerikanische Grundschüler mit positivem Erklärungsstil schnitten sowohl in einem mathematischen Test (Yates, Yates & Lippett, 1995) als auch in einem standardisierten Leistungstest (Nolen-Hoeksema, Girgus & Seligman, 1986) besser ab als andere. Internale Kontrollüberzeugungen gingen einher mit besseren Leistungen in der Vorschule (Flynn, 1991), besserem Abschneiden in standardisierten Tests und besseren Schulnoten (Skinner, Wellborn & Connell, 1990).

Interessanterweise spielt aber nicht nur die Einstellung der Kinder selbst eine Rolle bei ihren schulischen Leistungen. Auch schulische Ziele seitens der Eltern sowie die Überzeugung, die intellektuelle Entwicklung ihrer Kinder fördern zu können, stehen in positivem Zusammenhang mit deren Leistungen (Bandura, Barbaranelli, Caprara & Pastorelli, 1996). Umgekehrt können sich negative Haltungen der Eltern ungünstig auswirken. Vanden Belt und Peterson (1991) befragten die Lehrer von 52 behinderten und 40 gesunden Schülern über deren Leistungen. Außerdem erfassten sie die Erklärungen der Eltern in Bezug auf Ereignisse, an denen ihre Kinder beteiligt waren und das schulische Abschneiden der Kinder. Bei einem Vergleich der Daten zeigte sich, dass Kinder, deren Eltern negative Erklärungsstile bezüglich des Verhaltens Ihrer Kinder hatten, nach Einschätzung der Lehrer unter ihrem Potential blieben.

Interessant sind in diesem Kontext auch die Ergebnisse einer Studie über die Selbstwirksamkeitsurteile von Schulkindern aus Ost- und Westberlin (Oettingen & Little, 1993), in der sich herausstellte, dass die Ostberliner Kinder wenig optimistisch in der Beurteilung ihres Potentials waren. Wie auch eine Untersuchung von Hannover (1995) belegt, war ihre Einschätzung stärker am Urteil des Lehrers bzw. an Noten orientiert und weniger stark durch positive Verzerrungen gekennzeichnet. Dieses Ergebnis lässt sich durch unterschiedliche Unterrichtsstile in Ost und West erklären. Beispielsweise war eines der Erziehungsziele der DDR realistische Selbsteinschätzung (Franz, 1982), die unter anderem durch Leistungsrückmeldungen vor der Klasse und öffentliche Selbstbewertung erreicht werden sollte. Problematisch war daran laut Oettingen und Little (1993) vor allem, dass die Tendenz zu einer wenig optimistischen Selbsteinschätzung besonders stark bei Kindern im mittleren und unteren Leistungsbereich auftrat. Gerade bei Personen mit geringen Ressourcen birgt realistische Selbsteinschätzung die Gefahr, motivationshindernd zu sein.

Wie schon in der Schule profitieren Menschen auch während des Studiums von zuversichtlichen, hoffnungsvollen Einstellungen. Snyder et al. (2002) baten Studienanfänger, einen Fragebogen auszufüllen, mit dem der Faktor Hoffnung erfasst wurde. Sie holten außerdem die Erlaubnis ein, sich zu einem späteren Zeitpunkt über die Ergebnisse ihrer Zulassungsprüfung sowie über ihre Leistungen an der Universität informieren zu dürfen. Als sie sechs Jahre später die Resultate verschiedener Studierender verglichen, stellten sie fest, dass sich ein hohes Maß an Hoffnung positiv auf die Leistung an der Hochschule ausgewirkt hatte: Studierende mit hohem Wert auf dem Hoffnungsfragebogen waren seltener wegen schlechten Noten exmatrikuliert worden, hatten häufiger ihr Studium erfolgreich beendet und einen besseren Notendurchschnitt. Die Alternativerklärung, dass die hoffnungsvollen Studierenden von Anfang an besser gewesen seien (und deshalb auch mehr Hoffnung ausgedrückt hatten), ließ sich nach Auswertung der Ergebnisse der Hochschulzulassungsprüfung ausschließen.

Bei gleicher Ausgangslage führt Hoffnung zu höherem Studienerfolg.

Ähnliche Ergebnisse ließen sich auch im Zusammenhang mit den anderen Formen Positiven Denkens nachweisen. Studierende mit hohen Selbstwirksamkeitserwartungen schnitten sowohl in Psychologieprüfungen (Jackson, 2002; Vrugt, Langereis & Hoogstraten, 1997) als auch Statistikkursen (Finney & Schraw, 2003; Lane, Hall & Lane, 2004) besser ab, erbrachten in ihrem Studium generell bessere Leistungen (Chemers, Hu & Garcia, 2001; Leach, Queirolo, DeVoe & Chemers, 2003) und erzielten – wie auch Personen mit internaler Kontrollüberzeugung (Carden, Bryant & Moss, 2004) – besonders gute Noten (Elias & Loomis, 2002). Studierende, die zu Beginn des ersten Semesters ein negatives Erklärungsmuster aufwiesen, bekamen im Laufe des ersten Studienjahres schlechtere Noten als ihre zuversichtlichen Kommilitonen (Peterson & Barrett, 1987), und Studenten mit positivem Erklärungsstil schnitten in einem PC-Kurs besser als andere ab (Henry, Martinko & Pierce, 1993).

Helmke (1998) weist auf die Gefahr der Selbstüberschätzung durch Positives Denken hin. Kinder, die sich stark überschätzen, bereiten sich ungenügend auf Prüfungen vor und erzielen schlechtere Leistungen (z. B. in Mathematikprüfungen). Eine starke Überschätzung der eigenen Fähigkeiten kann also dazu führen, dass Erfolg für selbstverständlich gehalten wird, was wiederum zur Folge haben kann, dass die Voraussetzungen für Erfolg nicht geschaffen werden und er somit ausbleibt. Wie wirksam eine internale Kontrollüberzeugung im schulischen und akademischen Kontext insgesamt ist, belegen überdies ein Übersichtsartikel von Findley und Cooper (1983) sowie zwei Metaanalysen (Kalechstein & Nowicki, 1997; Multon, Brown & Lent, 1991). Ähnliche Ergebnisse berichten Studien in nicht-westlichen Kulturen wie Südafrika (Mwamwenda & Mwamwenda, 1986), Nigeria (Maqsud, 1983) oder Malaysia (Ismail & Kong, 1985) sowie Studien zu spezifischen Störungen wie Dyslexie (Bosworth & Murray, 1983) und anderen Lernbehinderungen (Hampton & Mason, 2003).

4.3 Positives Denken und sportliche Leistungen

Dass es im Sport nicht nur auf körperliche Leistungsfähigkeit ankommt, sondern auch auf die richtige Einstellung, war nicht nur Roger Bannister bekannt. Der legendäre Baseballspieler Yogi Berra soll erklärt haben: „Baseball ist zu 90 % eine mentale Sache. Die andere Hälfte (sic) macht das Körperliche aus.“ Dass Positivem Denken dabei eine wichtige Rolle zukommt, konnte in einer Vielzahl von Studien nachgewiesen werden. Kane, Marks, Zaccaro und Blair (1996) untersuchten den Einfluss von Selbstwirksamkeit auf die Wettkampfergebnisse von 216 Ringern. Sie holten zunächst über jeden Sportler Hintergrundinformationen ein, um die Sportler nach ihrem Können einzustufen und baten sie außerdem, Angaben über ihre Selbstwirksamkeitserwartungen zu machen. Diese Angaben wurden mit ihrem Abschneiden in einem Turnier verglichen. Es zeigte sich, dass Positives Denken in der frühen Phase des Turniers eine untergeordnete Rolle spielte. Die Fähigkeitsunterschiede der Ringer waren in den ersten Wettkämpfen so groß, dass jemand trotz niedriger Selbstwirksamkeit einen Kampf gewinnen konnte. In dieser Phase sagten vor allem die körperliche Fähigkeit und die vorherigen Erfolge der Sportler das Ergebnis vorher. Im weiteren Verlauf des Turniers veränderte sich die Lage aber. Es stellte sich heraus, dass in ausgeglichenen Ringkämpfen, in denen das Match in die Verlängerung ging, Selbstwirksamkeitserwartungen die entscheidenden Prädiktoren für den Sieg waren.

Roger Bannister und die „Wundermeile"

Bereits während seines Studiums an der Universität von Oxford war Roger Bannister wegen seiner sportlichen Leistungen bekannt. Als Mittelstreckenläufer hatte er 1952 an den Olympischen Spielen in Helsinki teilgenommen, allerdings ohne eine Medaille zu gewinnen. Enttäuscht über sein Abschneiden in Finnland beschloss der junge Engländer, seine Aufmerksamkeit einem anderen Ziel zu widmen: eine Meile in weniger als vier Minuten zu laufen (Bascomb, 2004).

Seit den 30er Jahren hatten mehrere Sportler erfolglos versucht, die magische Vier-Minuten Barriere zu durchbrechen. Der Australier John Landy, einer der besten Läufer seiner Zeit, hatte zwar mehrfach vier Minuten und zwei Sekunden für die Meile benötigt, war aber stets an der anscheinend unüberwindbaren Vier-Minuten-Grenze gescheitert. Diese Erfahrungen sowie die Tatsache, dass der Weltrekord von 4:01,3 Minuten schon ein knappes Jahrzehnt lang unerreicht geblieben war, hatten dazu geführt, dass viele Menschen – Experten aus dem Bereich des Sports und der Medizin eingeschlossen – der Überzeugung waren, dass es physisch einfach nicht möglich sei, vier Minuten zu unterschreiten.

Bannister war anderer Ansicht. Er war sich sicher, dass es nicht der menschliche Körper war, der das Durchbrechen der Barriere verhinderte, sondern die Überzeugung vieler Läufer, dass es nicht möglich sei. Er vertraute darauf, dass man mit der richtigen Technik und sorgfältigem Training imstande sein würde, die Meile in weniger als vier Minuten zu laufen und damit zugleich den Weltrekord zu brechen. Dass er damit Recht hatte, bewies er nach etwa zweijähriger Vorbereitungszeit am 6. Mai 1954. Bei einem Rennen im Iffley Road Stadion der Universität von Oxford benötigte Bannister trotz eines Gegenwindes von bis zu 40 Stundenkilometern nur 3:59,4 Minuten für die Meile und bescherte damit der Welt des Sports eine der größten Sensationen des 20. Jahrhunderts. Mit der Unterstützung zweier Freunde, die ihm als Schrittmacher das Tempo vorgegeben hatten, war es dem 25-jährigen Medizinstudenten gelungen, das anscheinend Unmögliche zu vollbringen. Gleichzeitig hatte er damit demonstriert, dass manche Grenzen nur solange bestehen, wie Menschen von ihrer Existenz überzeugt sind.

Abb. 5: Roger Bannister erreicht am 6. Mai 1954 nach 3:59,4 Minuten das Ziel

Nach dem Rennen an der Iffley Road stieg in nur drei Jahren die Zahl derer, die für die Meile weniger als vier Minuten benötigt hatten, auf 16 Läufer. John Landy, der selbst mehrfach an dem Ziel gescheitert war, benötigte nach Bannisters bahnbrechender Leistung nur 46 Tage, um diese zu überbieten und einen neuen Weltrekord aufzustellen. Heute ist die Zahl der Läufer, die eine Meile nachweislich in weniger als vier Minuten gelaufen sind, auf über 950 gestiegen. Der Rekord, den es heute zu schlagen gilt, liegt bei 3:43,13. Aber Bannisters legendärer Lauf im Mai 1954 wird auch heute noch als die „miracle mile" bezeichnet, denn sein wirklicher Sieg war nicht der über die Stoppuhr, sondern der gegen die Überzeugung der Fachleute. Als man Roger Bannister fragte, wie man in der Lage sei, solche Leistungen zu erbringen, antwortete er: „Es ist die Fähigkeit, mehr aus sich herauszuholen, als in einem steckt."
(Quelle: http://sportsillustrated.cnn.com/features/1998/sportsman/1954/ [02.01.2007]. Übers. d. V.)

Im Sport sagen Selbstwirksamkeitserwartungen bei Konkurrenten mit ähnlichen Fähigkeiten die Erfolgschancen vorher.

Neben Selbstwirksamkeit kann auch der Faktor Hoffnung zu besseren Leistungen führen. Curry und Kollegen (Curry, Snyder, Cook, Ruby & Rehm, 1997) untersuchten den Einfluss von Hoffnung auf die Wettkampfleistungen von Langstreckenläuferinnen. Dazu ließen sie Sportlerinnen der Universität von Montana zunächst einen Fragebogen ausfüllen, der ihre Neigung zu hoffnungsvollem Denken erfasste (Dispositional Hope Scale). Anschließend baten sie die Läuferinnen, über einen Zeitraum von elf Wochen regelmäßig Angaben über verschiedene psychologische Merkmale wie Stimmung und Selbstwert zu machen und über ihre Trainingsdauer Buch zu führen. Anschließend wurden diese Daten mit ihren Zeiten in verschiedenen Wettkämpfen verglichen. Dabei zeigte sich, dass höhere Hoffnung bessere Wettkampfresultate vorhersagte. Ähnliche Ergebnisse fanden sich auch im Zusammenhang mit dispositionalem Optimismus. Norlander und Archer (2002) stellten fest, dass die Leistungen von Ski-Langläufern und Biathleten umso besser waren, je höher ihr Optimismus war.

Auch in Bezug auf weitere Sportarten hat sich eine günstige Wirkung Positiven Denkens gezeigt. Vor allem Selbstwirksamkeit hat sich in vielen Untersuchungen als förderlich erwiesen, so z. B. im Zusammenhang mit Baseball (George, 1994), Bowling (Boyce & Bingham, 1997), Dressurreiten (Beauchamp & Whinton, 2005), Feldhockey (Lee, 1989), Gymnastik (Weiss, Wiese & Klint, 1989), Kurzstreckenlauf (Gernigon & Delloye, 2003), Mittel- und Langstreckenlauf (Martin & Gill, 1991), Marathonlauf (Gayton, Matthews & Burchstead, 1986), Ringen (Treasure, Monson & Lox, 1996), Schwimmen (M. Miller, 1993; Theodorakis, 1995) und Tennis (Theodorakis, 1996). Des Weiteren haben sich internale Kontrollüberzeugungen bei Marathonlauf (Celestino, Tapp & Brumet, 1979) und Dartwerfen als vorteilhaft erwiesen (Wichman & Lizotte, 1983). Positiv denkende Menschen erbringen also im Schnitt bessere sportliche Leistungen als pessimistische Personen. Hier ist allerdings wieder zu prüfen, inwieweit die positive Haltung auch Produkt früherer Erfolge ist.

Nicht nur der Einzelne profitiert von einer positiven Einstellung. Auch die Leistung einer Mannschaft wird von dem Geist beeinflusst, der in ihr herrscht. Myers, Payment und Feltz (2004) zeigten, dass kollektive Selbstwirksamkeit weiblicher Eishockeymannschaften vor einem Spiel ihre Leistung während des Spiels beeinflusste. Myers, Feltz und Short (2004) zeigten außerdem, dass sich die Leistung der Offensivabteilung von College-Footballmannschaften anhand der kollektiven Selbstwirksamkeit vor dem Spiel vorhersagen ließ. Allerdings spielen kollektive Selbstwirksamkeitsüberzeugungen nur dann eine Rolle, wenn das Zusammenspiel als Mannschaft stark im Vordergrund steht (wie etwa bei Volleyball). Dagegen ist die individuelle Selbstwirksamkeit besonders wichtig, wenn am Ende zwar die Mannschaftsleistung zählt, das individuelle Ergebnis von der Leistung der anderen Teammitglieder jedoch relativ unabhängig ist (wie etwa beim Staffellauf) (Katz-Navon & Erez, 2005).

4.4 Persönliche Veränderung und das Erreichen selbstgesetzter Ziele

Als der englische Dichter Samuel Johnson erfuhr, dass ein Bekannter nach einer unglücklichen ersten Ehe ein zweites Mal heiratete, soll er das als den „Triumph der Hoffnung über die Erfahrung“ bezeichnet haben. Bedenkt man, wie häufig Menschen bereit sind, auch in anderen Lebensbereichen Ziele trotz mehrfacher Misserfolge weiterzuverfolgen, scheinen Johnsons Worte ein Phänomen zu beschreiben, das häufig vorkommt. Ein Beispiel, mit dem viele vertraut sein dürften, ist das Einhalten von Neujahrsvorsätzen. Bei den meisten Zielen, die für das kommende Jahr gefasst werden, handelt es sich um gesundheitsrelevante Vorsätze wie z. B. abnehmen, Sport treiben oder mit dem Rauchen aufhören (Norcross, Ratzin & Payne, 1989). So wichtig diese Ziele jedoch sind, so schwierig sind sie umzusetzen: Viele Menschen scheitern innerhalb weniger Monate (Marlatt & Kaplan, 1972), etwa ein Viertel sogar innerhalb der ersten Woche (Norcross et al., 1989). Dennoch nehmen sich die meisten dasselbe Ziel auch zum nächsten Jahreswechsel vor (Prochaska, DiClemente & Norcross, 1992). In der Verhaltenstherapie grenzt man derartige „gute Vorsätze“ von echter Veränderungsbereitschaft ab (vgl. z. B. Kanfer, Reinecker & Schmelzer, 2005).

Nimmt man die Verkaufszahlen von Diätbüchern als Maßstab, ist die Reduktion des eigenen Körpergewichts heutzutage eines der populärsten Ziele (McCutcheon, 2001). Gleichzeitig stellt eine dauerhafte Gewichtsabnahme eine große Herausforderung dar, weil sie in der Regel nicht allein durch Kalorienzählen oder „Iss die Hälfte“ erreicht werden kann. Häufig sind Veränderungen von Gewohnheiten erforderlich, die sich indirekt auf das Gewicht auswirken. Es leuchtet ein, dass die Überzeugung, die eigenen Ziele trotz bestimmter Hindernisse erreichen zu können, in diesem Kontext eine wichtige Rolle spielt. Wissenschaftlich untermauern ließ sich diese These in einer Längsschnittstudie von Dennis und Goldberg (1996). Sie untersuchten, wie sich die Einstellung übergewichtiger Frauen, die an einem Abnehmprogramm teilnahmen, auf das Erreichen ihrer Ziele auswirkte. Dazu erhoben sie zunächst relevante Daten wie Stimmung, Selbstwertschätzung und Selbstwirksamkeitserwartung der Teilnehmerinnen. Anschließend beobachteten sie die Gewichtsentwicklung über die Dauer des neunmonatigen Programms sowie 15 Monate nach Abschluss desselben. Dabei zeigte sich, dass die Teilnehmerinnen mit hoher Selbstwirksamkeit nach zwei Jahren mehr abgenommen hatten als diejenigen, welche das Programm mit Zweifeln begonnen hatten. Außerdem berichteten die Erstgenannten höheren Selbstwert, bessere Stimmung sowie gesündere Essgewohnheiten. Weitere Studien bestätigen den positiven Zusammenhang zwischen Selbstwirksamkeit und Gewichtsreduktion (Bagozzi & Edwards, 2000; Linde, Rothman, Baldwin & Jeffery, 2006; Martin, Dutton & Brantley, 2004).

Selbstwirksamkeit und Kontrollüberzeugung stehen im Zusammenhang mit Erfolg bei Diäten, Nikotinentwöhnung und sportlicher Betätigung.

Neben der Reduktion von Körpergewicht ist die Nikotinentwöhnung ein häufig angekündigtes und in Angriff genommenes Vorhaben. Wenngleich die Zahl derer, die dieses Ziel tatsächlich erreichen, vergleichsweise gering ist (vgl. Cohen et al., 1989), hilft zuversichtliche Einstellung. Zahlreiche Studien zeigten, dass sich Selbstwirksamkeitserwartungen (Amodei & Lamb, 2005; O'Hea et al., 2004; Wojcik, 1988) und internale Kontrollüberzeugung (Segall & Wynd, 1990) günstig auf den Erfolg auswirken. Ebenso schaffen es diejenigen, die positiv denken, leichter, sportliche Betätigung zu einem regelmäßigen Teil ihres Lebens zu machen (O'Hea et al., 2004; Sniehotta, Scholz & Schwarzer, 2005). Somit stellen zuversichtliche Einstellungen wichtige Aspekte für das Erreichen persönlicher Ziele dar. Obwohl Studien über den Einfluss Positiven Denkens auf Zielerreichung in anderen Lebensbereichen kaum existieren, dürfte die Situation ähnlich sein.

4.5 Positives Denken und Selbstregulation

Wodurch lassen sich die besseren Resultate positiv denkender Menschen erklären? Die Auswirkungen Positiven Denkens sollen in den folgenden Absätzen näher behandelt werden.

4.5.1 Zielorientierung

Personen, die sich spezifische, hohe Ziele setzen, sind in der Regel erfolgreicher als solche, die sich keine Ziele setzen oder solche, deren Ziele vage oder niedrig sind (vgl. Locke & Latham, 1990). Wie eine Reihe von Untersuchungen zeigt, liegt eine Ursache für bessere Leistung zuversichtlicher Menschen in ihren Strategien der Zielsetzung. Zimmerman, Bandura und Martinez-Pons (1992) zeigten, dass hoch selbstwirksame Personen anspruchsvollere Ziele setzten, und Snyder (1994) stellte fest, dass hoffnungsvolle Personen klarere Ziele setzten als andere. Pessimistischer Erklärungsstil hingegen führte bei Studierenden auch deshalb zu schlechteren Noten, weil sich die Betroffenen weniger spezifische Ziele setzten (Peterson & Barrett, 1987). Außerdem zeigten Martin und Gill (1995), dass Langstreckenläufer, die überzeugt waren, in einem Rennen einen guten Platz erreichen zu können, während des Wettbewerbs an ihre Ziele dachten und im Schnitt tatsächlich bessere Plätze erreichten.

Das Setzen spezifischer Ziele ist ein Mittel zum Erfolg.

Positiv denkende Menschen haben also eine bessere Ausgangsbasis, da sie eine konkretere Vorstellung davon haben, was sie erreichen wollen und dabei Höheres anstreben als Personen, die zu negativem Denken neigen. Wichtig ist in diesem Zusammenhang, dass es sich bei der Zielorientierung positiv denkender Menschen nicht lediglich um eine Wunschvorstellung handelt, sondern dass sie sich ihren Zielen tatsächlich stärker verpflichtet fühlen und intensiver an ihnen festhalten (Chemers, Hu & Garcia, 2001).

4.5.2 Motivation und Leistung

Wenn Menschen sich mit beanspruchenden Situationen konfrontiert sehen, fallen ihre Reaktionen darauf oft sehr unterschiedlich aus. Während die einen unbesorgt sind und möglicherweise ein gewisses Maß an Vorfreude verspüren, werden andere nervös und würden womöglich lieber einen bequemen Ausweg finden, als sich der Aufgabe zu stellen. Auch in diesem Punkt sind positiv denkende Menschen im Vorteil. Offensichtlich sehen Personen, die mit Zuversicht in die Zukunft blicken und von ihren Fähigkeiten überzeugt sind, weniger Anlass zu Ängsten: Personen mit internaler Kontrollüberzeugung erleben weniger Prüfungsangst (Carden, Bryant & Moss, 2004) und fühlen sich weniger durch Angst gehemmt als andere (Ntoumanis & Jones, 1998). Optimistische Sportler berichten weniger Angst vor einem Wettkampf als andere (Wilson, Raglin & Pritchard, 2002). Darüber hinaus neigen Personen mit hoher Selbstwirksamkeit (Sirois, 2004) und internaler Kontrollüberzeugung (Lonergan & Maher, 2000) seltener dazu, Dinge aufzuschieben. Anstatt unangenehme Aufgaben zu verdrängen, motivieren sie sich, indem sie positive mentale Bilder visualisieren (Mills, Munroe & Hall, 2001) und sich selber Mut zusprechen (Lai & Wan, 1996).

Menschen, die positiv denken, leiden weniger unter Angst, sind motivierter und arbeiten ausdauernder.

Wie schon gesagt, sind positiv denkende Menschen im Schnitt engagierter. Auch das scheint plausibel. Schließlich hat es keinen Sinn, an einer Aufgabe festzuhalten, wenn man glaubt, dass man sie ohnehin nicht erfolgreich bewältigen kann. Und wer umgekehrt glaubt, eine Herausforderung trotz einiger Hindernisse meistern zu können, wird wahrscheinlich durchhalten, bis das Ziel erreicht ist. Dieser Effekt wurde in einem Experiment von Trice und Wood-Shuman (1983) demonstriert. Sie baten die Teilnehmer ihrer Studie, Wörter in einer Buchstabenmatrix zu suchen. Allerdings gaben sie nicht allen dieselben Instruktionen. Sie informierten die Teilnehmenden entweder darüber, wie viele Wörter im Schnitt identifiziert wurden, oder sie nannten die exakte Zahl versteckter Wörter. Es zeigte sich, dass Personen mit internaler Kontrollüberzeugung in beiden Fällen länger an der Aufgabe arbeiteten als andere und außerdem mehr Wörter fanden. Kannten die Teilnehmer jedoch die tatsächlich vorhandene Zahl an Wörtern, so wirkte sich das unterschiedlich auf ihre Motivation aus. Personen mit internaler Kontrollüberzeugung wurden dadurch angespornt, investierten mehr Zeit und fanden mehr Wörter. Personen mit externaler Kontrollüberzeugung wurden frustriert und gaben früher auf. Offensichtlich hatten sie den hohen Wert als Hinweis darauf interpretiert, dass sie die Aufgabe ohnehin nicht erfolgreich würden lösen können. Dieser Befund wird durch eine Reihe weiterer Studien gestützt. Bandura und Locke (2003) sowie Schunk und Ertmer (2000) kommen in ihren Überblicksartikeln zu dem Schluss, dass Personen mit hoher Selbstwirksamkeitserwartung höhere Motivation aufweisen, sich stärker engagieren, bei Hindernissen ausdauernder sind und dadurch bessere Leistungen erbringen. Eine Schattenseite solcher Hartnäckigkeit zeigt sich allerdings dann, wenn Menschen im Zuge von Selbstüberschätzung Zeit und Mühe auf nicht-lösbare Aufgaben verschwenden, weil sie nicht akzeptieren wollen, dass ihnen die Lösung nicht gelingt (vgl. Brown, 1968).

4.5.3 Umgang mit Rückschlägen

Eine weitere Ursache, weshalb positiv denkende Menschen häufig bessere Resultate erzielen und mehr erreichen, liegt darin, dass sie sich durch Rückschläge und Enttäuschungen nicht leicht entmutigen lassen. Das zeigte sich zum Beispiel in einer Untersuchung mit dem Schwimmteam der Universität von Berkeley (Seligman, Nolen-Hoeksema, Thornton & Thornton, 1990). Zu Beginn der Studie wurden anhand des ASQ die Erklärungsmuster der 50 Schwimmer erfasst. Zu einem späteren Zeitpunkt wurden die Teammitglieder von ihrem Trainer oder ihrer Trainerin aufgefordert, ihre beste Disziplin so schnell wie möglich zu schwimmen. Um zu prüfen, ob Personen mit negativem bzw. positivem Erklärungsstil unterschiedlich auf einen Rückschlag reagieren, wurde das Ergebnis jedoch manipuliert. Anstatt die tatsächliche Zeit zurückzumelden, nannte man eine etwas schlechtere Zeit, die zwar noch glaubhaft, aber dennoch enttäuschend war. Anschließend gab man den Sportlern eine Weile Zeit, sich zu erholen, und bat sie dann erneut, dieselbe Strecke so schnell wie möglich zu schwimmen. Als man nun die zweite Zeit mit der ersten verglich, zeigte sich, dass die negativ denkenden Schwimmer sich – wie erwartet – verschlechtert hatten, während die zuversichtlichen ihre Leistung wiederholen oder in manchen Fällen sogar verbessern konnten.

Positives Denken hilft, sich von Rückschlägen nicht entmutigen zu lassen.

Ein ähnliches Ergebnis wurde in weiteren Studien repliziert, z. B. in einer Untersuchung zur Erfassung der Basketballkompetenz von Jugendlichen. Auch hier reagierten die Sportler unterschiedlich auf ein fingiertes Feedback. Spieler, die zu positiven Erklärungen neigten, waren bei der zweiten Messung selbstsicherer und weniger nervös als diejenigen mit negativem Erklärungsstil und erzielten außerdem ein besseres Resultat (Martin-Krumm, Sarrazin, Peterson & Famose, 2003). Des Weiteren demonstrierten Hodges und Carron (1992), dass Sportmannschaften mit hoher kollektiver Selbstwirksamkeit nach einem Misserfolg ihre Leistung steigerten, während Teams mit niedriger kollektiver Selbstwirksamkeit ein schlechteres Resultat erzielten. Wenn jemand Misserfolge also als Zeichen eines drohenden Scheiterns interpretiert, führt das zu einer Abnahme der Leistung. Glaubt man aber, dass ein Misserfolg lediglich eine Ausnahme darstellt, so kann das als Signal gelten, dass man sich etwas mehr anstrengen muss, was wiederum zur Leistungssteigerung führt (Stone, 1994).

Tyrone „Muggsy" Bogues – kleiner Mann, große Geschichte

Für kaum eine Karriere schien Tyrone Bogues weniger geeignet als für die eines Basketballspielers in der amerikanischen Profiliga NBA. Mit einer Körpergröße von 1,60 m war „Muggsy", wie er seit seiner Kindheit genannt wurde, nicht nur kleiner als die meisten seiner männlichen Zeitgenossen, sondern einen halben Meter kürzer als viele NBA-Profis – und sogar 70 cm kleiner als Spieler wie Manute Bol, Gheorghe Muresan oder Shawn Bradley. Trotz dieses Hindernisses bahnte sich Muggsy entschlossen seinen Weg in den professionellen Basketball und ging nicht nur als kleinster Spieler in die Geschichte der NBA ein, sondern erbrachte Leistungen, mit denen er viele seiner Vorbilder übertraf (Bogues & Levine, 1994; www.nba.com/playerfile/muggsy_bogues/ [02.01.2007]).

Muggsys Einstieg in den Sport begann auf den Basketballplätzen von Baltimore, wo er nach der Schule fast täglich mit Freunden spielte und von einer Profikarriere träumte. Obwohl er häufig Opfer von Spott und Gelächter wurde und die meisten Leute ihm versicherten, dass Basketball für ihn immer nur ein Hobby bleiben würde, war er von seinen Fähigkeiten überzeugt und tat alles, um seinen Zielen näher zu kommen. So gelang es ihm, sich einen Stammplatz in der renommierten Schulmannschaft der Dunbar High School zu erkämpfen und sie als ihr Spielmacher zu 59 Siegen in Folge sowie zum Gewinn der nationalen Schulmeisterschaft zu führen. Als dadurch Talentsucher namhafter Universitäten auf ihn aufmerksam wurden, bekam Muggsy die Möglichkeit, für die Wake Forest University in North Carolina zu spielen. Damit tat er einen Schritt, den ihm viele trotz seiner Leistungen an der High School nicht zugetraut hätten. Aber Bogues setzte seine Erfolge aus der Schulzeit auch in der Universitätsliga der Ostküstenstaaten fort. Als Spieler der Wake Forest Deacons stellte er mit 781 Vorlagen den Ligarekord für die meisten Assists[1] auf, wurde Stammspieler in der amerikanischen Nationalmannschaft (die damals nur aus Amateuren bestand) und wurde mit ihnen 1986 Basketballweltmeister. 1987 schaffte er dann den Sprung in die Profiliga und verwirklichte damit seinen lang gehegten Traum, in der NBA zu spielen. Dass er auch dort nicht scheiterte, wie von vielen vorhergesagt worden war, beweisen seine Statistiken. In seiner 15-jährigen Profikarriere führte er die Charlotte Hornets, für die er viele Jahre spielte, mehrfach in die Play-offs und entwickelte sich zu einem der besten Spielmacher der Liga. Er zählt in den Kategorien „Vorlagen pro Spiel" (7,6) und „Vorlagen insgesamt" (6 726) zu den 15 besten Spielern in der Geschichte der NBA.

1 Ein Assist ist eine Vorlage zu einem Korb bzw. einem Punkt. Die Play-offs sind die Finalrunde der amerikanischen Basketballmeisterschaft. Das Assist-/Turnover-Verhältnis ist das Verhältnis von Vorlagen zu Fehlpässen.

Darüber hinaus erreichte er das beste Assist-/Turnover-Verhältnis (5,07) und schaffte es beachtliche 1369 Mal, seinen Gegenspielern den Ball abzunehmen (Quelle: www.nba.com/playerfile/muggsy_bogues/ [02.01.2007]). So ließ er sogar Spieler hinter sich, die zu seinen Idolen gezählt hatten. Als Quelle des Erfolgs nannte er harte Arbeit und festen Glauben an die eigenen Fähigkeiten: „Ich habe es nie akzeptiert, wenn jemand sagte, dass ich etwas nicht kann. [...] Ich sah mich nicht scheitern."
(Quelle: http://sportsillustrated.cnn.com/your_turn/news/2000/06/08/chatreel_bogues/ [02.01.2007]. Übers. d. V.)

Abb. 6: Muggsy mit seinem Teamkollegen Manute Bol (2,31 m)

4.6 Ist alles Gold, was glänzt?

Nicht alle Studien bescheinigen Positivem Denken positive Folgen. Es gibt eine Reihe von Untersuchungen, die zwischen positiver Einstellung und Leistungen im Beruf (Hershberger, Zimmerman, Markert, Kirkham & Bosworth,

2000; Gable & Dangello, 1994), im Sport (Hale, 1993; Geisler & Leith, 1997; Watkins, Garcia & Turek, 1994) oder im schulischen bzw. akademischen Kontext (Gupta & Sinha, 2004; Choi, 2005; Mavis, 2001) keinen Zusammenhang finden konnten. Die Zahl dieser Befunde ist im Vergleich zu der Vielzahl von Studien, die günstige Effekte demonstrierten, allerdings so gering (vgl. Kalechstein & Nowicki, 1997; Multon, Brown & Lent, 1991; Pajares, 2003; Stajkovic & Luthans, 1998), dass sie als Ausnahme betrachtet werden können und die generelle Wirksamkeit zuversichtlicher Einstellungen nicht in Frage stellen. Einige Studien zeigen aber, dass Positives Denken nicht uneingeschränkt empfehlenswert ist und dass Kontext und Ausmaß zu berücksichtigen sind (vgl. Kap. 8).

4.6.1 Wenn negatives Denken hilft

Wenngleich sich Positives Denken in vielen Bereichen als die bessere Strategie erweist, so ist es doch plausibel, dass Menschen in bestimmten Zusammenhängen von negativer Sichtweise profitieren (vgl. Kap. 6). Davis und Zaichkowski (1998) untersuchten den Zusammenhang zwischen Erklärungsmustern und mentaler Stärke (mental toughness), einem Merkmal, das in der Auswahl potentieller Eishockeyprofis eine wichtige Rolle spielt, und stellten dabei fest, dass Spieler mit negativem Erklärungsstil stärker waren. Die Autoren vermuten, dass diese Spieler durch die Angst zu verlieren motiviert waren. Sie wollten unbedingt vermeiden, als ‚Schwächlinge' dazustehen. Zwei weitere Studien kamen zu dem Ergebnis, dass Studierende in den Bereichen Marketing (LaForge & Cantrell, 2003) und Jura (Satterfield, Monahan & Seligman, 1997) von einem negativen Erklärungsmuster profitierten. Die Forscher kamen daher zu dem Schluss, dass Positives Denken in Bereichen, in denen Skepsis und das Hinterfragen von Sachverhalten eine wichtige Rolle spielen, weniger Erfolg verspricht als eine pessimistische Einstellung.

4.6.2 Festhalten an Zielen

Es leuchtet ein, dass eine ordentliche Portion Selbstvertrauen notwendig ist, um bestimmte Ziele zu erreichen. Ohne Glauben an den eigenen Erfolg hätte Thomas Edison nicht die Glühbirne entwickelt und Muggsy Bogues wäre kein Profibasketballer geworden. Allerdings vergisst man bei solchen Geschichten leicht, dass die Zahl derer, die ähnliche Ziele verfolgt haben und letztendlich daran gescheitert sind, weitaus größer ist als die Zahl derer, die ihr Ziel erreicht haben. Auf eine Julia Roberts kommen tausende Schauspielerinnen, die niemals tragende Rollen bekommen, auf einen John Grisham unzählige Autoren, deren Bücher kaum gelesen werden, und auf Bill Gates eine Menge Unternehmer, die Verlustgeschäfte machen. Dementsprechend ist es nicht verwunderlich, wenn Studien belegen, dass man hin und wieder besser daran tut, bestimmte Ziele aufzugeben (Wrosch, Scheier, Miller, Schulz & Carver,

2003). Wie jedoch oben schon erwähnt wurde, neigen gerade positiv denkende Menschen dazu, länger auszuharren und an ihren Zielen festzuhalten. Zwar führt dies in der Regel zu größeren Erfolgen, jedoch ist es plausibel, dass zuversichtliche Einstellungen hin und wieder auch zum ausdauernden Verfolgen unerreichbarer Ziele führen. Das kann neben Belastungen der Gesundheit (Solberg, Segerstrom & Sephton, 2005; vgl. Kap. 2) zu Problemen in anderen Lebensbereichen führen. Allerdings hat sich gezeigt, dass Optimisten unerreichbare Ziele schneller aufgeben, wenn sich Alternativen bieten (Aspinwall & Richter, 1999).

4.6.3 Erwartung und Erfahrung

In Situationen, in denen Positives Denken nicht auf Erfahrungswerten beruht, wirkt es sich oftmals gar nicht oder sogar negativ auf nachfolgende Leistungen aus. In verschiedenen Experimenten wurde durch einen Trick die Selbstwirksamkeitserwartung mehrerer Teilnehmer bezüglich einer Aufgabe künstlich erhöht. Dadurch waren sie zuversichtlich, die Aufgabe erfolgreich meistern zu können – eine Erwartung, die angesichts der geringen Erfahrung mit der Aufgabe jedoch unbegründet war. Wie sich herausstellte, erbrachten Teilnehmer, deren Erwartungen experimentell erhöht worden waren, schlechtere Leistungen als Teilnehmer, die nicht entsprechend manipuliert worden waren (Vancouver, Thompson, Tischner & Putka, 2002) bzw. bei denen man negative Erwartungen induziert hatte (Stone, 1994). Diejenigen, die bezüglich ihrer Leistung skeptisch waren, arbeiteten aufmerksamer und engagierter.

Selbstwirksamkeitserwartungen stehen nur dann in Zusammenhang mit Erfolg, wenn die jeweilige Person Erfahrungen mit der Situation gesammelt hat.

Wie wichtig eine gewisse Erfahrungsbasis für zuversichtliche Einstellungen ist, ließ sich auch im Kontext der Raucherentwöhnung zeigen. Hohe Selbstwirksamkeitserwartung hat generell günstigen Einfluss auf persönliche Veränderung, aber die Erwartung, das Rauchen aufgeben zu können, steht *vor Beginn* der Raucherentwöhnung nicht mit dem Erfolg des Programms in Zusammenhang (Baer & Lichtenstein, 1988). So überschätzen viele Menschen ihre Fähigkeit, den Tabakkonsum zu beenden, und sind daher nicht in der Lage, eine angemessene Prognose abzugeben. Erst *nach Beginn* des Programms hängt eine hohe Selbstwirksamkeitserwartung tatsächlich mit einer größeren Wahrscheinlichkeit zusammen, sich das Rauchen erfolgreich abzugewöhnen (Marlatt, Baer & Quigley, 1995). Hat man keine Erfahrungswerte, auf die man bauen kann, sind Prognosen oft zu optimistisch. Mit vorsichtigem Optimismus ist man auf der sichereren Seite.

4.6.4 Aktives Handeln

Wie schon im Kapitel zu Gesundheit erwähnt, wirkt sich Positives Denken auch deshalb vorteilhaft aus, weil es in der Regel mit aktivem Bewältigen einhergeht (vgl. Kap. 2). Wenn auf hoffnungsvolle Gedanken jedoch keine Taten folgen, dann ist auch der günstige Einfluss einer positiven Einstellung begrenzt. Diese Erfahrung verdeutlichte Oettingen (1997). Sie unterscheidet zwei Formen des Zukunftsdenkens – Erwartungen und Phantasien –, die sich jeweils unterschiedlich auf das Erreichen persönlicher Ziele auswirken. Bei Erwartungen handelt es sich um relativ spezifische Überzeugungen, dass bestimmte Ereignisse eintreten werden. Dagegen stellen Phantasien eher vage Tagträume oder mentale Bilder zukünftiger Ereignisse oder Szenarien dar. Um die unterschiedliche Wirkung dieser beiden Maße zu erfassen, befragten Oettingen und Wadden (1991) 25 übergewichtige Frauen, die an einem Gruppenprogramm zur Gewichtsreduktion teilnahmen. Die Erwartungen der Teilnehmerinnen wurden anhand konkreter Prognosen darüber, wie viel Gewicht sie verlieren würden, erfasst. Ihre Phantasien wurden ermittelt, indem sie gebeten wurden, Geschichten fortzusetzen. Diese wurden anschließend hinsichtlich ihrer Positivität eingestuft. Die Studienergebnisse zeigten, dass Erwartungen eine regelmäßige Teilnahme am Programm vorhersagten, Phantasien dagegen nicht. Darüber hinaus standen positive Erwartungen und negative Phantasien in Zusammenhang mit Gewichtsverlust nach einem und nach zwei Jahren. Die schlechtesten Ergebnisse in Bezug auf Gewichtsreduktion erzielten Frauen mit positiven Phantasien und negativen Erwartungen.

Vage positive Tagträume behindern das Erreichen eines Ziels mehr, als dass sie helfen.

Die genannten Ergebnisse weisen darauf hin, dass die Befragten relativ gut in der Lage waren, ihren eigenen Erfolg zu prognostizieren. Allerdings erwiesen sich positive Illusionen als ungünstig, die nicht mit konkreten Schritten und Verhaltensweisen verankert waren (wie im Falle der Phantasien). Die Nachbefragung offenbarte, dass *negative* Phantasien zur Auseinandersetzung und zur geistigen Übung problematischer Situationen benutzt wurden, während positive Phantasien eher Tagträume waren und anscheinend Handeln ersetzten, anstatt es vorzubereiten. Vergleichbare Ergebnisse berichtete Oettingen (1997) außerdem bei Studien zum Erfolg im Beruf und in der Liebe. Dabei notierten die Versuchspersonen Erwartungen und Phantasien in Bezug auf Stellensuche nach dem Studium sowie auf Kontakt mit einer „Flamme". Wie sich zeigte, war späterer Erfolg umso geringer, je positiver die Phantasien waren. Somit sind Menschen, die positiv denken, nur dann in ihren Vorhaben erfolgreicher, wenn ihre zuversichtliche Einstellung am Ende in konkreten Taten resultiert.

4.6.5 Eingehen von Risiken

Einige Studien weisen darauf hin, dass eine zuversichtliche Einstellung unter bestimmten Umständen dazu führen kann, dass Personen größere Risiken eingehen. Beispielsweise ließen Felton, Gibson und Sanbonmatsu (2003) Studierende ein Semester lang an einem Investitionsspiel teilnehmen und untersuchten dabei, welche Faktoren die Entscheidungen und das Investitionsverhalten der Teilnehmer beeinflussten. Dabei zeigte sich, dass optimistische Teilnehmer zu riskanteren Investitionen neigten. Ebenso wurde festgestellt, dass Finanzmakler in ihrem Geschäft weniger erfolgreich waren, wenn sie zu sehr von ihren Kontrollmöglichkeiten überzeugt waren (Fenton-O'Creevy, Nicholson, Soane & Willman, 2003). Auch bei Glücksspielen steht Optimismus im Zusammenhang mit höherer Risikobereitschaft (Gibson & Sanbonmatsu, 2004). Optimisten hatten vor dem Glücksspiel höhere Erwartungen und hielten diese trotz Misserfolgen aufrecht. Bei Verlusten gaben sie häufiger als andere an, „fast gewonnen" zu haben. Auf die Gefahr der Unterschätzung von Risiken durch positive Illusionen weisen außerdem Studien aus dem Bereich der Konfliktforschung hin. Personen, die sich schlimmstmögliche Situationen vorgestellt hatten (worst case scenarios), trafen mehr Sicherheitsvorkehrungen als solche, die optimistische Szenarien vor Augen hatten (Kramer, Meyerson & Davis, 1990; vgl. auch Fearn-Banks, 2006). Möglicherweise ist der günstige Einfluss Positiven Denkens also auf Bereiche begrenzt, in denen Ergebnisse der unmittelbaren Kontrolle der Person unterliegen und weniger von äußeren, wenig kontrollierbaren Faktoren abhängen, wie es im Investitionsbereich oder beim Glücksspiel der Fall ist (Felton et al., 2003). Die Wahrnehmung von Kontrolle kann in Bereichen, in denen man keinen Einfluss hat, problematisch sein, weil sie Vertrauen weckt, das nicht gerechtfertigt ist.

Schon im Zusammenhang mit Gesundheit wurde gezeigt, dass gemäßigte Zuversicht günstiger ist als ein sehr hohes Maß an Positivem Denken (z. B. Milam, Richardson, Marks, Kemper & McCutchan, 2004; vgl. Kap. 2). Verschiedene Studien legen nahe, dass diese Erfahrung auch für Leistungsbereiche gilt. Anderson, Hattie und Hamilton (2005) kommen zu dem Schluss, dass im Zusammenhang mit schulischen Leistungen moderate Selbstwirksamkeit und internale Kontrollüberzeugung vorteilhafter sind als niedrige oder extrem hohe. Brown und Marshall (2001) stellten in einer Reihe von Studien fest, dass hoch optimistische Personen nicht erfolgreicher sind als moderat optimistische. Somit ist Positives Denken zwar im Allgemeinen hilfreich, aber manchmal ist etwas weniger möglicherweise mehr.

4.7 Fazit

Unzählige Biographien und Anekdoten legen auf überzeugende Weise nahe, dass Positives Denken funktioniert. Wer hätte schließlich gedacht, dass der

Schulabbrecher Albert Einstein, der erst beim zweiten Versuch zum Hochschulstudium zugelassen wurde und von allen Universitäten, an denen er sich als Dozent bewarb, abgelehnt wurde, eines Tages der bedeutendste Physiker des 20. Jahrhunderts werden würde? Wer hätte 1961 dem damaligen Hauptschulabgänger Gerhard Schröder zugetraut, eines Tages deutscher Bundeskanzler zu werden? Wer hätte 2004 nach dem frühzeitigen Europameisterschafts-Aus schon geglaubt, dass die deutsche Fußballnationalmannschaft zwei Jahre später den dritten Platz bei der WM belegen würde? Erlebnisse wie diese scheinen die Thesen von Carnegie & Co. zu bestätigen: „Du kannst, wenn du glaubst, du kannst."

Tatsächlich belegt eine Vielzahl von Studien, dass positive Einstellungen helfen, Ziele zu erreichen, bessere sportliche Leistungen zu erbringen und in Studium und Beruf erfolgreicher zu sein. Dennoch muss vor allzu großer Euphorie gewarnt werden. Schließlich ist der Einfluss Positiven Denkens entgegen den Verheißungen der Ratgeberliteratur nicht unbegrenzt. Wer keinen Ton halten kann, wird auch bei allem Optimismus niemals Opernsänger werden. Positive Einstellungen können mangelnde Grundlagen nicht ersetzen, sondern lediglich helfen, existierendes Potential voll auszuschöpfen.

5 Positives Denken in Liebe und Partnerschaft

Liebe ist wie Masern: Da muss jeder mal durch.
Jerome K. Jerome

Die Darstellung der tragischen Liebesgeschichte zweier Passagiere auf der Titanic machte James Camerons gleichnamiges Leinwandepos „Titanic" quasi über Nacht zu einem der erfolgreichsten Filme aller Zeiten. Blickt man auf andere Bestsellerlisten, dann fällt auf, dass das Thema Liebe nicht nur in Hollywood die Kassen füllt. Unter den meistverkauften Singles und den auflagenstärksten Büchern findet man ebenfalls viele, die von glücklichen und unglücklichen Beziehungen handeln und diesbezüglich Ratschläge erteilen. Daran hat sich auch in den vergangenen Jahren nichts geändert. Nach wie vor scheinen Liebe und Partnerschaft eine zentrale Rolle für viele Menschen zu spielen. Stößt man gelegentlich auf Artikel, die behaupten, intime Beziehungen hätten an Bedeutung verloren, fühlt man sich an das Telegramm erinnert, das Mark Twain veröffentlichte, um Gerüchten über sein Ableben entgegenzutreten: „Die Meldungen über meinen Tod sind stark übertrieben."

Wenngleich sich die Beziehungsmuster im Laufe der vergangenen Jahrzehnte geändert haben, so ist eine innige Beziehung zu einem anderen Menschen nach wie vor ein zentrales menschliches Bedürfnis. Das Bedürfnis nach Zugehörigkeit und Nähe („need to belong") wird sogar als evolutionär verankertes Grundbedürfnis gesehen (Baumeister & Leary, 2000). Etwa drei Viertel der bundesdeutschen Bürger geben an, dass ihnen Liebe und Zuneigung „sehr wichtig" seien und dass man Familie brauche, um glücklich zu sein (Datenreport, 2002). Welche Rolle Positives Denken im zwischenmenschlichen Bereich, vor allem bei der Entstehung von Zuneigung und dem Eingehen und Aufrechterhalten von intimen Beziehungen, spielt, soll in diesem Kapitel dargestellt werden.

5.1 Positives Denken und das Entstehen von Zuneigung

Lloyd: „Wie stehen die Chancen, dass wir zusammenkommen?"
Mary: „Nicht gut."
Lloyd: „Du meinst .... etwa wie eins zu hundert?"
Mary: „Eher wie eins zu einer Million."
Lloyd: (begeistert) „Das heißt also, es gibt noch eine Chance!"
Jim Carrey und Lauren Holly als Lloyd Christmas und Mary Swanson in „Dumm und Dümmer"

Die Frage nach einer Erklärung dafür, wie sich Menschen verlieben, beantwortet David Lykken (1999), ein amerikanischer Psychologe, mit einer Prise Sarkasmus: „Wir haben überzeugende wissenschaftliche Beweise dafür, dass die Dichter von Anfang an Recht hatten. [...] In wen wir uns verlieben, hängt davon ab, neben wem wir gerade stehen, wenn uns Amors Pfeil trifft" (S. 197 f.). So unbefriedigend diese Antwort ist, deutet sie dennoch korrekt an, dass auch aus wissenschaftlicher Sicht der Zufall mitentscheidet, wenn zwei Menschen sich ineinander verlieben. Allerdings gibt es eine Reihe von Befunden, die Aufschluss darüber geben, welche Umstände das Entstehen romantischer Gefühle begünstigen, und die erklären, weshalb wir zu bestimmten Personen eher Zuneigung entwickeln als zu anderen. Zweifellos spielen Umgebungsfaktoren eine Rolle: Ein romantisches Dinner bei Kerzenschein ist eher förderlich als Hamburger im Hard Rock Café zu essen (vgl. May & Hamilton, 1980). Auch Entfernung ist ein wichtiger Faktor: Für eine Kölnerin kommt – ungeachtet möglicher Rivalitäten – ein Düsseldorfer in der Regel eher in Frage als jemand in Palermo (Nahemow & Lawton, 1975). Im Großen und Ganzen sind es jedoch die persönlichen Merkmale, die den Ausschlag geben. Es dürfte niemanden überraschen, dass Menschen, die attraktiv sind (Berscheid & Walster, 1974; Hatfield & Sprecher, 1986), einen hohen Status genießen, Wärme ausstrahlen oder kompetent erscheinen (Lydon, Jamieson & Zanna, 1988), im Spiel der Liebe gute Karten besitzen. Ebenso einleuchtend ist, dass wir Personen, die unsere Ansichten teilen (Byrne, 1971; Griffitt & Veitch, 1974) und ähnliche Interessen haben (Lydon et al., 1988), eher mögen als solche, die uns vergleichsweise unähnlich sind.

Positives Denken ist hilfreich beim Knüpfen von Freundschaften und beim Aufbau von Beziehungen.

5.1.1 Wie beliebt sind Optimisten?

Zwar haben sich bisher nur wenige Forscher mit der Frage befasst, welche Rolle die verschiedenen Formen Positiven Denkens bei intimen Beziehungen spielen. Es gibt jedoch eine Reihe von Studien, die darüber Aufschluss geben, wie sich optimistische Einstellungen und Erwartungen im Allgemeinen im zwischenmenschlichen Kontext auswirken. Aus ihnen lässt sich ableiten, welchen Einfluss Positives Denken auf das Entstehen romantischer Beziehungen haben kann. Verschiedene Untersuchungen zeigen, dass Optimisten generell beliebter sind. Carver, Kus und Scheier (1994) baten ihre Studienteilnehmer, Menschen anhand eines schriftlich wiedergegebenen Interviews zu beurteilen. Personen, die sich im Interview pessimistisch äußerten, wurden von den Beurteilern weniger gemocht als solche, die mehr Zuversicht an den Tag legten. Darüber hinaus konnten Untersuchungen belegen, dass sich dieser Unterschied tatsächlich auf die zwischenmenschlichen Beziehungen von Optimisten und Pessimisten auswirkt. Brissette, Scheier und Carver (2002) beispielsweise befassten sich mit der Entstehung neuer Freundschaften bei Studienanfängern. Dabei stellten sie fest, dass Optimisten schon zwei Wochen nach Studienbeginn deutlich mehr Freunde gefunden hatten als Pessimisten und gegen Ende des ersten Semesters einen größeren Freundeskreis hatten. Mögliche moderierende Effekte von Persönlichkeitsvariablen wie Extraversion könnten hier noch näher untersucht werden. Ein möglicher Einwand ist, dass die optimistischen Studenten zwar einen größeren Freundeskreis hatten, die Freundschaften der pessimistischen aber tiefer und bedeutsamer waren. Gegen diese These sprechen jedoch folgende Befunde: Optimisten sind weniger einsam als Pessimisten (Montgomery, Haemmerlie & Ray, 2003), fühlen sich von ihren Freunden stärker unterstützt und empfangen tatsächlich mehr Hilfe (Park & Folkman, 1997). Freundschaften optimistischer Menschen sind von längerer Dauer (Geers, Reilley & Dember, 1998) und ihre zwischenmenschlichen Beziehungen durch eine geringere Anzahl negativer Interaktionen gekennzeichnet als die ihrer pessimistisch denkenden Mitmenschen (Räikkönen, Matthews, Flory, Owens & Gump, 1999). Da Optimisten also beliebter sind und in der Regel offensichtlich die besseren sozialen Beziehungen haben, kann man davon ausgehen, dass sie auch in Bezug auf Partnerschaften eine bessere Ausgangsposition haben. Diese Vermutung scheint umso plausibler, als positive wie negative Erwartungen den Verlauf unserer täglichen Interaktionen beeinflussen, wie im folgenden Abschnitt gezeigt wird.

5.1.2 Wie man in den Wald hineinruft, so schallt es heraus

Viele Eigenschaften eines Menschen sind nicht auf den ersten Blick erkennbar. Man neigt aber dazu, sich von neuen Bekanntschaften schnell ein Bild zu machen und von bestimmten Hinweisen auf deren Persönlichkeit zu schließen. Sehen wir etwa, wie eine junge Dame einem Rollstuhlfahrer die Tür aufhält, so nehmen wir an, dass sie aufmerksam und zuvorkommend ist. Eine Person, die erwähnt, dass sie keine Kinder mag, erscheint uns dagegen vielleicht feindselig und selbstsüchtig. Und merken wir, dass sich jemand bei einem anspruchsvollen Film langweilt, denken wir möglicherweise, dass er oder sie oberflächlich ist. Wie wir eine Person beurteilen, hängt also davon ab, welche Eigenschaften und Einstellungen wir ihr zuschreiben.

Das Bild, welches wir uns von einem Menschen machen, ist von der Erwartung beeinflusst, mit der wir ihm begegnen. Dieses Prinzip verdeutlichten Snyder und Kollegen in einem klassischen sozialpsychologischen Experiment (Snyder, Tanke & Berscheid, 1977). Sie baten jeweils 51 Studierende der Universität von Minnesota, an einer Untersuchung über den Prozess des Kennenlernens teilzunehmen, und erklärten ihnen, dass es ihre Aufgabe sei, mit einer Person des anderen Geschlechts ein Telefonat zu führen. Zu diesem Zweck wiesen sie jedem Studenten per Zufallsauswahl eine der teilnehmenden Studentinnen als Gesprächspartnerin zu, wobei sie darauf achteten, dass die Beteiligten sich nicht kannten. Den Teilnehmern wurde ein Fragebogen gegeben, in dem sie sich so beschreiben sollten, dass sich ihre Partnerin ein Bild von ihnen machen konnte. Außerdem wurde gesagt, dass zusätzlich zum Fragebogen auch Fotos ausgetauscht würden. Allerdings handelte es sich dabei um eine Finte. Zwar lag den Unterlagen, die die männlichen Teilnehmer erhielten, ein Foto bei. Sie wussten jedoch nicht, dass es sich bei der abgebildeten Person nicht um ihre Gesprächspartnerin handelte, sondern um eine gezielt ausgewählte Fotografie einer anderen Frau. Eine Hälfte der Probanden erhielt ein Foto einer besonders attraktiven Studentin, die andere Hälfte eines, auf dem eine weniger attraktive Studentin zu sehen war. Alle glaubten jedoch, dass es ein Bild ihrer Gesprächspartnerin sei. Die weiblichen Teilnehmerinnen erhielten dagegen nur den Fragebogen ihres Gesprächspartners. Dass ihr Gegenüber glaubte, ein Bild von ihnen erhalten zu haben, wurde nicht erwähnt.

Nachdem die männlichen Studienteilnehmer die Unterlagen durchgesehen hatten, bat man sie, anzugeben, wie sie ihre Gesprächspartnerin in Bezug auf gewisse Persönlichkeitsmerkmale einschätzten. Dabei zeigte sich, dass das Aussehen die Beurteilung der Person stark beeinflusste. Diejenigen, denen das hochattraktive Foto vorlag, vermuteten, dass ihr Gegenüber gesellig, humorvoll, ausgeglichen und sozial kompetent sei. Die Teilnehmer, denen das Bild einer wenig attraktiven Frau gegeben worden war, schätzten die abgebildete Person im Schnitt als vergleichsweise ungesellig, unbeholfen, ernst und sozial inkompetent ein.

Als die Unterlagen alle ausgefüllt waren, hatten die Teilnehmer Gelegenheit, zehn Minuten mit ihrem jeweiligen Gegenüber zu telefonieren. Da Snyder und Kollegen wissen wollten, wie sich die Erwartungen der Studenten auf das Gespräch ausgewirkt hatten, nahmen sie die Telefonate (mit Wissen der Betroffenen) auf und ließen sie anschließend auswerten. Zu diesem Zweck spielten sie unabhängigen Beurteilern Auszüge aus dem Gespräch vor – entweder den Gesprächsanteil des Mannes oder den der Frau – und baten sie, ihren Eindruck von der jeweiligen Person wiederzugeben. Dabei zeigte sich, dass Frauen, deren Partner dachten, sie seien attraktiv, im Gespräch tatsächlich in angenehmerer Weise auftraten als diejenigen, deren Unterlagen ein wenig attraktives Foto beilag. Die Beurteiler nahmen folglich die scheinbar attraktiven Frauen als geselliger und ausgeglichener wahr und waren der Meinung, dass sie mehr Wärme ausdrückten, sich extravertierter gaben, selbstsicherer auftraten, die Unterhaltung mehr genossen und ihrem Gesprächspartner mehr Sympathie entgegenbrachten als Frauen, deren Partner glaubten, dass sie wenig attraktiv seien.

Wie lässt sich das erklären? Die Auswertung der Gesprächsanteile der Männer zeigte, dass das unterschiedliche Verhalten der Frauen auf die Art und Weise zurückzuführen war, wie sie von ihrem Gegenüber behandelt wurden. Männliche Teilnehmer, die ein attraktives Foto vorgelegt bekommen hatten und auf dieser Basis davon ausgingen, dass ihre Konversationspartnerin z. B. gesellig und humorvoll sei, gaben sich selbst geselliger, interessanter, offener, humorvoller und sozial kompetenter als die Studenten, die aufgrund des weniger attraktiven Fotos weniger positive Erwartungen bezüglich ihres Gegenübers hegten. Hatten die männlichen Teilnehmer also vor dem Gespräch ein positives Bild von ihrer Gesprächspartnerin, verhielten sie sich in der Konversation offener, was sich wiederum positiv auf das Verhalten der

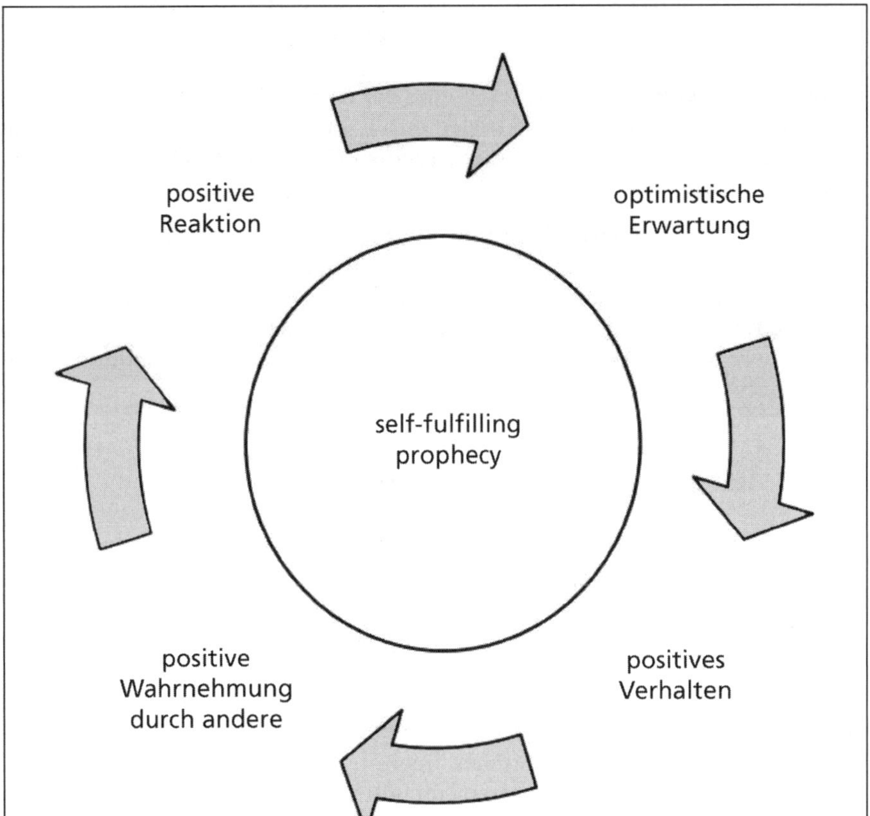

Abb. 7: Kreislauf: Erwartungen wirken auf Verhalten und Reaktionen anderer. Diese wirken zurück auf Erwartungen.

Studentinnen auswirkte. Niedrige Erwartungen führten dagegen zu einem zurückhaltenderen Auftreten der Studenten und somit zu einer vergleichsweise kühlen Reaktion ihrer Partnerin.

Das Phänomen wird als sich selbst erfüllende Prophezeiung (self-fulfilling prophecy) bezeichnet (Merton, 1948) und hat aktuelle Anwendungsperspektiven in Bezug auf Internet-Flirt-Börsen. Nach den beschriebenen Ergebnissen würde ein vorteilhaftes Foto die Chatkommunikation in positiver Weise verändern (vgl. auch Wolf, Spinath & Fuchs, 2005). Die Art, wie Menschen sich selbst und andere sehen, beeinflusst die Art und Weise, wie sie anderen begegnen und folglich auch wie sich ihre zwischenmenschlichen Beziehungen entwickeln – positiv oder negativ.

Ähnliche Effekte konnten in weiteren Studien nachgewiesen werden. Curtis und Miller (1986) zeigten, dass Personen, die glauben, von ihrem Gesprächspartner gemocht zu werden, sich offener geben, mehr zwischenmenschliche Wärme zum Ausdruck bringen, in einer angenehmeren Tonlage sprechen und seltener der Meinung ihres Gegenübers widersprechen. Personen, die hingegen davon ausgehen, von anderen zurückgewiesen zu werden, sehen bestimmte Hinweise in Interaktionen eher als Anzeichen dafür, dass sie abgelehnt werden (vgl. **Abb. 7**), und tragen durch ihr Verhalten dazu bei, dass sich ihr Gegenüber tatsächlich auf abweisendere Art verhält (Downey, Freitas, Michaelis & Khouri, 1998).

Die eigene Erwartungshaltung beeinflusst, wie wir eine Person wahrnehmen. Positive Einstellungen äußern sich in entsprechendem Verhalten eines Menschen und wird auch vom Gegenüber als solche wahrgenommen und erwidert. Durch diesen wechselseitigen Prozess wird die Erwartungshaltung bestätigt und damit gefestigt (self-fulfilling prophecy).

5.1.3 Jede Medaille hat zwei Seiten

Nicht jede positive Erwartungshaltung hat vorteilhafte Konsequenzen. Führt der pure Glaube, von anderen gemocht zu werden (Berscheid & Walster, 1978), dazu, dass sich zwei Menschen annähern, die sich gegenseitig mögen, ist das wunderbar. Allerdings kann eine solche positive Haltung zu Missverständnissen führen, wenn beispielsweise Freundlichkeit mit Zuneigung verwechselt und daher in einer Form erwidert wird, die zwar schmeichelhaft sein mag, aber dennoch als unangenehm empfunden wird. Baumeister und Wotman (1992) stellten in ihren Studien über abgewiesene bzw. nicht erwiderte Zuneigung fest, dass Verehrer oftmals schon sehr kleine Gesten wie ein nettes Wort als Hinweis darauf sehen, dass (noch) Grund zur Hoffnung besteht. Dieses Missverständnis kann selbst dann eintreten, wenn die Person, der die Zuneigung gilt, eine intime Beziehung mit dem Verehrer ausdrücklich ausgeschlossen hat.

Auch bei Menschen, die schon lange ohne feste Bindung leben, zeigt sich die gelegentlich problematische Natur positiver Erwartungen: Es ist ein Merkmal von Singles[1], dass sie häufig zu hohe Ansprüche stellen und beharrlich daran festhalten, obwohl ihre Anstrengungen nicht von Erfolg gekrönt werden. Weibliche Singles setzen beispielsweise die Messlatte für einen potentiellen Partner auch dann hoch an, wenn sie sich selbst nicht als sehr attraktiv beurteilen. Ähnlich stellen männliche Singles, die relativ geringe Ressourcen wie Einkommen oder Bildung zu bieten haben, höhere Ansprüche an eine potentielle Partnerin als vergleichbare Männer, die in einer Partnerschaft leben (Küpper, 2000). Andererseits sind Langzeitsingles insgesamt weniger optimistisch als Menschen, die sich in einer festen Beziehung befinden (Rohmann, Küpper & Schmohr, 1999). Das mag zunächst widersprüchlich erscheinen. Da aber Optimisten dazu neigen, ihre Ziele anzupassen bzw. auf Alternativen auszuweichen, wenn ihre Bemühungen nicht von Erfolg gekrönt sind (Aspinwall & Richter, 1999), lässt sich so der Zusammenhang zwischen negativer Haltung einerseits und hohen, aber unerfüllten Ansprüchen andererseits erklären (vgl. ebenfalls Abschnitt 4.6.2). In einem solchen Fall wäre eine Anpassung der Ansprüche sicherlich die erfolgreichere Strategie, zumal die genannten Befunde selbst auf solche Singles zutreffen, die sich besonders stark nach einem Partner sehnen.

Die Bestätigung einer positiven Erwartungshaltung kann auch zu Missverständnissen führen, wenn etwa Freundlichkeit mit Zuneigung verwechselt wird. Jedoch bleiben zu hohe Ansprüche oft unerfüllt, was gepaart mit mangelndem Optimismus und Schüchternheit das Zustandekommen einer Beziehung behindert. Eine erfolgreichere Strategie wäre die Anpassung der Ansprüche.

5.1.4 Schüchternheit und das Gelingen von Beziehungen

Schüchternheit behindert häufig das Zustandekommen von Beziehungen. In verschiedenen Studien zeigte sich, dass negatives Denken dabei bedeutsam ist. Beispielsweise berichten schüchterne Menschen häufiger als andere negative Gedanken in Bezug auf sich selbst und geben an, vor einer schlechten Beurteilung durch andere Angst zu haben (Turner, Beidel & Larkin, 1986). In einer Studie von Clark und Arkowitz (1975) schätzten überwiegend schüchterne Männer ihre sozialen Fähigkeiten als niedriger und ihre Nervosität als höher ein als Beobachter es taten. In anderen Studien zeigte sich, dass schüchterne Menschen niedrigere Selbstwirksamkeitserwartungen haben (Hopf & Colby, 1992) und zu pessimistischen Erklärungsmustern neigen (Alfano, Joiner & Perry, 1994), insbesondere im zwischenmenschlichen Kontext (Teglasi &

1 In diesem Zusammenhang sind damit nicht Personen gemeint, die vorübergehend ohne Partner sind, sondern solche, deren letzte Beziehung schon relativ lange zurückliegt.

Hoffman, 1982). Außerdem stellten Caprara und Kollegen (Caprara, Steca, Cervone & Artistico, 2003) in einer Längsschnittuntersuchung fest, dass Jugendliche, die zum Zeitpunkt der ersten Messung über eine vergleichsweise hohe soziale Selbstwirksamkeit verfügten, zwei Jahre später weniger schüchtern waren als zu Beginn der Studie. Ihr Vertrauen in ihre zwischenmenschlichen Fähigkeiten hatte es ihnen offensichtlich ermöglicht, im Laufe der Zeit ihre Schüchternheit abzubauen – wahrscheinlich auch durch positive Erfahrungen, die sie in dieser Zeit gemacht hatten.

Murray und Kollegen (Murray, Holmes, Griffin, Bellavia & Rose, 2001) stellten fest, dass Personen, die von Selbstzweifeln geplagt waren, die Liebe ihres Partners unterschätzten und diesen infolgedessen weniger positiv wahrnahmen. Die Selbstzweifel wie auch die Unterschätzung der Liebe der Partner führten ihrerseits dazu, dass sie in ihrer Beziehung unzufriedener und weniger zuversichtlich waren.

5.2 Positive Illusionen und Ähnlichkeit

Eines der beliebtesten Theaterstücke von William Shakespeare ist „Ein Sommernachtstraum“. In der Komödie treibt ein Waldgeist namens Droll sein Unwesen und verursacht durch seine Streiche ein heiteres Chaos. Er streift zu seiner Belustigung (und der des Publikums) durch die Wälder und bringt auf magische Weise einige Protagonisten dazu, sich ineinander zu verlieben. In einer der Szenen verliert die Elfenkönigin Titania ihr Herz an den Handwerker Zettel, obwohl auf dessen Schultern der Kopf eines Esels sitzt. Zettel selbst ist von Titanias Zuneigung überrascht. Der aus dieser Szene stammende Ausschnitt beginnt mit Titania, die durch Zettels Gesang aus dem Schlaf geweckt wurde:

Titania: Ich bitte dich, Du holder Sterblicher,
Sing' noch einmal! Mein Ohr ist ganz verliebt
In deine Melodie; auch ist mein Auge
Betört von deiner lieblichen Gestalt;
Gewaltig treibt mich deine schöne Tugend,
Beim ersten Blick dir zu gesteh'n, zu schwören:
Dass ich dich liebe.

Zettel: Mich dünkt, Madam, sie könnten dazu nicht viel Ursache haben. Und doch, die Wahrheit zu sagen, halten Vernunft und Liebe heutzutage nicht viel Gemeinschaft. Schade, dass ehrliche Nachbarn sie nicht zu Freunden machen wollen! […]

Titania: Du bist so weise, wie du reizend bist.

Zettel: Das nun just auch nicht. Doch, wenn ich Witz genug hätte, um aus diesem Walde zu kommen, so hätte ich just so viel, als mir nötig täte. (Shakespeare, 1623/1987, S. 527 f.)

Die Szene endet damit, dass Droll den Zauber von Titanias Augen nimmt und diese beim erneuten Anblick ihres Angebeteten in Eselsgestalt ausruft: „O wie mir nun vor dieser Larve graut!" (S. 544).

So manchem mag diese Szene gar nicht so wirklichkeitsfern erscheinen. Schließlich kommt es oft genug vor, dass Personen im Objekt ihrer Zuneigung Dinge sehen, die andere, oft sogar der bzw. die Angebetete selbst, in dieser Form nicht erkennen (Murray, Holmes & Griffin, 1996a). Wie viele Studien belegen, ist das Bild, das Menschen sich von einer geliebten Person machen, oft stark ins Positive verzerrt. Dies geschieht beispielsweise bei der Wahrnehmung der Ähnlichkeit zueinander.

Wir mögen diejenigen, die uns ähnlich sind

Wie schon erwähnt, erhöht wahrgenommene Ähnlichkeit die Attraktivität: Menschen fühlen sich eher von solchen Personen angezogen, die ihnen in physischen, psychischen und sozialen Merkmalen ähnlich sind (vgl. Mikula & Stroebe, 1991). Das ist ein Grund, weshalb sich Ehepaare in physischer Attraktivität und Gesichtsmerkmalen ähnlich sind, ebenso wie in ihrem Bildungsgrad, ihrer Intelligenz, gewissen Persönlichkeitsmerkmalen, ihrem Selbstkonzept, politischen und religiösen Überzeugungen, ihrem Bindungsstil sowie in ihren Einstellungen zu Partnerschaft und Liebe (vgl. Lösel & Bender, 2003). Allerdings gilt auch umgekehrt, dass man sich im Laufe einer harmonischen Beziehung ähnlicher wird.

Wir halten die für ähnlich, die wir mögen

Neben den oben berichteten Befunden, dass Ähnlichkeit Attraktivität fördert, gilt auch der umgekehrte Effekt. Wir nehmen diejenigen als uns ähnlich wahr, die wir mögen. Menschen tendieren dazu, zu glauben, dass die Person, der ihre Zuneigung gilt, ihnen weitaus ähnlicher sei, als es in Wirklichkeit der Fall ist (Bierhoff, Grau & Ludwig, 1993). Außenstehende Beobachter mögen diesen Trend bedenklich finden, auf die Beziehungsqualität wirkt sich die wahrgenommene Ähnlichkeit jedoch vorteilhaft aus (Hassebrauck, 1990). Wenn wir glauben, dass unser Partner in wichtigen Punkten so denkt und fühlt wie wir selbst, dann hat das verständlicherweise günstigen Einfluss auf unsere Beziehungszufriedenheit.

5.3 Idealisierung des Partners

Die vorteilhafte Wirkung Positiven Denkens auf die Partnerschaftsqualität heben vor allem die Arbeiten der Forschergruppe um Sandra Murray und John Holmes hervor, die untersuchten, welchen Einfluss eine idealisierte Vorstellung des Partners auf die Beziehung hat. Während die meisten Menschen sicherlich argumentieren würden, dass eine realistische Sichtweise unbedingt notwendig ist, um vor Enttäuschung und bösem Erwachen bewahrt zu bleiben, kommen Murray und Kollegen (Murray et al., 1996a) zu dem Ergebnis, dass gerade die Partnerschaften, in denen die Partner einander am stärksten idealisieren, auf Dauer am glücklichsten sind. Sie baten verheiratete wie unverheiratete Paare, jeweils sich selbst, ihren Partner und ihre Vorstellung des idealen Partners per Persönlichkeitsfragebogen zu beschreiben. Zusätzlich erhoben sie Angaben zu verschiedenen Beziehungsmerkmalen wie Zufriedenheit und Konflikthäufigkeit. Dabei zeigte sich, dass viele Personen ihren Partner nicht nur hoch positiv einschätzten, sondern dass sich das Bild von ihm bzw. ihr stark mit den Angaben über die eigene Person sowie über den idealtypischen Partner deckte. Um zu überprüfen, ob diese Beschreibungen mit der Realität übereinstimmen oder ob die fraglichen Personen bloß positiv getönte Bilder ihres Partners hatten, wurde die Beurteilung des Partners mit dessen Selbsteinschätzung verglichen, sowie, in einer weiteren Studie, mit der Einschätzung des Partners durch Freunde (Murray, Holmes, Dolderman & Griffin, 2000). Dabei stellte sich heraus, dass die Untersuchungsteilnehmer tatsächlich kein wirklichkeitsgetreues Bild ihrer Partner hatten: Sie beurteilten sie weitaus positiver als diese es selbst taten und darüber hinaus auch positiver als gute Freunde des Partners es taten. Insbesondere die letztgenannte Beurteilung ist wichtig, da man meinen könnte, die beschriebenen Partner seien vielleicht nur bescheiden gewesen. Die Tatsache, dass die Beschreibenden ihren Partner positiver beurteilten als es gute Freunde der Partner taten, kann jedoch als sicheres Indiz dafür gelten, dass ihr Bild vom Partner positiv verzerrt war.

Wahrgenommene Ähnlichkeit ist häufig mit einem stark ins Positive verzerrten Bild der geliebten Person verbunden. Dennoch sind die meisten Beziehungen einander idealisierender Partner glücklicher, vertrauensvoller und dauerhafter als Partnerschaften weniger positiv illusorischer Menschen.

Gefährliche Verzerrungen?

Dieser Befund könnte Anlass zur Sorge geben. Schließlich ließe sich argumentieren, dass es nicht gut sein kann, sich an eine Person zu binden, die nicht wirklich dem Bild entspricht, welches man von ihr hat, und dass die Enttäuschung umso größer ist, wenn man merkt, dass der Partner doch nicht dem Wunschbild entspricht. Allerdings zeigen die Studien von Murray und Kollegen das Gegenteil: Idealisierung stand mit Zufriedenheit in Zusammenhang. Beachtlich ist, dass es sich dabei nicht nur um kurzfristige Effekte handelte. Als man Teilnehmer bis zu einem Jahr nach der ersten Erhebung erneut befragte, zeigte sich, dass Paare, bei denen die Partner eine überhöht positive Sichtweise voneinander hatten, sich seltener getrennt hatten und nach wie vor höhere Zufriedenheit berichteten (Murray et al., 1996b; Murray & Holmes, 1997). Zwar hatte ihre Zufriedenheit im Laufe der Zeit etwas abgenommen, aber weniger als bei den Paaren, die einander vergleichsweise wenig idealisierten. Ein weiterer interessanter Effekt der genannten Untersuchung war, dass sich das Selbstbild der stark idealisierten Partner mit der Zeit dem Bild anglich, welches ihr Lebensgefährte von ihnen hatte (Murray et al., 1996b). Ob es sich dabei um eine tatsächliche Veränderung handelte oder ob sich lediglich die Selbsteinschätzung des idealisierten Partners veränderte, dieser quasi den Worten des Partners mit der Zeit Glauben schenkte, ist nicht klar.

Lässt sich aus den Befunden schließen, dass Personen, die mit ihrer Beziehung glücklich sind, in Wirklichkeit nur einen Frosch als Partner haben, ihn jedoch fälschlicherweise für einen Prinzen bzw. eine Prinzessin halten? Wenngleich die zitierten Ergebnisse diesen Anschein erwecken mögen, gibt es doch einige Einschränkungen, die eine solche Sicht relativieren. Zwar berichteten die Untersuchungsteilnehmer tatsächlich eine überhöht vorteilhafte Sicht ihres Partners, dennoch war sie in aller Regel von dessen Selbsteinschätzung nicht völlig abweichend. Selbst bei starken Verzerrungen ins Positive existierte immerhin eine Schnittmenge, d. h. die Partner waren sich über bestimmte grundlegende Punkte einig. Die Unterschiede lagen darin, wie Partner diesen gemeinsamen Wahrheitskern interpretierten. Wie Murray und Holmes (1993) zeigten, sind Menschen motiviert, ihren Partner in möglichst günstigem Licht zu sehen. Wurden die Teilnehmer ihrer Studie auf Fehler oder Schwächen ihres Partners hingewiesen, die sie nicht leugnen konnten, verwendeten sie Deutungen, mit denen der Partner gut abschnitt. Eine typische Deutung war, Schwächen gar nicht als solche anzusehen, sondern sie direkt in Stärken umzumünzen. Beispielsweise wurde der Partner nicht als faul und unzuverlässig wahrgenommen, sondern z. B. wegen seiner „herrlich entspannten Lebensphilosophie“ bewundert. Andere gestanden sich zwar ein, dass der Partner eine bestimmte Schwäche hatte, versuchten aber, dieser etwas Positives abzugewinnen („Es hilft mir, ein verständnisvollerer und geduldigerer Mensch zu sein.“) oder sie als Teil einer wünschenswerten Eigenschaft zu konstruieren („Ja, er ist zwar manchmal unnachgiebig, aber genau das macht seine Integrität aus.“). Andere Strategien waren, den Fehler einzugestehen und auch nicht zu beschönigen, aber im Gegenzug zu erwähnen, dass der Partner andere, wunderbare Seiten habe, die den Fehler aufwiegen würden („Sie ist zwar launisch, aber dafür kann sie sehr zärtlich sein.“), oder zu sagen, dass man die Schwäche ja irgendwie reizend fände („Er ist zwar etwas exzentrisch, aber das macht ihn einfach so besonders.“).

Hiervon abgesehen vermuten Murray et al. (1996a), dass die Verzerrung dadurch zustande kommen könnte, dass Personen ihren Partner durch den Filter ihrer Ideale sehen. Genauer gesagt: Menschen legen ihre Vorstellung vom Traummann bzw. von der Traumfrau als Schablone an ihren Partner an, um zu überprüfen, ob er dieses Schema erfüllt. Verhält sich ihr Partner nun in einer Art und Weise, die in das Schema passt, so sehen sie das möglicherweise einfach als Bestätigung ihrer Hoffnungen an. Dabei wird der Prozess sicherlich von der Tendenz gestützt, generell positiv konnotiertes Verhalten als dauerhaftes Persönlichkeitsmerkmal des Partners zu sehen und negatives

Verhalten als situationsbedingte Ausnahme. Dennoch sind Personen – wenn sie konkret danach gefragt werden – durchaus in der Lage, Fehler und Schwächen ihres Partners zu benennen, wenngleich diese in ihrem Urteil nicht so schwer wiegen wie positive Eigenschaften (Murray & Holmes, 1993).

Verschiedene Studien belegen, dass Positives Denken in gewissen Situationen ein zweischneidiges Schwert ist. McNulty und Karney (2004) baten frisch verheiratete Ehepaare, anzugeben, wie sie die Entwicklung ihrer Partnerschaftszufriedenheit in der Zukunft einschätzten. Zusätzlich erfassten sie die Ausgangsbasis der Paare anhand verschiedener Aspekte, z. B. des Konfliktverhaltens sowie der Art, wie sich die Partner das Verhalten des anderen erklärten. Im Laufe der ersten vier Ehejahre ermittelten sie dann in regelmäßigen Abständen die Zufriedenheit der Paare und untersuchten, wie diese mit den zu Beginn geäußerten Erwartungen zusammenhing. Dabei zeigte sich, dass die Erwartungen günstig waren, sofern sie mit der tatsächlichen Beziehungsqualität übereinstimmten. War das Erklärungsmuster bzw. das Konfliktverhalten der Paare zu Beginn der Ehe positiv, wirkten sich hohe Erwartungen auch günstig auf die Paarzufriedenheit aus. Hatten Partner dagegen trotz der positiven Ausgangssituation eine pessimistische Prognose geäußert, so resultierte das in einer deutlichen Abnahme der Paarzufriedenheit. Umgekehrt wirkten sich hohe Erwartungen dann negativ auf die Zufriedenheit aus, wenn die Ausgangsbasis der Beziehung ungünstig war. Wenn die Erwartungen bei ungünstiger Ausgangslage dagegen niedrig waren, blieb die Zufriedenheit relativ stabil. Sehr unrealistische positive Sichtweisen scheinen also problematisch zu sein. Helgeson (1994) zeigte, dass optimistische Erwartungen in Bezug auf die Beziehung zwar mit größerer Beziehungsstabilität zusammenhingen, andererseits aber größere psychische Belastungen zur Folge hatten, wenn die Beziehung wider Erwarten in die Brüche ging. Die Gefahr positiver Sichtweisen besteht darin, dass sie Enttäuschungen verursachen können. Pessimisten wappnen sich gleichsam gegen diese Gefahr, opfern hierfür aber die Chance auf höhere Zufriedenheit.

5.4 Erklärungen für Verhaltensweisen in Partnerschaften

Um bestimmte Prozesse in Beziehungen zu verdeutlichen, bedient sich der amerikanische Paarforscher John Gottman der Analogie des Bankkontos (Gottman & Silver, 1999). Etwas vereinfacht gesagt: Alle Menschen wollen auf ihrem Bankkonto ein saftiges Plus verzeichnen. Um sicherzustellen, dass man den Punkt, an dem man mit seinem Kontostand zufrieden ist, aufrechterhält, muss man jedoch gewissen Verhaltensregeln folgen. Die wichtigste davon ist, niemals mehr abzuheben, als man vorher eingezahlt hat (oder zumindest möglichst bald nach dem Abheben wieder genügend einzuzahlen, um die Kosten zu decken). Wer sich nicht an diese Regeln hält, wird sich früher oder später im Minus wiederfinden.

Abb. 8: Erklärungen für Verhaltensweisen in Beziehungen am Beispiel des Cartoons Calvin & Hobbes

Ähnliches lässt sich über zwischenmenschliche Beziehungen sagen. Kommt ein Mann jeden Abend spät von der Arbeit nach Hause in der Erwartung, dass der Haushalt tipptopp in Ordnung ist, die Kinder im Bett sind, das Essen für ihn bereitsteht und er sich nun für den Rest des Abends gemütlich vor den Fernseher setzen kann, während seine Frau ihn mit Snacks bedient, wird er sich früher oder später nicht nur im Minus, sondern möglicherweise draußen vor der Tür wiederfinden. Möglicherweise könnte diese Konsequenz für den Mann jedoch völlig unverständlich, ja sogar als ungerecht und egoistisch seitens seiner Frau erscheinen. Er könnte also der Ansicht sein, dass sein täglicher Einsatz zur Ernährung der Familie eine besonders große Einzahlung sei, die sämtliche Abzüge wieder ausgleicht. Dabei ahnt er möglicherweise gar nicht, dass seine Überstunden für seine Frau keine Einzahlung, sondern vielmehr eine hohe Belastung des Beziehungskontos darstellen.

Obwohl dieser Vergleich hinkt, so verdeutlicht es doch, dass die Verwaltung des Beziehungskontos in der Regel um einiges komplizierter und erfahrungsgemäß schwerer vorhersehbar ist als die Führung eines regulären Bankkontos. Wie bestimmt wird, was eine Einzahlung bzw. einen Abzug vom Konto darstellt, ob auf dem Beziehungskonto schwarze oder rote Zahlen geschrieben stehen und wieso es zu so unterschiedlichen Meinungen über den gemeinsamen Kontostand kommt, darüber gibt die Forschung zu Erklärungsmustern in Partnerschaften Aufschluss.

Eine Beziehung ist wie ein Bankkonto, nur komplizierter zu führen. Belastungen kosten Zinsen – oder womöglich die ganze Beziehung.

Schuld und Sühne

Bei einem Geschehnis – ob erfreulich oder unerfreulich –, das sich im Rahmen einer Partnerschaft ereignet, spielt es eine wichtige Rolle, wie das Zustandekommen dieses Geschehnisses erklärt wird. Ähnlich wie in der Optimismusforschung beschäftigen sich Wissenschaftler, die Erklärungsmuster in intimen

Beziehungen untersuchen, mit der Frage, worauf Personen dieses Geschehen zurückführen, und versuchen zu erfassen, wie sich die Erklärung auf das Individuum sowie auf die Partnerschaft auswirkt. Dabei geht es im Paarbereich vor allem um die Frage, welche Verantwortung für ein Ereignis dem Partner zugeschrieben wird. Die Begriffe internal und external beziehen sich in diesem Kontext also auf die Frage, ob der Partner verantwortlich ist (internal) oder ob äußere Umstände das Ereignis verursacht haben (external). Ist die Ursache internal, so wird häufig zusätzlich zu den Merkmalen der Stabilität und Globalität erfasst, ob dem Partner eine wohlwollende oder eine feindselige Absicht unterstellt wird und ob ihm das Ereignis positiv angerechnet wird oder ob Schuldvorwürfe gemacht werden. Die Art, wie man sich bestimmte Ereignisse erklärt, hat großen Einfluss auf Gesundheit und Erfolg der Beziehung.

Individuelle Erklärungsmuster spiegeln eine Beziehung. Herrscht ein wohlwollender Erklärungsstil, sind Beziehungen zufriedener und stabiler. Pessimistische Erklärungen hingegen behindern das Lösen von Konflikten und beeinträchtigen nachhaltig die Stabilität und Qualität einer Beziehung.

Typische Erklärungsmuster

Wie schon im einführenden Beispiel erwähnt, gelangen Partner bei ihrem Urteils- und Erklärungsprozess häufig zu unterschiedlichen Ergebnissen. Eine wichtige Rolle spielt dabei das individuelle Erklärungsmuster, d. h. ob man versucht, Ereignisse in positivem Licht zu sehen oder ob man das Geschehen eher argwöhnisch beurteilt. Um Erklärungsmuster in Beziehungen erfassen zu können, wird den Untersuchungsteilnehmern in der Regel ein Fragebogen vorgelegt, der bestimmte, in Beziehungen typischerweise auftretende Verhaltensweisen auflistet (z. B. „Ihr Partner kritisiert etwas, das Sie gesagt haben", „Ihr Partner verbringt merkbar weniger Zeit mit Ihnen"). Die Teilnehmer werden dann gebeten, anzugeben, inwiefern das jeweilige Ereignis bzw. Verhalten seine Ursache beim Partner hat, wie stabil und global diese Ursache ist, inwieweit der Partner dieses Verhalten beabsichtigt hat, selbstsüchtig motiviert war und inwiefern ihm deshalb Schuld zuzuweisen ist. Zusätzlich dazu wird die Zufriedenheit mit der Beziehung erfasst.

Personen mit optimistischem Erklärungsmuster gehen davon aus, dass positive Ereignisse auf zeitlich überdauernde (stabil), sämtliche Bereiche beeinflussende (global) Eigenschaften des Partners (internal) zurückzuführen sind, negative Ereignisse hingegen durch die Situation bedingt sind (external), nur in einem bestimmten Zusammenhang auftreten (spezifisch) und insgesamt nur die Ausnahme darstellen (instabil). Außerdem glauben optimistisch denkende Personen, dass hinter positivem Verhalten eine gute Absicht steckt und dass negatives Verhalten unbeabsichtigt und eigentlich nicht so gemeint ist. Kommt der Ehemann etwa abends mit Blumen nach Hause, wird eine Frau mit wohlwollendem Erklärungsstil davon ausgehen, dass er sehr aufmerksam ist (internal, stabil und global) und ihr einfach eine Freude machen wollte (positive Absicht). Macht er dagegen eine verletzende Bemerkung, wird sie vermutlich annehmen, dass an seiner Arbeitsstelle etwas schief gelaufen sein muss (external, instabil und spezifisch) und dass die Bemerkung anders herauskam als er das eigentlich beabsichtigte (keine böswillige Absicht).

Personen mit negativem Erklärungsstil tendieren hingegen dazu, negatives Verhalten auf internale, stabile und globale Ursachen zurückzuführen, und gehen von einer boshaften oder zumindest nicht wohlwollenden Absicht aus. Positives Verhalten hingegen beruht nach Ansicht von Personen mit negativem Erklärungsstil auf externalen, instabilen und spezifischen Ursachen. Sie glauben nicht, dass hinter dem genannten Verhalten eine wohlwollende Intention steht. Kommt eine Frau z. B. zu spät zum gemeinsamen Dinner, könnte ein pessimistischer Mann davon ausgehen, dass seine Partnerin einfach unzuverlässig ist (internal, stabil, global) und vorher mit etwas beschäftigt war, das ihr offensichtlich mehr bedeutete als die Verabredung (negative Absicht). Kommt er aber mit einem wunderschönen Blumenstrauß nach Hause, so könnte seine ebenfalls pessimistisch denkende Frau misstrauisch werden. Sie könnte vermuten, die Idee stamme gar nicht von ihm (external) und er mache das bloß, damit sie ihm einen Gefallen tue (instabil, spezifisch, keine wohlwollende Absicht). Naheliegend wäre auch die Annahme, er habe ein schlechtes Gewissen angesichts einer ihr noch nicht bekannten Verfehlung.

Dass die Art, wie Personen sich das Verhalten ihres Partners erklären, auch die Qualität und die Stabilität der Beziehung beeinflusst, dürfte nicht überraschen. Kehren wir zur Analogie des Bankkontos zurück: Gottman (1994) geht aufgrund seiner Untersuchungen davon aus, dass das Verhältnis von positiven zu negativen Interaktionen in einer Partnerschaft mindestens 5:1 betragen muss, damit diese von den Partnern noch als zufriedenstellend beurteilt wird und stabil bleibt. Für jede Abbuchung vom Beziehungskonto müssen also fünf Einzahlungen vorgenommen werden. Dieses Verhältnis ist verständlicherweise schwieriger aufrechtzuerhalten, wenn positives Verhalten nicht als solches anerkannt und somit nicht als Einzahlung angesehen wird und wenn negative Ereignisse dem Partner auf Dauer zugeschrieben werden. Im Gegensatz dazu dürfte es für Paare leichter sein, schwarze Zahlen auf ihrem Beziehungskonto zu verbuchen, wenn in ihrer Beziehung positive wie negative Ereignisse und Verhaltensweisen auf optimistische Art und Weise interpretiert werden.

Nach Gottman (1994) ist ein Verhältnis von fünf positiven zu einer negativen Interaktion für die Erhaltung einer stabil positiven Partnerschaft notwendig.

Tatsächlich konnte eine Vielzahl von Studien nachweisen, dass Beziehungen, in denen ein wohlwollendes Erklärungsmuster vorherrscht, stabiler und von mehr Zufriedenheit geprägt sind als solche, in denen das Verhalten des Partners auf pessimistische Weise erklärt wird (vgl. Bradbury & Fincham, 1990).

Erklärungen und Paarstabilität

Längsschnittuntersuchungen haben gezeigt, dass Paare, die ein pessimistisches Erklärungsmuster aufweisen, mit der Zeit eine niedrigere Partnerschaftszufriedenheit berichten und sich häufiger voneinander trennen bzw. scheiden lassen als Paare, die eher zu optimistischen Erklärungen neigen (Fincham & Bradbury, 1993; Fincham, Beach, Harold & Osborne, 1997; Fincham, Harold & Gano-Phillips, 2000).

Es zeigte sich, dass der schädliche Einfluss pessimistischer Erklärungsmuster nicht durch andere Faktoren wie Depressivität (Fincham, Beach & Bradbury, 1989) oder negative Affektivität (Karney, Bradbury, Fincham & Sullivan, 1994) erklärt werden kann und dass die Ansichten über den Partner die Beziehungsqualität stärker beeinflussen als umgekehrt (Fincham, Harold & Gano-Phillips, 2000). Das geschieht zum einen direkt durch die Art und Weise, wie Personen einzelne Episoden aus ihrem gemeinsamen Leben beurteilen, zum anderen aber auch durch das daraus resultierende Verhalten. So wurde etwa deutlich, dass feindselige Erklärungen das Lösen von Beziehungskonflikten und -problemen behindern (vgl. Fincham, Beach & Nelson, 1987). Das zeigte sich in einer Studie von Bradbury und Fincham (1992), die feststellten, dass Personen, die pessimistische Erklärungen für ihre Eheprobleme lieferten, in Interaktionen mehr negatives Verhalten und weniger effektives Problem- und Konfliktlöseverhalten an den Tag legten. Das gilt insbesondere für Frauen, die nicht nur häufiger negatives Verhalten zeigten, sondern auch im Laufe der Interaktion stärker als Männer das negative Partnerverhalten erwiderten (Bradbury & Fincham, 1992; Miller & Bradbury, 1995). Insbesondere dieses zuletzt genannte Verhalten stellt laut Gottman (1994) ein großes Risiko dar, weil das Erwidern negativen Partnerverhaltens zu einem Zyklus destruktiver Verhaltensweisen führt, welche die Stabilität der Beziehung stark gefährden.

Pessimistische Erklärungen haben also eine Reihe dysfunktionaler Verhaltensweisen und verminderte Beziehungsqualität und -stabilität zur Folge. Optimistische Erklärungsmuster erlauben es, den Partner trotz unerwünschter Ereignisse im Großen und Ganzen positiv zu beurteilen, wodurch sie die Zufriedenheit trotz gelegentlicher negativer Erfahrungen sichern (Kalicki, 2002). Allerdings muss in diesem Zusammenhang darauf hingewiesen werden, dass auch in langfristigen Paarbeziehungen die wohlwollende Sicht nicht zu weit getrieben werden darf. Es ist dysfunktional, wenn inakzeptables Verhalten wie häusliche Gewalt erduldet wird, weil das Opfer das Verhalten des Täters auf instabile Ursachen außerhalb dessen Charakters zurückführt (Andrews & Brewin, 1990). Wie auch in anderen Bereichen darf Positives Denken in Beziehungen nicht so weit gehen, dass Personen Situationen akzeptieren, durch die sie massiv geschädigt werden.

5.5 Selbstwirksamkeit und Kontrollüberzeugungen in Partnerschaften

Bekommt ein Paar Nachwuchs, stellt dies einen radikalen Einschnitt in die Beziehung dar. Das Neugeborene beansprucht Aufmerksamkeit und andere Ressourcen, die oftmals von der Partnerschaft abgezogen werden. Viele noch unerfahrene Eltern sind auf die zusätzliche Belastung nur ungenügend vorbereitet, was häufig die Ursache von Konflikten ist. Daher überrascht es nicht, dass die Geburt eines Kindes für viele Paare die Beziehungsqualität reduziert (vgl. Twenge, Campbell & Foster, 2003). Das muss aber nicht so sein. Shapiro, Gottman und Carrere (2000) konnten beispielsweise zeigen, dass eine Geburt sich auch positiv auf die Zufriedenheit auswirken kann, wenn beide Partner entsprechend vorbereitet sind. Eine Eigenschaft, die sich in diesem Zusammenhang als wichtig erwiesen hat, ist Selbstwirksamkeit. So stellten Binda und Crippa (2000) fest, dass die Überzeugung der Partner, gute Eltern sein zu können, die Beziehungszufriedenheit beeinflusste. Berichteten Frauen ein hohes Maß an Selbstwirksamkeit, wirkte sich dies positiv auf die Zufriedenheit der Ehemänner aus und stärkte zugleich deren eigene Überzeugung, der Rolle des Vaters gerecht werden zu können. Die Zufriedenheit der Männer wiederum wirkte sich günstig auf deren Frauen aus, so dass die Ehe durch die wechselseitige positive Beeinflussung gestärkt und die Paarzufriedenheit gefördert wurde. Dieser Effekt ließ sich auch in anderen Studien bestätigen, in denen die Selbstwirksamkeit der frisch gebackenen Eltern ihre Zufriedenheit mit der neuen Rolle beeinflusste (Elek, Hudson & Bouffard, 2003).

Doch auch jenseits von Elternschaft ist eine hohe Selbstwirksamkeit wichtig, um die Partnerschaftsqualität zu erhalten. Hu, Zhang und Li (2005) stellten beispielsweise fest, dass niedrige Selbstwirksamkeitserwartungen mit größerer Eifersucht zusammenhängen, was eine Eigenschaft ist, die sich wiederum negativ auf die Beziehung auswirken kann (Guerrero & Andersen, 1998; Paik, Laumann & van Haitsma, 2004). Darüber hinaus demonstrierten Makoul und Roloff (1998), dass Personen, die ein geringes Maß an Selbstwirksamkeit besitzen, dazu neigen, viele Probleme nicht anzusprechen und mögliche Beschwerden für sich zu behalten. Da sie sich nicht zutrauen, ihren Partner angemessen konfrontieren und zur Veränderung bewegen zu können, behalten sie ihre Gedanken lieber für sich. Dies führt jedoch dazu, dass die Schwierigkeiten fortbestehen und die Beziehung nur schwer gedeihen kann. Daher ist es nicht überraschend, dass diejenigen, die in Makouls und Roloffs Studie geringe Selbstwirksamkeit berichteten, im Vergleich zu den hoch selbstwirksamen Teilnehmern vergleichsweise unzufrieden mit ihrer Beziehung waren.

Ähnliches zeigte sich im Zusammenhang mit Kontrollüberzeugungen. So belegen verschiedene Untersuchungen, dass Personen mit hoher internaler Kontrollüberzeugung sich aktiver am Gespräch beteiligen, wenn es darum geht, Probleme in der Beziehung zu erörtern (Doherty & Ryder, 1979; Miller,

Lefcourt, Holmes, Ware & Saleh, 1986). Im Gegensatz zu Personen mit externaler Überzeugung, die eher dazu neigen, Konfrontationen zu vermeiden, versuchen Menschen mit internaler Überzeugung, die Probleme offen anzusprechen und zielstrebig auf eine Lösung hinzuarbeiten. Zwar könnte man argumentieren, dass diese Art, mit Konflikten umzugehen, nicht immer von Vorteil sein muss. Schließlich bergen Gespräche über Reibungspunkte das Potential der Eskalation und schaden dadurch mehr als sie helfen. Allerdings konnten Miller und Kollegen zeigen, dass diejenigen mit hoher internaler Kontrollüberzeugung zugleich effektiver kommunizieren und Probleme lösen konnten und somit auch glücklicher waren.

Was passiert jedoch, wenn zwei Personen mit externalen oder mit unterschiedlichen Kontrollüberzeugungen eine Beziehung eingehen? Die bisher zitierten Befunde legen Folgendes nahe: Paare, die glauben, ihr Glück sei nicht unmittelbar zu beeinflussen, neigen eher dazu, auftretende Probleme stillschweigend zu erdulden und sie auszusitzen, anstatt sie zu thematisieren und zu bewältigen. Dies mag oberflächlich als die einfachere Strategie erscheinen. Es kann jedoch eine große Belastung darstellen, wenn man mit Irritationen und Problemen leben und darauf hoffen muss, dass sich eines Tages etwas daran ändert. Geraten solche Paare in eine ernsthafte Krise, ist es vorstellbar, dass sie sich nicht um Hilfe bemühen (z. B. im Sinne einer Paartherapie oder Eheberatung), sondern glauben, dass sie einfach nicht gut genug zusammenpassen und beide mit einem anderen Partner glücklicher wären.

Bei Partnern mit unterschiedlichen Ansichten über die Kontrollierbarkeit ihrer Situation könnte es zu ähnlichen Schwierigkeiten kommen. So ist es plausibel, dass sie Probleme damit haben werden, sich auf eine gemeinsame Lösungsstrategie zu einigen. Während etwa der „externale“ Mann der Meinung ist, dass es unsinnig wäre, an bestimmten problematischen Aspekten zu arbeiten, weil man sie sowieso nicht ändern kann („Männer und Frauen sind eben unterschiedlich“ oder „So wurde ich nun mal erzogen“), entsteht bei seiner „internalen“ Frau möglicherweise der Eindruck, dass er sich in Ausreden flüchtet, weil ihre Bedürfnisse ihm nicht wichtig sind oder er zu bequem ist, sich zu ändern. Kommen Partner mit solchen unterschiedlichen Ansichten zusammen, ist es leicht nachvollziehbar, dass gewisse Konflikte schwer zu lösen sind, weil die eine Partei daran arbeiten möchte, die andere darin jedoch keinen Sinn sieht. Dennoch werden aufgrund der Bemühungen des „internalen“ Partners bzw. der „internalen“ Partnerin mehr Probleme beseitigt als in Beziehungen, in denen beide Partner nur wenig an die eigenen Beeinflussungsmöglichkeiten glauben.

Folglich dürften Paare, bei denen die Partner eine externale bzw. eine voneinander unterschiedliche Kontrollüberzeugung aufweisen, weniger glücklich sein als solche, die glauben, ihre Situation selbst kontrollieren oder maßgeblich beeinflussen zu können. Tatsächlich konnten Camp und Ganong (1997) diese Vermutungen bestätigen. Sie befragten Ehepaare bezüglich ihrer individuellen Kontrollüberzeugungen und verglichen diese mit der Zufriedenheit der Partner. Dabei kamen sie zu dem Ergebnis, dass diejenigen Paare am glücklichsten waren, bei denen beide Eheleute eine internale Kontrollüberzeugung aufwiesen, während solche mit zwei externalen Partnern die geringste Zufriedenheit berichteten. Ehen, in denen sich die Überzeugungen von Mann und Frau unterschieden, lagen in ihrer berichteten Zufriedenheit zwischen den internalen und den externalen Paaren. Besonders interessant waren allerdings die folgenden Befunde: Camp und Ganong fanden heraus, dass die Zufriedenheit der Eheleute am stärksten von ihrer eigenen Kontrollüberzeugung abhängig war. Internal orientierte Personen waren mit ihrer Beziehung (unabhängig vom Partner) insgesamt glücklicher als external orientierte. Menschen sind also generell zufriedener, wenn sie das Gefühl haben, dass sie ihre Partnerschaft selbst beeinflussen können und äußeren Umständen nicht ausgeliefert sind. Allerdings spielte auch die Überzeugung des Partners eine Rolle. Unabhängig von ihrer eigenen Überzeugung waren Personen mit ihrer Ehe dann glücklicher, wenn sie mit jemandem verheiratet waren, der eine internale Kontrollüberzeugung aufwies. Wenngleich Personen mit externaler Überzeugung der Ansicht waren, dass ihr Glück eher von nicht beeinflussbaren Dingen abhängt, und möglicherweise den gelegentlichen Druck des Partners lieber abgelehnt hätten, profitierten sie dennoch davon, dass ihr Partner an die eigenen Möglichkeiten glaubt und sich bemüht, an der Beziehung zu arbeiten.

Letzteres ist für viele Paare sicherlich eine gute Nachricht. So kann also die Partnerschaft zweier unterschiedlich um die Beziehung bemühter Personen zwar schwierig sein, gleichwohl aber zur Zufriedenheit beider beitragen, wenn wenigstens einer der beiden Partner an der Beziehung arbeitet. Allerdings haben Männer diesbezüglich einen kleinen Vorteil. So stellten Camp und Ganong (1997) auch fest, dass „internale" Männer, die mit „externalen" Frauen verheiratet waren, eine höhere Zufriedenheit berichteten als „internale" Frauen, deren Männer eine externale Kontrollüberzeugung aufwiesen. Dies könnte bedeuten, dass „externale" Männer in einem geringeren Maße dazu bereit sind, sich von ihren „internalen" Frauen beeinflussen zu lassen, als „externale" Frauen von ihren „internalen" Männern. Somit haben Männer möglicherweise mehr Erfolg als Frauen, wenn es darum geht, die Beziehung aus eigenen Kräften zu verbessern.

Wechselseitige positive Beeinflussung der Partner durch Selbstwirksamkeit stärkt die Beziehung und sichert die Paarzufriedenheit. Die Art der Kontrollüberzeugung der jeweiligen Partner spielt eine erhebliche Rolle für die Zufriedenheit innerhalb der Partnerschaft. Paare mit internaler Kontrollüberzeugung sind am glücklichsten, die mit externaler Kontrollüberzeugung vergleichsweise unglücklich.

5.6 Fazit

Wie in anderen Lebensbereichen können Menschen auch in der Entstehung und Aufrechterhaltung von Beziehungen von Positivem Denken profitieren. Beispielsweise kann eine optimistische Einstellung helfen, Sympathien zu gewinnen und schneller Zugang zu anderen Menschen zu finden. Außerdem kann Positives Denken vor schädlichen Einflüssen wie Zweifeln oder einer negativen Sicht des Partners schützen und dadurch die Zufriedenheit sichern und die Beziehung stabilisieren. Allerdings kann der Wunsch, den Partner in einem guten Licht zu sehen, auch dazu veranlassen, negative Aspekte des Partners, wie z. B. Gewalttätigkeit, zu verharmlosen. Außerdem ist die Unzufriedenheit umso größer, je weniger sich optimistische Erwartungen angesichts negativen Partnerverhaltens halten lassen. Somit wirken sich die verschiedenen Varianten Positiven Denkens im Kontext von Partnerschaft zwar generell förderlich aus, aber auch in diesem Zusammenhang darf die andere Seite der Medaille nicht missachtet werden.

6 Nebenwirkungen und Gegenanzeigen – wann Optimismus schädlich und Pessimismus hilfreich ist

Sowohl Optimisten als auch Pessimisten leisten einen positiven Beitrag zu unserer Gesellschaft. Der Optimist erfindet das Flugzeug und der Pessimist den Fallschirm.
Gil Stern

Stellen Sie sich folgende Situation vor: Stefan Berg hat sich gerade frisch gemacht, um am Abend seine Herzensdame zu einem romantischen Dinner auszuführen. Er hat ein Bad genommen, sich rasiert und seinen besten Anzug angezogen. Da er noch etwas Zeit hat, legt er eine Ray-Charles-Platte auf und überfliegt den Kulturteil seiner Tageszeitung. Anschließend begibt er sich in aller Ruhe auf den Weg, um seine Begleiterin abzuholen und mit ihr einen angenehmen Abend zu verbringen. Auch Peter Schmitt bereitet sich auf eine Verabredung vor. Es ist zwar nicht das erste Mal, dass er mit einer Frau ausgeht, aber dennoch läuft er unruhig in seiner Wohnung auf und ab und malt sich aus, was im Laufe des Abends alles schiefgehen könnte. Vor seinem geistigen Auge sieht er, wie seine Krawatte versehentlich in die Tomatensuppe gerät oder wie er auf einen offenen Schnürsenkel tritt und stürzt. Möglicherweise könnte er in einem unachtsamen Moment die Weinkaraffe umstoßen und den Inhalt über das Kleid seiner Begleiterin schütten. Bei dieser Vorstellung hält Herr Schmitt inne und mustert sich voller Sorge im Spiegel: „Das könnte eine Katastrophe werden!"

6.1 Durch Zweifeln zum Erfolg

Angesichts der unzähligen Studien, welche Positivem Denken günstige Konsequenzen bescheinigen, wäre man als Freund Herrn Schmitts geneigt, ihn zu beruhigen und ihm eine hohe Dosis Optimismus zu verschreiben – schließlich könne man ja nichts dadurch gewinnen, dass man sich unnötig verrückt macht. Ein aufmunterndes „Es wird schon nichts passieren!" scheint manchem hier angebracht. Allerdings zeigt eine Reihe von Untersuchungen, dass solche Empfehlungen ein Schritt in die falsche Richtung sein können. Wie die besten Medikamente nicht immer nur wünschenswerte Folgen haben, wirkt sich auch Positives Denken nicht in allen Situationen und für alle Menschen vorteilhaft aus. Studien zeigten, dass Pessimismus in gewissen Situationen die erfolgreichere Strategie ist und dass manche Menschen von negativem Denken profitieren können, während sich eine zuversichtliche Einstellung eher schädlich auswirkt. Tatsächlich könnte Pessimismus für Menschen wie Herrn Schmitt genau das sein, was ihnen letztlich zum gewünschten Erfolg verhilft.

Seit Mitte der 80er Jahre des vergangenen Jahrhunderts beschäftigen sich Julie Norem und Kollegen (vgl. Norem, 2001) mit der Frage, inwieweit bestimmte Formen negativen Denkens positive Folgen haben können. Dabei haben sie festgestellt, dass sich manche Menschen pessimistischer Gedanken bedienen, um angsteinflößende Situationen erfolgreich zu meistern. Wie Herr Schmitt malen sich diese Menschen aus, was alles schiefgehen könnte, selbst wenn sie ähnliche Situationen in der Vergangenheit gemeistert haben. Beobachtet man solche Personen, gewinnt man leicht den Eindruck, dass sie „sich selbst verrückt machen“. Vor einer Prüfung oder einer geschäftlichen Präsentation erklären sie Kollegen, dass sie schlecht vorbereitet seien und dass sowieso alles schiefgehen würde. Entgegen ihren Vorhersagen absolvieren sie die Prüfung jedoch mit Erfolg oder halten einen guten Vortrag. Dieses Phänomen bezeichnen Norem und Kollegen als defensiven Pessimismus.

Das Gegenteil defensiver Pessimisten sind strategische Optimisten[1] wie etwa der zeitunglesende Herr Berg. Solche Menschen zeichnen sich dadurch aus, dass sie glauben, alles unter Kontrolle zu haben und die Herausforderung erfolgreich meistern zu können. Sie sind zuversichtlich, dass sie ihre hohen Ziele erreichen werden und blicken dem bevorstehenden Ereignis mit Gelassenheit entgegen. Im Gegensatz zu defensiven Pessimisten vermeiden sie, sich Gedanken zu machen über die Einzelheiten dessen, was sie erwartet. Allerdings bedeutet das nicht, dass sie deshalb notwendige Schritte zur Zielerreichung unterlassen.

Flexible und veränderbare Strategien

Wenngleich es sich bei diesen Formen positiven bzw. negativen Denkens auch um Zukunftserwartungen handelt, dürfen sie nicht mit dispositionalem Optimismus bzw. Pessimismus gleichgesetzt werden. Dispositionaler Pessimismus ist eine relativ stabile Eigenschaft. Defensiver Pessimismus und strategischer Optimismus sind aber vergleichsweise flexible Strategien, die Menschen anwenden, um bestimmte Herausforderungen zu bewältigen. Das geschieht zwar in der Regel nicht bewusst, dennoch können diese Varianten positiven bzw. negativen Denkens als Strategien bezeichnet werden, da sie Verhaltens- und Denkmuster darstellen, die sich im Zusammenhang mit bestimmten Zie-

1 Dies bedeutet nicht, dass sich alle Menschen klar einer der beiden Gruppen zuordnen lassen. In den Untersuchungen von Norem und Kollegen haben sich bis zu 40 % der Probanden nicht klar gemäß einem dieser beiden Muster verhalten, d. h. sie haben sich weder klar defensiv pessimistisch noch strategisch optimistisch verhalten.

len herausgebildet haben und dazu beitragen, diese möglichst effektiv zu erreichen. Somit besteht prinzipiell die Möglichkeit, dass bestimmte Menschen in manchen Situationen strategisch optimistisch, in anderen defensiv pessimistisch sind und sich in einer dritten Situation möglicherweise gemäß keiner dieser beiden Strategien verhalten.[2]

Abb. 9: Defensiver Pessimismus vs. strategischer Optimismus

Defensiver Pessimismus

Allerdings stellt sich die Frage, weshalb man überhaupt auf defensiven Pessimismus zurückgreift. Versucht man, sich in die oben angeführten Szenarien hineinzuversetzen, so wundert man sich, was denn an den negativen Gedanken Herrn Schmitts positiv sein könnte. Wäre es nicht sinnvoller und weitaus angenehmer, wenn er seiner Verabredung ebenso gelassen entgegensähe wie Herr Berg, anstatt sich potentielle Katastrophen auszumalen?

Die Antwort darauf lautet, dass die beiden Strategien nicht nach Belieben austauschbar sind. Defensive Pessimisten und strategische Optimisten befinden sich vordergründig in derselben Situation, aber ihre Ausgangslage ist

2 Wenn Personen im Text also als defensive Pessimisten bezeichnet werden, so bezieht sich der Ausdruck nur auf das übliche Verhaltensmuster in einem bestimmten Zusammenhang. Es soll nicht heißen, dass diese Person in verschiedenen Lebensbereichen generell defensiv pessimistische Verhaltens- und Denkmuster aufweist.

nicht gleich. Verschiedene Studien haben gezeigt, dass Optimisten vor einer schwierigen Situation vergleichsweise ruhig und gelassen sind, Pessimisten hingegen ängstlich und beunruhigt (Norem, 2001; Wilson, Raglin & Pritchard, 2002). Defensive Pessimisten geben in akademischen Settings häufiger an, Angst und Sorge vor einer Prüfung zu verspüren, als strategische Optimisten. Sie nehmen akademische Ziele als relativ belastend und schwierig wahr, selbst wenn sie in der Vergangenheit gute Resultate erzielt haben. Strategische Optimisten lenken sich vor einer Prüfung[3] ab, um sich nicht von den kommenden Ereignissen beunruhigen zu lassen. Defensive Pessimisten versuchen, ihre schon bestehende Angst und ihre Aufregung zu bewältigen, um nicht von ihr gelähmt zu werden. Genau in diesem Punkt entfaltet der defensive Pessimismus seine Wirkung. Was nach außen hin wie „sich verrückt machen" erscheint, ist in Wirklichkeit der Versuch, die eigenen Emotionen zu kontrollieren. Erst wenn das gelingt, sind defensive Pessimisten in der Lage, ihre bestmögliche Leistung zu bringen.

Der Prozess negativen Denkens

Wer sich überlegt hat, was im schlimmsten Fall getan werden muss, für den wird das Leben, wenn sich das Blatt zum Besseren wendet, ein Kinderspiel.
Thomas Hardy

Das Schöne daran, Pessimist zu sein, ist, dass man immer entweder Recht hat oder angenehm überrascht wird.
George F. Will

Wenn eine Prüfung naht, werden defensive Pessimisten nervös. Sie wissen nicht, was sie erwartet und ob sie in der Lage sein werden, die Situation zu meistern. Sie überprüfen ihre Fähigkeiten und vergleichen sie mit der Leistung, die sie vermutlich werden erbringen müssen, und sie befürchten, dass sie schlecht abschneiden werden. Sie fangen an, die vor ihnen liegende Situation zu durchdenken und alle möglichen Schwierigkeiten und Hindernisse zu antizipieren. Schließlich verlieren sie die Hoffnung auf ein gutes Resultat. Häufig ist unsere natürliche Reaktion in solchen Situationen, der betroffenen Person Mut zuzusprechen und sie zu beruhigen mit Sätzen wie: „Keine Sorge, du schaffst das schon." und „Du wirst sehen, das läuft alles spitze." Oder wir versuchen, sie zu noch intensiverer Anstrengung anzuspornen, damit sie ihre Ziele doch noch erreicht. Wie oben schon erwähnt, wäre das jedoch die falsche Strategie. Norem und Cantor (1986) zeigten, dass Pessimisten, denen in einem Experiment Mut gemacht und ein gutes Resulat prophezeit wurde,

---

3 Der Begriff „Prüfung" soll in diesem Zusammenhang für jegliche Situationen verwendet werden, in denen Personen eine Handlung erbringen müssen, die zu einem gewissen Grad bewertet wird, sei es eine akademische Prüfung, ein Bewerbungsgespräch, ein sportlicher Wettbewerb oder eine romantische Verabredung.

deutlich schlechtere Resultate erzielten als Pessimisten, die nicht entsprechend instruiert worden waren.

Wie ist das zu erklären? Jeder weiß aus eigener Erfahrung, dass Angst lähmen kann. Es fällt schwerer, sich zu konzentrieren und klare Gedanken zu fassen und die Handlungskoordination wird beeinträchtigt. Durch beide Faktoren wird das Erreichen eines Ziels deutlich behindert.

Um sich vom Einfluss ihrer Ängste zu befreien, machen sich defensive Pessimisten ihre negativen Gedanken zunutze. Das mag auf den ersten Blick paradox erscheinen, ergibt bei näherer Betrachtung jedoch Sinn. Herr Schmitt beispielsweise hofft, seine Angebetete zu beeindrucken und ihr Herz für sich zu gewinnen. Allerdings hält er solch ein Happy End für wenig realistisch. Er befürchtet, dass er verkrampft und tolpatschig sein wird und dadurch seine Chancen auf ein Wiedersehen minimiert. Je näher der Termin rückt, desto mehr wächst seine Angst, den Ausgang des Abends nicht positiv beeinflussen zu können. Er fängt an, sich auszumalen, wie die Verabredung verlaufen könnte, und sieht eine Blamage nach der anderen voraus. Schließlich findet er sich damit ab, dass der Abend kein Erfolg wird und dass seine Herzdame keine zweite Verabredung wünscht. Diese Gedanken sind für Herrn Schmitt jedoch erste Schritte zur Bewältigung seiner Nervosität.

Sein Vorgehen – wie das anderer defensiver Pessimisten – hat Ähnlichkeit mit Strategien, die in der kognitiven Verhaltenstherapie verwendet werden, so zum Beispiel das Vorstellen und Durchdenken des schlimmstmöglichen Falles (Beck, 1976).

Mit dem Schlimmsten zu rechnen, kann eine Bewältigungsstrategie sein. Ein aufmunterndes „Wird schon!" oder die Aufforderung „Lass dich nicht hängen!" hilft den Betroffenen wenig.

Das Durchleben negativer Erwartungen als Bewältigung

Wie in der Therapie ist diese Methode auch für defensiv pessimistische Personen ein wirksames Mittel, um Emotionen zu regulieren. Das Herunterschrauben der Erwartungen und das Sich-Abfinden mit dem befürchteten Ereignisausgang haben auf Herrn Schmitt eine beruhigende Wirkung, weil der Druck, etwas erreichen zu müssen sowie die damit einhergehende Angst, es nicht zu schaffen, deutlich abnehmen. Hinzu kommt, dass ihm das Durchdenken des Abends hilft, das bevorstehende Ereignis gedanklich zu strukturieren und ein besseres Bild davon zu bekommen, was ihn erwarten könnte. Statt unbestimmter Ängste hat er nun eine konkretere Vorstellung vom möglichen Verlauf des Abends. Somit kann er sich besser auf Eventualitäten vorbereiten. Ihm helfen ausgerechnet seine schwarzmalerischen Gedanken, etwas entspannter zu sein und den Abend zu genießen. Jenseits individueller Präferenzen ist diese Strategie der Vorsorge für alle Eventualitäten und Pannen in Bereichen üblich, in denen wegen der Sicherheitsrisiken oder Kosten für technische Anlagen die Folgen etwaiger Fehlschläge enorm sind.

Besser vorbereitet durch Emotionskontrolle und Konzentration auf Schwächen

Wie wichtig es anscheinend für defensive Pessimisten ist, negative Gedanken zuzulassen und nicht zu unterdrücken, konnten Norem und Illingworth (1993) in einem Experiment demonstrieren. Sie baten Studienteilnehmer, eine Mathematikaufgabe zu lösen. Bevor sie diese aber in Angriff nehmen konnten, mussten sie sich noch anderweitig beschäftigen. Eine Hälfte der Teilnehmer bekam den Auftrag, vor Inangriffnahme der Matheaufgabe ihre Gedanken aufzuschreiben. Der Auftrag sollte das für defensive Pessimisten typische Durchdenken des Bevorstehenden simulieren. Die andere Hälfte der Probanden wurde gebeten, etwas zu erledigen, das nichts mit der eigentlichen Aufgabe zu tun hatte. Diese Vorgabe hatte das Ziel, die Teilnehmer abzulenken und ihnen nicht die Möglichkeit zu geben, sich gedanklich auf das Bevorstehende vorzubereiten – damit sie also ähnlich wie strategische Optimisten vorgingen. Wie sich herausstellte, waren die defensiven Pessimisten, die davon abgehalten wurden, die sie erwartende Situation zu durchdenken, deutlich aufgeregter und schnitten auch in der Aufgabe schlechter ab als die Teilnehmer, die ihrer üblichen Strategie nachgehen konnten. Defensive Pessimisten machen sich durch ihre Gedanken also nicht verrückt, vielmehr ist für sie das Ausmalen und Sich-Vorstellen der möglichen Ereignisverläufe eine wichtige Strategie, die ihren Erfolg maßgeblich beeinflusst.

Diese Strategie dient aber nicht nur der Regulation von Emotionen, sondern auch dem Ausfindigmachen möglicher Schwachstellen. Verspüren defensive Pessimisten Angst und Unruhe, so ist diese Angst für sie ein Indiz, dass sie noch nicht gut genug vorbereitet sind. Das Durchgehen möglicher Ereignisverläufe hilft ihnen, auf Bereiche aufmerksam zu werden, in denen noch Probleme lauern könnten. Das wiederum veranlasst eine Suche nach Lösungen und eine Erhöhung der Anstrengungen. Letzteres mag angesichts der Tatsache, dass Pessimisten aufgrund ihrer Vorstellungen ihre Erwartungen senken, widersinnig erscheinen. Man darf jedoch nicht vergessen, dass eine düstere Prognose und das Abfinden mit einem negativen Ausgang nicht notwendigerweise den Wunsch reduzieren, das ursprüngliche Ziel trotzdem zu erreichen. Die niedrige Erwartungshaltung senkt bei defensiven Pessimisten den Druck, nicht aber den Antrieb. So könnte also eine Jurastudentin, die vor ihrem geistigen Auge sieht, wie sie ihre Prüfung nicht besteht, zu dem Schluss kommen, dass sie den Abend lieber nutzen sollte, um sich auf den Bereich Unternehmensrecht besser vorzubereiten anstatt mit Freunden ins Kino zu gehen. Auch Herr Schmitt kann von dieser Strategie profitieren. Seine Nervosität vor dem Rendezvous kann ihn veranlassen, sich besser auf das Kommende vorzubereiten und somit bestimmten Ereignissen vorzubeugen bzw. ihnen möglicherweise auszuweichen. Beispielsweise könnte er sich eine Krawattennadel anstecken, um das Malheur mit der Suppe zu vermeiden und die Weinkaraffe gleich zu Beginn in sicherem Abstand von sich platzieren. Außerdem könnte er einen doppelten Knoten in seine Schnürsenkel machen, um einem Sturz vorzubeugen. Durch diese Maßnahmen vermeidet er objektiv zwar nur Missgeschicke, die höchstwahrscheinlich ohnehin nicht eingetreten wären, erreicht aber subjektiv ein Gefühl von Sicherheit. Außerdem kann es sein, dass er tatsächlich bedrohliche Situationen vorhersieht. Möglicherweise antizipiert er, dass er bei der Konversation nicht charmant genug oder zu ungeschickt ist. So könnte er sich bereits vorher einige Gesprächsthemen und nette Komplimente überlegen bzw. daran denken, dass er seiner Dame die Tür aufhalten und ihr aus dem Mantel helfen sollte. Dank der vorgestellten „Horrorszenarien“ wäre Herr Schmitt besser auf den Abend vorbereitet, als er es mit einer optimistischen Sichtweise gewesen wäre. Die negativen Emotionen fungieren als Warnsignal und veranlassen ihn, sich gut auf das Ereignis vorzubereiten, was die Erfolgsaussichten verbessert.

Negative Erwartungen sind für defensive Pessimisten entlastend und motivierend.

Dieser Effekt ließ sich auch in einer Reihe von Studien nachweisen, in denen die Probanden zu Beginn in gute oder schlechte Stimmung versetzt worden waren (Norem & Illingworth, 2004; Sanna, 1998). Es zeigte sich, dass defensive Pessimisten dann am besten abschnitten, wenn bei ihnen vorher eine negative Stimmung verursacht worden war. Hatte man sie dagegen in gute Laune versetzt, war das Gegenteil der Fall: Unter dieser Bedingung erbrachten sie ihre schlechteste Leistung.

Verspüren defensive Pessimisten keine Angst, kommt offensichtlich ihre übliche Strategie nicht zum Einsatz. Positive Stimmung nehmen sie möglicherweise als Hinweis, dass sie sich nicht weiter vorbereiten müssen (Martin, Ward, Achee & Wyer, 1993).

Defensiver Pessimist oder strategischer Optimist?

Da die Ausgangssituationen bei strategischen Optimisten und defensiven Pessimisten so verschieden sind, ist eine Gegenüberstellung des Erfolgs der beiden Strategien letztlich nicht möglich. Die Ergebnisse verschiedener Experimente legen den Schluss nahe, dass defensive Pessimisten und strategische Optimisten etwa gleich gut abschneiden, allerdings unter der Voraussetzung, dass sie die Möglichkeit haben, sich gemäß ihrer bevorzugten Strategie zu verhalten (Norem, 2001; Tomaya, 2005). Es gibt jedoch Situationen, in denen die Wirksamkeit der Strategien beeinträchtigt werden kann. Werden defensive Pessimisten gehindert, sich gedanklich vorzubereiten, sind sie nervöser und schneiden relativ schlecht ab. Können sie die Prüfung jedoch durchdenken, sind sie erfolgreich. Hier gilt für strategische Optimisten das Gegenteil. Sind sie – entgegen ihrer üblichen Strategie – gezwungen, sich über mögliche Ereignisabläufe Gedanken zu machen, werden sie unruhig und schneiden schlechter ab (Spencer & Norem, 1996). Dasselbe Muster zeigt sich – wenngleich nicht so ausgeprägt wie bei Pessimisten –, wenn sie künstlich in eine bestimmte Stimmung versetzt werden: Ihre besten Resultate erzielten sie in guter Laune, ihre schlechtesten dagegen, wenn sie negativ gestimmt sind. Beide Personengruppen werden also unter bestimmten Umständen nicht optimal reagieren.

Es stellt sich daher die Frage, welche Gruppe häufiger mit Situationen konfrontiert wird, in der sie nicht auf ihr übliches Bewältigungsmuster zurückgreifen kann.

Verharmlosen und ignorieren?

Manchmal lässt es sich nicht vermeiden, sich ein kommendes Ereignis auszumalen. Ein Rechtsanwalt muss sich genaue Gedanken darüber machen, wie der Anwalt der Gegenpartei den Rechtsfall präsentieren wird und wie er effektiv dagegen argumentieren kann. Eine Chirurgin muss überlegen, wie ein Eingriff vorzunehmen ist und welche Vorgehensweise die sinnvollste und risikoärmste darstellt. Ein Fußballtrainer wird es sich nicht erlauben, Gedanken über die Taktik der gegnerischen Mannschaft zu vernachlässigen. In solchen Situationen können strategische Optimisten nervös werden und schlechtere Leistungen erbringen, weil sie gezwungen sind, über mögliche Probleme nachzudenken.

Außerdem legen mehrere Studien nahe, dass strategische Optimisten es vermeiden, sich mit unangenehmen Informationen auseinanderzusetzen, sie in gewissem Ausmaß ignorieren. Zum einen zeigte sich, dass sie sich nach Erfüllen einer bestimmten Aufgabe vorrangig an das positive Feedback erinnern konnten, während defensive Pessimisten eher die negativen Aspekte der Rückmeldung im Gedächtnis behielten. Das hatte zur Folge, dass strategische Optimisten die Notwendigkeit, an sich zu arbeiten und sich zu verbessern, als geringer einschätzten als defensive Pessimisten, obwohl beide Gruppen in der Aufgabe gleich gute Ergebnisse erbracht hatten (Norem, 1991). Zum anderen schätzten strategische Optimisten in einer Studie ihr Risiko, an AIDS zu erkranken, geringer ein als defensive Pessimisten (Kiehl, 1995). Darüber hinaus waren sie weniger an Informationen über eine ihnen unbekannte (weil fiktive) Krankheit interessiert, obwohl ihnen glaubhaft erklärt worden war, dass sie sich mit ihr angesteckt haben könnten (Norem & Crandall, 1991). Wenn strategische Optimisten tatsächlich wichtige Informationen ignorieren, um Ruhe bewahren zu können, so stellt das einen Nachteil der Strategie dar.

Aufgeben, zurückstecken oder schauspielern?

Aber auch defensiver Pessimismus ist in einigen Punkten bedenklich. Da die meisten Studien in Settings durchgeführt wurden, in denen die Teilnehmer außer Durchhalten oder Verwerfen des Ziels keine Ausweichmöglichkeit hatten, stellt sich die Frage, wie defensiv pessimistische Personen vorgehen, wenn sie verschiedene Handlungsalternativen haben und einer unangenehmen Situation aus dem Weg gehen können. Würden Studierende – wenn sie die Wahl hätten – lieber eine aufwändige Seminararbeit verfassen als an einer weniger zeit- und arbeitsintensiven Prüfung teilzunehmen? Tendieren defensive Pessimisten eher dazu, einen Spickzettel in die Prüfung zu schmuggeln oder sich vor einer Klausur krankschreiben zu lassen als strategische Optimisten? Darüber hinaus ist es denkbar, dass pessimistische Personen vermeiden, gewisse unangenehme Dinge zu tun, die nicht zwingend notwendig sind, von denen sie aber profitieren könnten. Wer sein Studium abschließen möchte, muss an Prüfungen teilnehmen, ganz gleich, wie stark die Angst ist.

Wie sieht es in Situationen aus, in denen die Folgen der Kapitulation nicht so hoch sind? Würde ein pessimistischer Angestellter, der eigentlich eine Gehaltserhöhung möchte, ein Gespräch mit seiner Vorgesetzten aus Angst vermeiden? Geben sich defensive Pessimisten mit einem weniger interessanten Beruf zufrieden, in dem die vorgestellten Folgen eines Fehlers weniger dramatisch sind als in ihrem Traumjob? Verzichten sie etwa darauf, Herzchirurg oder Pilotin zu werden, weil Fehler in diesen Bereichen mit besonders ernsten Konsequenzen verbunden sind? Da defensive Pessimisten eher darauf bedacht sind, negative Konsequenzen zu vermeiden als positive Ziele zu erreichen (Yamawaki, Tschanz & Feick, 2004), scheiden bestimmte Optionen für sie von vorneherein aus.

Eine mögliche Konsequenz zeigt sich im Befund, dass defensive Pessimisten häufiger als „langweilig" erlebt werden als strategische Optimisten (Norem, 1991). Die Vorstellung, was in einer sozialen Interaktion alles schiefgehen könnte, mag die Betroffenen daran hindern, Verhalten zu wagen, welches sie interessanter erscheinen ließe. Wenn sie die Gelegenheit hätten, in einer geselligen Runde oder bei einem Rendezvous einen Witz zu erzählen und dadurch ihre humorvolle Seite zu zeigen, dann würden sie diese Gelegenheit nicht nutzen, weil die Angst überwiegt, sich zu verhaspeln oder nicht witzig zu sein und sich dadurch zu blamieren. Wenn sie dagegen gezwungen wären, den Witz zu erzählen (so wie sie gezwungen sind, an einer Prüfung teilzunehmen), dann wären sie dabei wahrscheinlich genauso erfolgreich wie strategische Optimisten. Norem (1991) berichtet von einer Studie, in der die Teilnehmer sich vor einer Kamera präsentieren mussten, um ein „Vorstellungsvideo" (wie für eine Dating-Show) aufzunehmen. Im Vergleich zu strategischen Optimisten schätzten die defensiven Pessimisten ihre eigene Präsentation als schlechter ein, während die Beobachter in den Beiträgen keine deutlichen Qualitätsunterschiede fanden. Diese zurückhaltende Einschätzung ihrer eigenen Fähigkeiten und das Ausmalen potentieller Schwierigkeiten können also dazu führen, dass defensive Pessimisten bestimmte Ziele nicht verfolgen, obwohl sie dabei genauso gut wären wie strategische Optimisten.

Darüber hinaus kann die defensiv pessimistische Strategie als unangenehme Selbstdarstellung erlebt werden. Sicherlich erinnert sich jeder an einen Schulkameraden, der vor Prüfungen immer aufgeregt über seine mangelhafte Vorbereitung klagte und sagte, er werde eine schlechte Note bekommen, um am Ende doch wieder besser abzuschneiden als viele andere. Solche Personen machen schnell den Eindruck, nur Aufmerksamkeit heischen zu wollen. Ihre Nervosität wirkt nicht echt, sondern erscheint aufgesetzt. Allerdings sprechen die Daten dafür, dass defensive Pessimisten keine Schauspielerei betreiben, sondern tatsächlich aufgeregt sind. Physiologische Messungen wiesen bei defensiven Pessimisten tatsächlich höhere Erregung nach (Norem, 1991). Außerdem scheinen defensive Pessimisten eine weniger stabile Selbstwertschätzung zu haben (Yamawaki, Tschanz & Feick, 2004) und berichteten nach einem Gespräch, in dem sie sich positiv präsentieren sollten, geringeres Wohlbefinden als strategische Optimisten (Showers, 1992).

Langfristige Effekte

In den bisher zitierten Querschnittuntersuchungen erzielten strategische Optimisten und defensive Pessimisten in der Regel etwa gleich gute Ergebnisse, obwohl beide Strategien auch gewisse Schwachstellen und Nachteile aufweisen. Es stellt sich allerdings die Frage nach langfristigen Effekten. In einer Studie wiesen defensive Pessimisten nach drei Jahren am College einen etwas niedrigeren Notendurchschnitt auf als strategische Optimisten und zeigten mehr Anzeichen physischer wie psychologischer Beschwerden (Cantor & Norem, 1989). Allerdings muss man bedenken, dass beide Gruppen völlig unterschiedliche Ausgangspunkte hatten, da die defensiven Pessimisten von Anfang an skeptischer und etwas weniger erfolgreich waren. Vergleicht man dagegen ängstliche Studierende, die sich die pessimistische Strategie zunutze machen, mit solchen, die zwar ebenso von Ängstlichkeit geprägt sind, sich dieser Strategie jedoch nicht bedienen, so zeigt sich die positive Wirkung von defensivem Pessimismus. Beispielsweise untersuchte Norem (1996) in einer Langzeitstudie drei Gruppen von Collegestudentinnen: strategische Optimistinnen, defensive Pessimistinnen und Studentinnen, die zwar ängstlich waren, aber nicht zu defensivem Pessimismus neigten. Zwischen den letzten beiden Gruppen waren bezüglich vieler Merkmale keine signifikanten Unterschiede festzustellen, z. B. im Ausmaß ihrer Ängstlichkeit, in ihrem Notendurchschnitt, gewissen Persönlichkeitsmerkmalen und ihrem Selbstwert. Allerdings hatten beide Gruppen zu Beginn der Studie eine niedrigere Selbstwertschätzung als die Optimistinnen. Im Gegensatz zu den Studentinnen, die lediglich ängstlich waren, nahm der Selbstwert der pessimistischen Studentinnen im Laufe des Studiums zu. Außerdem erreichten sie einen besseren Notenschnitt und gaben an, zufriedener zu sein als die Teilnehmerinnen der ängstlichen Vergleichsgruppe. In einer anderen Untersuchung zeigten sich ähnliche Resultate: Die defensiv pessimistischen Teilnehmer entwickelten höhere Selbstwertschätzung, waren akademisch erfolgreicher, entwickelten einen größeren unterstützenden Freundeskreis und machten bezüglich ihrer privaten Ziele mehr Fortschritte als ängstliche Studenten, die sich nicht gemäß der Strategie des defensiven Pessimismus verhielten (Norem, 2002).

Defensiver Pessimismus hilft vor allem ängstlichen Personen, mit Bedrohungen umzugehen.

Die Macht des negativen Denkens

Wie wertvoll diese Strategie ist, zeigt sich auch, wenn man sie mit anderen Methoden vergleicht, mit Druck und befürchtetem Versagen umzugehen. Manche ängstliche Personen neigen zum sogenannten „Self-Handicapping“ (Selbstbehinderung), einem Bewältigungsstil, bei dem man Herausforderungen, denen man sich nicht gewachsen fühlt, gewissermaßen sabotiert, um dadurch seine Selbstwertschätzung zu schützen. Wäre z. B. Herr Schmitt ein Mensch, der zu dieser Strategie neigt, würde er zu seiner Verabredung unter Umständen angetrunken und in schrillem Outfit erscheinen und etwas überdreht auftreten. Das Verhalten hätte zur Folge, dass es nicht zu einem zweiten Treffen kommt – das was er befürchtet, tritt ein, aber er müsste die Zurückweisung nicht auf seine Person zurückführen. Seinen Freunden könnte er dann erzählen, dass sie seinen Anzug nicht mochte, weil sie einfach zu spießig war. Hätte er sich aber richtig in Schale geworfen und sich angestrengt, einen guten Eindruck zu machen und wäre dennoch zurückgewiesen worden, dann wäre es schon schwieriger gewesen, die Abweisung nicht persönlich zu nehmen. Seine Selbstwertschätzung wäre dadurch angegriffen worden. Im Zusammenhang einer romantischen Verabredung mag diese Strategie nicht schlimm sein. Wenn die eigene Angst aber eine wichtige Prüfung oder ein Vorstellungsgespräch sabotiert, kann das schwerwiegendere Folgen haben. Da defensive Pessimisten ihre Ziele nicht aufgeben, sondern sich zusätzlich anstrengen, ist ihre Strategie im Vergleich zum Self-Handicapping deutlich erfolgreicher, wie im akademischen Kontext gezeigt wurde (Elliot & Church, 2003; Eronen, Nurmi & Salmela-Aro, 1998).

Dennoch bleibt man meist nicht ein Leben lang bei einer Strategie. Wie zu Beginn schon gesagt, sind defensiver Pessimismus und strategischer Optimismus veränderbar. Martin (1999) hat gezeigt, dass einige Studierende in ihren ersten zwei Studienjahren einen Wechsel ihrer Strategien berichteten und sich in diesem Punkt stärker wandelten als in anderen Persönlichkeitsmerkmalen. Der Strategiewechsel hing häufig mit deutlichen Veränderungen der Lebensumstände zusammen. Studierende, die durch Misserfolge im akademischen Bereich ängstlicher wurden, wurden häufig von Optimisten zu Pessimisten. Viele andere, bei denen mit der Zeit der Eindruck entstand, dass sie ihre Leistungen unter Kontrolle hätten, tendierten nach einer Weile zu strategischem Optimismus. Es ist also nicht unmöglich, dass mit der Zeit strategischer Optimismus defensiven Pessimismus ablöst und umgekehrt. Solange aber Angst vorhanden ist, stellt defensiver Pessimismus eine sehr erfolgreiche Strategie dar. Deshalb spricht Julie Norem – in Anlehnung an N. V. Peales Bestseller – von der „Macht des negativen Denkens".

6.2 Kulturelle Unterschiede

Dass Optimismus keine Allzwecklösung darstellt, die jedem dienlich ist, wird dann deutlich, wenn man kulturvergleichende Studien zu Rate zieht. Viele solcher Studien haben gezeigt, dass es zwischen Asiaten und Nordamerikanern deutliche Mentalitätsunterschiede gibt (vgl. Triandis, 1995).

Erklärungsmuster

Ob sich diese Unterschiede auch in Bezug auf Optimismus und Pessimismus bestätigen und wie sie sich auswirken, ist ebenfalls mehrfach untersucht worden. Lee und Seligman (1997) wollten wissen, inwiefern sich Chinesen und europäischstämmige Amerikaner in ihren Erklärungsmustern für positive und negative Ereignisse voneinander unterscheiden[4]. Daher baten sie die Versuchsteilnehmer, einen Fragebogen auszufüllen (ASQ; vgl. Kap. 1.3.5), der ihren Attributionsstil erfasste. Zwischen den Erklärungsmustern der Chinesen und denen der Amerikaner zeigten sich deutliche Unterschiede. Für positive Ereignisse schrieben sich die chinesischen Teilnehmer viel seltener die Ursache selbst zu als die Amerikaner. Außerdem sahen sie die Ursache als weniger stabil und weniger global an. Was die Erklärungsmuster für negative Ereignisse betrifft, so zeichneten die Daten von Lee und Seligman ein ähnliches Bild. Chinesen sahen zwar – wider Erwarten – die Ursache eines negativen Ereignisses seltener bei sich selbst als Amerikaner. In Bezug auf die Punkte Stabilität und Globalität waren sie aber pessimistischer. In ihren Augen waren die Gründe eines negativen Ereignisses dauerhafter und umfassender als nach Ansicht der amerikanischen Teilnehmer. Dieses Muster bestätigte sich auch, nachdem man aus allen drei Merkmalen (Internalität, Stabilität, Globalität) einen Gesamtwert für optimistischen Erklärungsstil gebildet hatte: Die chinesischen Untersuchungsteilnehmer waren im Vergleich zu den Amerikanern weniger optimistisch. Die Befunde belegen den vermuteten Kulturunterschied.

Dispositionaler Optimismus

Es stellt sich daher die Frage, welche Auswirkungen solche Unterschiede haben. Es ist verwunderlich, wie sich ein Hang zu Pessimismus durchsetzen konnte, wenn er tatsächlich mit so negativen Konsequenzen behaftet ist. Um diese Punkte zu beantworten, führte Chang (1996) eine Studie zu dispositionalem Optimismus (bzw. Pessimismus) durch und untersuchte den Zusammenhang dieser Merkmale mit anderen Faktoren wie dem Bewältigungsstil und der psychischen sowie physischen Verfassung der Teilnehmer. Die Untersuchungsteilnehmer waren Amerikaner asiatischer und europäischer Herkunft.

Zwar liegt die Vermutung nahe, dass sich zwischen diesen Gruppen geringere Unterschiede herausstellen würden als zwischen Amerikanern und Teilnehmern, die tatsächlich in einem asiatischen Land sesshaft sind. Dennoch zeigte sich auch in dieser Gruppe das gleiche Muster wie in der Studie von Lee und Seligman (1997). Um das Ausmaß Positiven Denkens zu erfassen,

---

4 Eigentlich wurde diese Studie mit Chinesen, europäischstämmigen Amerikanern und chinesischstämmigen Amerikanern durchgeführt. Der Einfachheit halber sollen hier jedoch nur die Ergebnisse für Chinesen und Amerikaner europäischen Ursprungs dargestellt werden.

wurden die Teilnehmer gebeten, den Fragebogen ELOT (Chang, Maydeu-Olivares & D'Zurilla, 1997) auszufüllen, der Optimismus und Pessimismus getrennt erfasst. Die asiatischstämmigen Amerikaner erzielten im Schnitt keinen niedrigeren Wert als andere in puncto Optimismus. Allerdings belegten ihre Werte auf der unabhängigen Dimension Pessimismus, dass sie deutlich stärker zu pessimistischem Denken neigten als die europäischstämmigen. Das war jedoch nur bedingt mit negativen psychischen oder physischen Auswirkungen für sie verbunden. Die asiatischstämmigen Teilnehmer neigten bei Problemen zu einer vermeidenden Bewältigung und Zurückgezogenheit. Außerdem berichteten sie häufiger psychische Beschwerden als europäische Amerikaner. Allerdings zeigte sich in Bezug auf konkrete depressive Symptome sowie physische Beschwerden kein Unterschied.

Interessant war in dieser Studie der unterschiedliche Einfluss, den die jeweilige kognitive Haltung auf die beiden Gruppen hatte. Personen europäischer Abstammung wiesen dann psychische Beschwerden auf, wenn sie hohe Pessimismuswerte hatten, bei denen asiatischer Abstammung war aber vor allem mangelnder Optimismus mit Beschwerden verbunden. Dagegen hatte ein hoher Wert auf der Pessimismusskala keinen nachteiligen Einfluss auf sie, im Gegenteil: Hoch pessimistische Asiaten neigten am stärksten dazu, Probleme aktiv zu bewältigen und ihre Gefühle zu äußern, beides Dinge, die pessimistische Europäer vermieden.

Bei Asiaten steht Pessimismus in Zusammenhang mit aktiver Problembewältigung, bei Europäern in Zusammenhang mit psychischen Problemen.

Aus den Befunden schließt Chang, dass negatives Denken für Asiaten möglicherweise eine ähnliche Rolle spielt wie für defensive Pessimisten, d. h. ihnen helfen kann, gewisse Ziele zu erreichen. Das erscheint vor allem in Anbetracht der unterschiedlichen Prioritäten, die Asiaten und Nordamerikaner setzen, sehr einleuchtend. In den Vereinigten Staaten wird das Augenmerk hauptsächlich darauf gerichtet, positive Resultate zu erzielen. Rückschläge und Niederlagen werden oft als notwendige Schritte auf dem Weg zum Erfolg gesehen. Asiaten hingegen sehen Fehlschläge häufig als Anlass für Scham und Schande. In fernöstlichen Kulturen wird daher traditionell mehr Wert auf das Verhindern negativer Resultate gelegt, um die Familienehre nicht zu beschmutzen. Für das Erreichen vieler Ziele benötigt man eine gewisse Portion Optimismus. Pessimismus hingegen kann hilfreich sein, um negative Ereignisse zu antizipieren und dadurch zu vermeiden. Möglicherweise neigen Asiaten also deshalb stärker zu Pessimismus, weil sie dadurch vor unangenehmen Konsequenzen bewahrt bleiben. Chang äußert die Vermutung, dass für Asiaten eine Balance von hohem Optimismus und hohem Pessimismus von Vorteil ist. Würde man versuchen, ihnen ihre pessimistische Haltung auszureden, nähme man ihnen eine bedeutsame Quelle der Motivation und einen Schutzmechanismus.

6.3 Eine Tyrannei der positiven Einstellung?

Optimismus ist nicht immer nur positiv. Unser Umgang mit Positivem Denken scheint manchmal bedenklich. Die Psychotherapeutin Barbara Held (2002) spricht von der „Tyrannei der positiven Einstellung". Held erklärt, dass Optimismus in den USA traditionell als eine sehr wünschenswerte Eigenschaft angesehen wird. Viele glauben, dass es die Zuversicht der frühen Pioniere und ihr Glaube an ein besseres Leben waren, die Grundlagen für wirtschaftlichen Fortschritt schufen. Pessimismus dagegen wird als negativ und hinderlich beurteilt. Diese Überzeugung spiegelt sich auch in Aussagen ehemaliger Präsidenten der Vereinigten Staaten wider. Einer der Lieblingssprüche von Calvin Coolidge war: „Zweifler erreichen nichts, Skeptiker tragen zu nichts bei, Zyniker erschaffen nichts Neues" (1924, Übers. d. V.). Ähnliches liest man in den Worten John F. Kennedys: „Die Probleme der Welt können unmöglich von Skeptikern oder Zynikern gelöst werden, deren Horizont durch bestehende Realitäten eingeschränkt ist. Wir brauchen Menschen, die von Dingen träumen, die es nie gegeben hat" (1963, Übers. d. V.). Besonders extrem klingt ein Ausspruch, der Harry Truman zugeschrieben wird: „Ein Pessimist ist jemand, der Probleme aus seinen Chancen macht, und ein Optimist ist jemand, der Chancen aus seinen Problemen macht" (McCullough, 1992). In diesen Zitaten wird nicht nur Optimismus gelobt, sondern Pessimismus disqualifiziert.

Barbara Held (2002) stellte in den vergangenen Jahren – insbesondere in der Ratgeberliteratur – einen verstärkten Trend in Richtung Propagieren positiver Einstellung fest. Sie streitet keinesfalls die Vorteile von Optimismus ab. Was sie jedoch bemängelt, ist die Überbetonung dieser Sichtweise und die globale Abwertung jeglicher Form von Pessimismus sowie den dadurch entstandenen Druck, jederzeit und allerorts gut gelaunt und zuversichtlich zu sein. Ihrer Ansicht nach hat dieser Zwang dazu geführt, dass Menschen sich genötigt fühlen, gute Miene auch dann zur Schau zu stellen, wenn ihnen nicht danach zu Mute ist. Wenn ihnen Unglück widerfährt und sie trauern, hören sie oft Sprüche wie: „Nimm's nicht so schwer", „Kopf hoch, wird schon wieder" oder „Sieh's doch mal positiv". Dadurch wird ihnen das Gefühl vermittelt, dass ihre Reaktion unangemessen sei. Sehr überspitzt und etwas makaber demonstriert das der Film „Das Leben des Brian" von der Komikertruppe Monty Python. Die zur Zeit des römischen Reichs spielende Komödie endet damit, dass die zentrale Figur des Films, Brian, aufgrund eines Missverständnisses zum Tode verurteilt wird. So findet er sich in der letzten Szene des Films gemeinsam mit vielen anderen Verurteilten am Kreuz wieder. Während er am Kreuz hängt und über sein Schicksal klagt, spricht ihn plötzlich der Verurteilte am Nachbarkreuz voller Enthusiasmus an und fordert ihn auf, das Ganze doch mal positiv zu betrachten, schließlich habe auch der Tod seine guten Seiten. Er stimmt das berühmt gewordene Lied an: „Always look on the bright side of life" (Blicke immer auf die positive Seite des Lebens).

Die Aufforderung, den Kopf nicht hängen zu lassen, kann zur Folge haben, dass Menschen nicht nur über das Geschehene trauern, sondern sich auch noch schuldig fühlen, weil sie nicht in der Lage sind, alles aus einer positiven Perspektive zu betrachten. Dadurch macht man Personen zu einem gewissen Grad für ihr eigenes Leid verantwortlich. „Ich sollte das nicht so an mich heranlassen", „Ich sollte doch eigentlich zufrieden sein mit dem, was ich habe" oder „Ich sollte eigentlich nicht so jammern" sind typische Äußerungen, die Held von Menschen hörte, die unter einem Unglück litten, sich aber zugleich für ihre negativen Emotionen schuldig fühlten und für ihre Unfähigkeit, in der Situation etwas Positives zu sehen.

Besonders am Arbeitsplatz, wo von den Mitarbeitern oft hohe Motivation und eine gewisse Zuversicht erwartet werden, kann der Druck, eine positive Haltung an den Tag legen zu müssen, groß sein. Wer in der Firma seinen bedrückten Gemütszustand erkennen lässt, läuft Gefahr, als nicht belastbar oder emotional instabil zu gelten – nicht die beste Voraussetzung für eine erfolgreiche Karriere. Dieses Dilemma ist auch deshalb problematisch, weil das Unterdrücken wahrer Gefühle und das Vortäuschen von Emotionen eine zusätzliche Belastung darstellen und zu weiteren Schwierigkeiten führen können. So ist zu befürchten, dass immer mehr Personen zu Tabletten greifen, die den Gemütszustand künstlich heben, anstatt die negativen Gefühle zu akzeptieren und dann an der Ursache zu arbeiten. So strahlen sie zwar wieder eine positive Haltung aus, aber die Probleme, die zu den negativen Emotionen geführt haben, werden nicht beseitigt. Held (2002) zieht das Fazit, dass eine optimistische Geisteshaltung zwar ihre Vorzüge hat, dass aber der Aufruf, stets positiv zu denken, problematisch ist, weil angemessene negative Gefühlszustände dadurch zurückgedrängt und Menschen zusätzlich belastet werden.

Wenn Risiken sehr hoch sind, ist negatives Denken sicherer

Auch Martin Seligman, einer der Gründerväter der sogenannten Positiven Psychologie und Autor des Bestsellers „Learned Optimism", warnt davor, unter allen Umständen positiv zu denken. Er vertritt zwar die Ansicht, dass man mit optimistischer Sicht in der Regel besser fährt, rät aber dennoch dazu, in Situationen, in denen die zu erwartenden Risiken hoch sind, lieber pessimistisch zu sein: Wenn ein Pilot entscheiden muss, ob er das Flugzeug noch ein zusätzliches Mal enteisen soll oder nicht, oder wenn ein Partybesucher sich überlegt, ob er wohl nüchtern genug ist, um mit dem Auto nach Hause zu fahren, dann kann Positives Denken katastrophale Folgen haben. In solchen Situationen ist Positives Denken fehl am Platz.

6.4 Jenseits von positivem und negativem Denken

Muss man sich eigentlich zwischen positivem und negativem Denken, zwischen Optimismus und Pessimismus entscheiden? Auch Ellen Langer (2002) bezweifelt, dass Optimismus immer die beste Lösung ist. Ihrer Meinung nach wäre es sinnvoller, den Menschen eine Einstellung zu lehren, die sie als „mindfulness" bezeichnet.

Mindfulness – Achtsamkeit gegenüber Alltäglichem

Achtsamkeit ist in Anlehnung an fernöstliche Traditionen darauf gerichtet, die Umwelt bewusst wahrzunehmen und zu beurteilen. Sie ist das Gegenteil von Routine und Gewohnheit. Es geht darum, Dinge nicht automatisch nach Schema F zu tun und zu bewerten, sondern auf die Umstände zu achten, unter denen bestimmte Dinge geschehen, und zu versuchen, manches aus einem neuen Blickwinkel zu betrachten – sich seine Umwelt gegenwärtig und bewusst zu machen.

Was gut ist, ist eine Frage der Perspektive

Wir bewerten Dinge als gut oder schlecht, weil wir gelernt haben, sie auf eine bestimmte Art und Weise zu sehen. Im Winter im kalten Wasser zu stehen, stellt für die meisten Menschen ein äußerst negatives Ereignis dar. Dagegen schlägt sich besonders in Finnland so mancher freiwillig ein Loch in einen zugefrorenen See, um hineinzutauchen. Ebenso ist es für die meisten Menschen wünschenswert, kerngesund zu sein; für jemanden, der aus dem Wehrdienst ausgemustert werden will, können jedoch körperliche Beschwerden vorteilhaft sein. Was für eine Person negativ ist, kann für eine andere also positiv sein. Es kommt darauf an, aus welcher Perspektive man eine Sache betrachtet.

In diesem Sinne ähnelt Mindfulness Positivem Denken. Dennoch gibt es zwischen beiden Konzepten wichtige Unterschiede: Positives Denken ist ein mehr oder weniger automatisches Schema, das uns zu einem gewissen Grad vorgibt, wie wir Dinge zu beurteilen haben, nämlich möglichst positiv. Allerdings kann es Situationen geben, in denen es besser ist, etwas nicht automatisch positiv zu sehen oder vorteilhaft zu interpretieren. Ein Lottogewinn etwa stellt für die meisten Menschen ein äußerst positives Ereignis dar. Wenn jemand, der positiv denkt, im Lotto gewinnt, wird er sich freuen und sich überlegen, welche Träume er sich nun erfüllen kann. Der Gewinn kann aber große Nachteile bergen. Durch die Medien ging vor einiger Zeit der Fall eines Lottospielers, der aus Angst vor negativen Folgen einen Gewinn in Millionenhöhe ausgeschlagen hat. Er erklärte sein Verhalten damit, dass er sein Leben so mag, wie es ist, und dass er befürchte, sein Reichtum könne sich negativ auf seine Beziehung zu Familie und Freunden auswirken – ein perfektes Beispiel für Mindfulness.

Langer (2002) kritisiert auch die Zukunftsorientierung einer optimistischen Haltung, da der ständige Blick zum Horizont die Möglichkeit nehmen kann, die Gegenwart in vollen Zügen zu genießen. Schon der Begriff „Hoffnung“ drückt aus, dass unser aktueller Zustand zu einem gewissen Grad negativ oder nicht gut genug sei, und ermuntert, dass man ausharre und auf eine positivere Zukunft warte. Mindfulness macht uns bewusst, dass an der Zukunft, die wir anvisieren, vieles nicht positiv ist, unsere Gegenwart hingegen viel Gutes zu bieten hat. Eine Frau hofft beispielsweise, dass ihr Partner eines Tages seinen unmodischen Kleidungsstil ändern und in optischer Hinsicht mehr aus sich machen wird. Denkt sie aber nach dem Prinzip der Mindfulness, erkennt sie, dass es durchaus Vorteile hat, einen unauffällig gekleideten Partner zu haben – so muss sie selbst auch nicht immer modisch gekleidet sein. Auch kann es schwieriger sein, einen sehr attraktiven Partner zu halten. Somit erträgt sie die Gegenwart nicht nur und hofft auf Besserung, sondern schätzt die positiven Seiten des Gegebenen. Diese Haltung fordert Langer, wenn sie sagt, es sei „nicht in Ordnung, unser Heute passiv aufzugeben“. Wenn man also Dinge automatisch als gut oder schlecht abstempelt und seinen Blick vorrangig auf die Zukunft richtet, kann diese Einstellung davon abhalten, an bestimmten Lebensumständen und Ereignissen Gefallen zu finden. Das ist die Gefahr, die Langer in einer optimistischen Einstellung im Sinne einer Erwartung von Veränderungen sieht.

6.5 Fazit

Wenngleich eine optimistische Einstellung viele Vorteile und in vielerlei Hinsicht wünschenswerte Folgen mit sich bringt, sollte stets bedacht werden, dass auch sie ihre Kehrseite hat. So wie ein Medikament nicht bei jedem Patienten gleichermaßen wirkt, darf man nicht erwarten, dass alle Menschen zu jeder Zeit und im gleichen Maß von einer zuversichtlichen Sichtweise profitieren. Genauso wie Hoffnung und Freude haben auch Skepsis und Trauer ihre Berechtigung und dürfen nicht als Krankheiten behandelt werden, die es durch eine „ordentliche Portion“ Positiven Denkens zu heilen gilt.

Der Pessimist

Guten Tag, Herr Pessimist,
jetzt woll'n wir doch mal seh'n,
ob wirklich nichts zu machen ist,
Sie müssen doch versteh'n:

Egal, wie verfahren die Situation,
am Horizont ist ein Hoffnungsschimmer!
„Na klar", sagt er, „die Illusion,
die Enttäuschung macht's schließlich noch schlimmer."

Doch ist Ihre Angst vor diesem und jenem
nicht eine hausgemachte Qual?
„Paranoia gibt's nicht", sagt er und muss gähnen,
„jede Gefahr ist real."

Doch war schon immer frisch gewagt
zumindest halb gewonnen!
„Ja sicher, aber wie schon der Volksmund sagt:
Genauso dann bald halb zerronnen."

Dieses Glas ist halbvoll, nicht halbleer!
„Ist doch egal", sagt er.
„Fällt eh gleich runter."

(Holger Wicht)

7 Wie entsteht Positives Denken? Kann man Positives Denken lernen?

Gut zu sein, ist edel.
Andere zu lehren, gut zu sein, ist noch edler.
Und leichter.
Mark Twain

Als 1996 im Fachjournal „Psychological Science" eine von David Lykken und Auke Tellegen durchgeführte Studie über den Ursprung des Glücklichseins erschien, erregte das ein Medienecho, mit dem keiner der beiden Autoren gerechnet hatte. Die Ursache des großen Interesses war die Schlussfolgerung der Forscher, Lebenszufriedenheit sei weniger davon abhängig, ob Menschen reich oder arm, alt oder jung, verheiratet oder alleinstehend seien als davon, wie ihre genetische Ausstattung sei. Auch andere Studien machten darauf aufmerksam, dass Glücklichsein nur wenig mit Merkmalen zusammenhängt, denen vor allem in der westlichen Kultur eine große Bedeutung beigemessen wird, z. B. Einkommen (Myers & Diener, 1995), Bildung (Witter, Okun, Stock & Haring, 1984), Intelligenz (Diener, Suh, Lucas & Smith, 1999) oder Gesundheit (Brief, Butcher, George & Link, 1993). Das Besondere an den Ergebnissen von Lykken und Tellegen war jedoch, dass sie nahelegten, das Streben der Menschen nach einem höheren Glück sei nahezu zwecklos. Die beiden Forscher hatten festgestellt, dass eineiige Zwillinge trotz unterschiedlicher Lebensumstände sehr ähnliche Lebenszufriedenheit berichteten, wohingegen zweieiige Zwillinge, die sich in ihrem genetischen Aufbau zwar voneinander unterschieden, aber unter nahezu identischen Bedingungen aufgewachsen waren, sich in Bezug auf Zufriedenheit vergleichsweise unähnlich waren. Da in Lykkens und Tellegens Studie demographische Faktoren wie Familienstand, Bildungsniveau, Beruf und Einkommen bezüglich der Lebenszufriedenheit kaum eine Rolle spielten, kamen die Autoren zu dem Schluss, dass der Ursprung menschlichen Glücks weniger in den richtigen Lebensumständen als vielmehr in günstigen Erbanlagen zu finden sei.

Wie Lykken in einer späteren Veröffentlichung klarstellte (Lykken, 1999), bedeuten diese Ergebnisse jedoch nicht, dass der Grad der eigenen Lebenszufriedenheit nicht auf Dauer veränderbar sei und Menschen somit ihrer genetischen Veranlagung hoffnungslos ausgeliefert seien. Vielmehr scheinen Menschen aufgrund ihrer Gene eine gewisse Prädisposition für Denkmuster und Verhaltensweisen zu haben, die wiederum beeinflussen, wie glücklich oder unglücklich sie sind. Merkmale wie Extraversion, emotionale Stabilität und verschiedene Formen Positiven Denkens stehen in Zusammenhang mit höherer Lebenszufriedenheit (DeNeve & Cooper, 1998; Myers & Diener, 1995). Wenn Menschen es schaffen, ihr eigenes Denken und Handeln in eine positive Richtung zu lenken, sollte das zu dauerhaft höherem Lebensglück führen (Lykken, 1999; Myers, 1992). Allerdings stellt sich dann die Frage, inwiefern die verschiedenen Formen Positiven Denkens überhaupt beeinflussbar oder gar lernbar sind. Um diese Frage beantworten zu können, muss zunächst geklärt werden, wie diese Denkmuster entstehen.

7.1 Der Ursprung Positiven Denkens[1]

Dispositionaler Optimismus

Wenn Lebenszufriedenheit einerseits eine starke genetische Grundlage hat und andererseits mit Optimismus zusammenhängt, dann liegt der Schluss nahe, dass auch eine optimistische Disposition mit Erbanlagen zu tun hat. Tatsächlich scheint dieser Schluss gar nicht verkehrt zu sein. Plomin und Kollegen (1992) untersuchten 522 Paare eineiiger und zweieiiger Zwillinge, die zum Teil aufgrund von Adoption getrennt aufgewachsen waren. Die Forscher wollten herausfinden, wie sehr sich die Zwillingspaare in Bezug auf Optimismus ähnelten. Dabei kamen sie zu dem Ergebnis, dass 25 % der Varianz der Variablen Optimismus bzw. Pessimismus durch genetische Faktoren aufgeklärt wird.

Dass darüber hinaus bestimmte Faktoren des gemeinsamen Aufwachsens eine Rolle spielen, ist aus der Tatsache zu schließen, dass Zwillinge sich bezüglich ihres Optimismus stärker ähnelten, wenn sie zusammen aufgewachsen waren. Die Frage, um welche Faktoren es sich dabei handelt, ist schwierig zu beantworten. Carver und Scheier (2002) vermuten, dass frühe Erfahrungen mit den Eltern eine wichtige Rolle spielen. Ausmaß und Qualität der elterlichen Zuwendung beeinflussen nämlich, ob Kinder zu ihren Eltern eine Bindung entwickeln, die sicher oder unsicher ist (Bowlby, 1988; Van Ijzendoorn, 1990). Die Sicherheit, die Menschen als Kind empfunden haben, beeinflusst wiederum, wie sie im Erwachsenenalter Beziehungen wahrnehmen und gestalten (Levy, Blatt & Shaver, 1998). Der Befund, dass Erwachsene mit unsicherem Bindungsstil zu Pessimismus neigen (Heinonen, Räikkönen, Keltikangas-Järvinen & Strandberg, 2004), legt nahe, dass sich frühe Erfahrungen von Sicherheit bzw. Unsicherheit in der Beziehung zu den Eltern auf die Lebenssicht im Allgemeinen auswirkt. Allerdings betonen Carver und Scheier (2002), dass dieser Faktor nur einer von vielen ist. Davon abgesehen ist es wahrscheinlich, dass Kinder sich in Hinsicht auf Positives (und negatives)

1 Da über die Entstehung von Hoffnung bisher keine Untersuchungen bestehen, wird Hoffnung nur im Kontext von Interventionen behandelt.

Denken am Beispiel ihrer Eltern orientieren. In diesem Zusammenhang stellten Hasan und Power (2002) fest, dass pessimistische Mütter häufig Kinder hatten, die ebenfalls zu Pessimismus neigten – wobei in dieser Studie genetische Einflüsse, Erziehungseinflüsse und Modelllernen nicht voneinander getrennt werden konnten.

Auch Lebensumstände begünstigen die Entwicklung von Optimismus bzw. Pessimismus. In einer Längsschnittuntersuchung demonstrierten Ek, Remes und Sovio (2004), dass der Optimismus von erwachsenen Teilnehmern vorhergesagt werden kann durch Faktoren wie den sozioökonomischen Status des Vaters, der Frage, ob die Teilnehmer Wunschkinder waren, durch schulische Leistungen und durch berufliche Erfahrungen. Davon abgesehen waren diejenigen optimistischer, die verheiratet und finanziell gut gestellt waren. Auch Schutte, Valerio und Carrillo (1996) fanden einen Zusammenhang zwischen dispositionalem Optimismus und sozioökonomischem Status, allerdings ist nicht klar, was Ursache und was Wirkung ist.

Positiver Erklärungsstil

Die Entstehung individueller Erklärungsmuster scheint eine Entwicklung zu sein, die sich im Kindesalter vollzieht und in der Regel im Laufe des neunten Lebensjahres abgeschlossen ist (vgl. Seligman, Reivich, Jaycox & Gillham, 1995). Wenngleich man in einer Studie mit 142 Zwillingspaaren einen Zusammenhang mit genetischer Veranlagung gefunden hat (Schulman, Keith & Seligman, 1993), gehen die Autoren nicht davon aus, dass optimistischer Attributionsstil unmittelbar bestimmten Erbanlagen entspringt. Sie vermuten, dass bestimmte, genetisch determinierte Merkmale die Entwicklung von Denkmustern beeinflussen.

Im Alter von drei bis fünf Jahren stellen Kinder ausgesprochen viele Warum-Fragen (Santrock, 2003). Um Prozesse in ihrer Umwelt besser verstehen zu können, versuchen sie herauszufinden, was bestimmte Zustände oder Ereignisse verursacht. Dabei lernen sie jedoch nicht nur aus Antworten, die sie auf ihre Fragen erhalten, sondern auch aus Erklärungen, die sich den allgemeinen Aussagen ihrer Mitmenschen entnehmen lassen. Vor allem die primäre Bezugsperson – in der Regel die Mutter – spielt hierbei eine herausragende Rolle. Führt sie negative Ereignisse auf internale, dauerhafte und allgemeine Ursachen zurück, so neigen ihre Kinder dazu, das gleiche zu tun. Seligman und Kollegen (1984) haben gezeigt, dass sich die Erklärungsmuster von Müttern und ihren Kindern stark ähnelten, während der Erklärungsstil des Vaters sich sowohl von dem der Mutter als auch von dem der Kinder unterschied. Außerdem wurde belegt, dass fehlende mütterliche Akzeptanz sowie der Einsatz psychischer Kontrolle (etwa durch Liebesentzug oder bewusste Verursachung von Schuldgefühlen) im Zusammenhang mit der Entstehung eines pessimistischen Erklärungsmusters stehen (Garber & Flynn, 2001). Es ist plausibel, dass sich Kinder die ablehnende Haltung ihrer Mutter nur mit ihrer eigenen Unzulänglichkeit erklären können – eine internale, dauerhafte und allgemeine Ursachenzuschreibung, die sich auf andere Lebensbereiche ausweiten kann (vgl. Stark, Schmidt & Joiner, 1996).

Es zeigte sich auch, dass Äußerungen und Erklärungen von Lehrern eine wichtige Rolle spielen. Die Schule stellt ein Milieu dar, in dem Kinder nicht nur deutliche Erfolge und Misserfolge erleben, sondern in dem ihnen auch Erklärungen für die von ihnen erzielten Resultate geliefert werden. Lehrer können eine schlechte Note auf fehlende Aufmerksamkeit, ungenügende Vorbereitung oder auf mangelnde Fähigkeiten zurückführen. Da Kinder dazu neigen, solche Erklärungen zu übernehmen, können die Attributionen von Lehrern maßgeblich zur Entstehung eines positiven oder negativen Erklärungsstils beitragen (Heyman, Dweck & Cain, 1992).

Auch einschneidende Lebensereignisse können die Bildung eines gewohnheitsmäßigen Erklärungsstils fördern, wie sich in mehreren Studien nachweisen ließ. Zwei Längsschnittuntersuchungen zeigten, dass vor allem negative Lebensereignisse familiärer Natur die Entstehung eines pessimistischen Erklärungsmusters begünstigten (Garber & Flynn, 2001).

Kontrollüberzeugungen

Wie in einer Reihe von Studien gezeigt wurde, bilden sich Kontrollüberzeugungen häufig schon bis zum Erreichen des Vorschulalters heraus und lassen sich schon früh erfassen (s. z. B. Mischel, Zeiss & Zeiss, 1974; Skinner, 1986). Damit wird die Annahme Julian Rotters bestätigt, dass Überzeugungen über den sogenannten Ort der Kontrolle (d. h. darüber, ob die Ursachen von Ereignissen in der Person selbst oder in äußeren Umständen liegen) schon früh in der Kindheit entstehen (Rotter, 1966; vgl. Carton & Nowicki, 1994). Rotter ging davon aus, dass Kinder aufgrund früher Erfahrungen mit der Ausübung persönlicher Kontrolle zu einer vorläufigen Kontrollüberzeugung gelangen – bei erfolgreicher Ausübung zu einer internalen Überzeugung, im Falle eines Misserfolgs zu einer externalen. Diese Überzeugung wird dann durch nachfolgende Erfahrungen entweder weiter gestärkt oder aber entkräftet. Rotter nahm an, dass sich dieser Zyklus wiederholt, bis sich mit der Zeit eine bestimmte Vorstellung über den Ort von Kontrolle festigt (Rotter, 1966).

Eine besonders wichtige Rolle in diesem Prozess kommt den Erfahrungen der Kinder mit ihren Eltern zu, insbesondere im Kontext von Belohnung und Strafe. Rotter vermutet, dass die konsistente Verstärkung wünschenswerter Verhaltensweisen und die Bestrafung negativer einen wichtigen Beitrag zur Entstehung einer internalen Überzeugung leisten, da Kinder dadurch lernen, dass sie durch ihr Verhalten Konsequenzen herbeiführen können (vgl. Carton & Nowicki, 1994). Tatsächlich ließ sich diese Vermutung auch in einer Vielzahl von Studien nachweisen (s. z. B. Paguio, Robinson, Skeen & Deal, 1987; Skinner, 1986). Umgekehrt konnte gezeigt werden, dass Kinder eher eine externale Überzeugung entwickelten, wenn ihre Eltern im Umgang mit ihnen inkonsequent und wechselhaft waren und Belohnung oder Bestrafung stärker von Launen als von konkretem Verhalten abhängig machten (Levenson, 1973; MacDonald, 1971).

Darüber hinaus glaubt Rotter, dass das Erleben starker externaler Faktoren wie etwa die Ausübung von Kontrolle durch einflussreiche Personen oder einschneidende Erfahrungen von Hilflosigkeit zur Herausbildung einer externalen Überzeugung führen können (Rotter, 1966). In der Tat ließ sich zeigen, dass Personen mit externaler Überzeugung häufiger als soche mit internaler berichteten, ihre Eltern seien behütend (MacDonald, 1971; Scheck, Emerick & El-Assal, 1973) und autoritär gewesen (Tolor & Jalowiec, 1968) und haben starke Kontrolle ausgeübt (Davis & Phares, 1969). Auch Barling (1982) stellte fest, dass Mütter von Kindern mit externaler Überzeugung häufiger berichteten, behütend zu sein, als Mütter mit internal orientierten Kindern. Wenn Kinder also die Erfahrung machen, dass positive wie negative Verstärkung eher vom Einfluss der Eltern als von ihrem eigenen Verhalten abhängig sind, tendieren sie dazu, eine externale Kontrollüberzeugung zu entwickeln.

Letzteres ist auch dann der Fall, wenn Kinder belastenden Lebensereignissen ausgesetzt sind, die von ihnen nicht beeinflusst werden können. Studierende mit externaler Kontrollüberzeugung berichteten, in der Vorschule und in frühen Schuljahren mehr Belastungen erlebt zu haben als Studierende mit internaler Orientierung (Nowicki, 1978). Mehrere Studien zeigten, dass Kinder und Jugendliche, die mit allein erziehenden Müttern aufwuchsen (Hetherington, 1972; Lancaster & Richmond, 1983), ebenso wie Studierende aus Scheidungsfamilien (Parish & Boyd, 1983; Parish & Copeland, 1980) im Vergleich zu Personen aus intakten Familien eher externale Kontrollüberzeugungen hatten. Auch Kinder (Kurdek & Blisk, 1983) und Jugendliche (Nowicki & Schneewind, 1982; Slater & Haber, 1984) aus konfliktträchtigen Haushalten haben häufig externale Kontrollüberzeugungen.

Bedeutsam ist auch die Wertschätzung durch Eltern. Menschen, die nach eigenen Angaben von ihren Eltern Akzeptanz, Wärme und emotionale Unterstützung erfahren haben, weisen häufiger als andere internale Überzeugung auf (Levenson, 1973; MacDonald, 1971). Personen mit externaler Kontrollüberzeugung beschreiben ihre Eltern häufig als ablehnend (Levenson, 1973; Paguio et al., 1987). Eine mögliche Erklärung für diesen Effekt im Zusammenhang mit Kontrollüberzeugungen ist, dass Kinder, die ohne Erfolg versuchen, die Zuneigung ihrer Eltern zu gewinnen, früher oder später den Glauben verlieren, durch eigenes Zutun erwünschte Ziele herbeiführen zu können.

Selbstwirksamkeitserwartungen

Da es sich bei Selbstwirksamkeitserwartungen um bereichsspezifische Überzeugungen handelt, entsteht diese Form Positiven Denkens durch Erlebnisse und Erfahrungen im Zusammenhang mit einer bestimmten Leistung, kann dann aber generalisiert werden. Somit wird eine direkte genetische Veranlagung für Selbstwirksamkeitsüberzeugungen ausgeschlossen (Maddux, 2002). Dagegen kann sich der Umgang von Eltern mit ihrem Kind auf dessen Entwicklung von Selbstwirksamkeit in verschiedenen Bereichen auswirken. Bandura (1997) berichtet, dass Kinder zunächst ein Verständnis kausaler Zusammenhänge entwickeln und lernen, dass jede Handlung bestimmte Ereignisse oder Zustände verursacht. In diesem Kontext erkennen Kinder wiederum, dass sie durch ihr eigenes Verhalten bestimmte Zustände bewirken können. Auf dieser Grundlage entstehen nach und nach Überzeugungen darüber, inwieweit sie in der Lage sind, durch bestimmte Handlungen erwünschte Ereignisse herbeizuführen. Damit Kinder Selbstwirksamkeit entwickeln, ist es wichtig, dass sie Lerngelegenheiten haben. Kinder, die stark behütet werden, haben nicht genügend Gelegenheit, neue Situationen zu meistern und Erfolge zu erzielen (vgl. Schunk & Pajares, 2002). Selbstwirksamkeitserwartungen können sich zwar auch durch Beobachtung anderer, durch vorgestellte Erlebnisse, verbale Belehrungen und das Erleben positiver Emotionen (vgl. Maddux, 2002) ausbilden, werden bei stellvertretendem Lernen aber in der Regel nicht so stabil wie bei eigenem Erleben.

Die erfolgreiche Bewältigung herausfordernder Situationen fördert Selbstwirksamkeit.

7.2 Verfahren zur Veränderung pessimistischer Denkmuster

In einem Überblicksartikel zum Thema Optimismus stellen Carver und Scheier (2002) die Frage, ob sich pessimistische Denkmuster, die durch genetische Determinanten und frühe Kindheitserfahrungen tief im Menschen verwurzelt sind, überhaupt ändern lassen. Die Antwort, die sie selbst auf diese Frage geben, ist ein vorsichtiges Ja. Bestehende Denkmuster zu verändern, ist sicherlich kein leichtes Unterfangen. Wie der Erfolg kognitiver Verhaltenstherapien jedoch belegt, ist es möglich, negative Gedankenstrukturen aufzubrechen und durch positive zu ersetzen. Welche Schritte dabei helfen und wie diese Schritte in Untersuchungen erfolgreich angewendet wurden, soll in den folgenden Abschnitten näher behandelt werden.

Eigene positive Erlebnisse

Der effektivste Weg, wie Menschen Hoffnungslosigkeit ablegen und Zuversicht erlangen können, ist positive Erfahrung. Zu erleben, dass man Situationen meistern kann, denen man sich vorher ausgeliefert fühlte, erweitert fast zwangsläufig den Bereich, über den man glaubt, Kontrolle ausüben zu können und widerlegt pessimistische Überzeugungen. Befürchtet eine Schülerin beispielsweise, am Gymnasium zu scheitern, weil sie glaubt, als Mädchen mathematisch-naturwissenschaftliche Fächer nicht bewältigen zu können, dann kann gemeinsames Üben mit Eltern oder einer Tutorin zu einer optimistischeren Einstellung führen. Stellt sie beispielsweise fest, dass sie Mathematikaufgaben zunächst mit Unterstützung und anschließend selbstständig lösen kann, wird ihr das nach entsprechender Übung die Zuversicht geben, in der nächsten Prüfung eine gute Note erzielen zu können. Erfolg im Bereich Mathematik könnte wiederum die Befürchtung entkräften, dass sie generell nicht in der Lage sei, gute Leistungen in den Naturwissenschaften zu erbringen. Ihre positiven Erfahrungen lassen sie hoffen, das Gymnasium erfolgreich absolvieren zu können.

Dass persönliche Erfolge zu Positivem Denken führen, hat sich in verschiedenen Studien demonstrieren lassen. Cone und Owens (1991) teilten Studienanfänger, die Probleme mit dem Studium hatten, einem Kurs zu, in dem ihre Lernkompetenz verbessert werden sollte. Sie verfolgten anschließend deren akademische Leistungen im Laufe des ersten Semesters. Es zeigte sich, dass ihr Notendurchschnitt am Ende des Semesters besser war, als sich aufgrund ihrer vorherigen Leistungen hatte vorhersagen lassen. Außerdem berichteten Studenten, die zu Beginn ihres Studiums eine externale Orientierung aufgewiesen hatten, am Ende des Semesters eine stärkerere internale Orientierung. Ross und Broh (2000) zeigten, dass Schüler, die gute Leistungen erbrachten, internale Kontrollüberzeugungen entwickelten. Solche Überzeugungen wirken sich wiederum günstig auf spätere Leistungen aus. Offensichtlich führte der schulische Erfolg also zu einer positiveren Einstellung, die wiederum günstige Effekte auf die weiteren Leistungen hatte.

Soll Positives Denken im Rahmen einer Intervention durch persönliche Erlebnisse gefördert werden, dann gilt es, einige Dinge zu beachten. Maddux (2002) weist darauf hin, dass spezifische Ziele und konkrete Aufgaben ebenso Teil des Trainings sein müssen wie gemeinsames Üben des später auszuführenden Verhaltens und das Erlernen gewisser Bewältigungs- und Problemlösestrategien. Es wäre im Falle der oben genannten Schülerin hilfreich, mit ihr nicht nur mathematische Fähigkeiten zu üben, sondern ihr darüber hinaus beizubringen, wie sie vorgehen sollte, wenn sie eine Prüfungsaufgabe zunächst nicht bearbeiten kann, da eine solche Barriere ansonsten die gerade gewonnene Zuversicht beeinträchtigen kann. Davon abgesehen wird sich erfolgreiche Erfahrung nur dann förderlich auf negative Denkmuster auswirken, wenn der Erfolg am Ende auf das eigene Verhalten und nicht auf äußere Umstände zurückgeführt wird. So wird ein gutes Prüfungsergebnis kaum eine positivere Einstellung zur Folge haben, wenn sich die Schülerin nach wie vor für unbegabt hält und den Erfolg lediglich den Fähigkeiten des Tutors zuschreibt.

Modelllernen

Einer der wichtigsten Wege, auf dem sich Menschen neue Verhaltensweisen aneignen, ist die Orientierung an einem Vorbild. Das lässt sich bei der Vorführung von Übungen im Sportunterricht beobachten, beim Lernen am Modell eines Ausbilders oder wenn Kleinkinder ihre Eltern imitieren. Beobachten Menschen andere Personen bei der Ausführung einer Aufgabe, mit der sie selbst noch keine Erfahrung haben, lernen sie dabei nicht nur etwas über die einzelnen Schritte der Ausführung. Die Leistung der anderen Person kann ihnen außerdem einen Anhaltspunkt dafür geben, wie sie selbst abschneiden würden. In Interventionen kann dieses Prinzip anhand von Filmen, Tonbändern, Interviews, Berichten in Selbsthilfegruppen, direktem Vorspielen – bei Kindern auch anhand von Märchen oder Comics – umgesetzt werden. Dadurch sollen die Teilnehmer erkennen: „Was die können, kann ich auch!" Außerdem sollen sie Handlungsmöglichkeiten auf praktische Weise aufgezeigt bekommen.

Die Wirksamkeit von Modelllernen beim Positiven Denken zeigte Chou (2001). 92 Schüler nahmen an einem Computerkurs teil, der entweder traditionell oder unter Einbindung von Modellen stattfand. Mit Modell zeigten sich höhere Lernerfolge und höhere Selbstwirksamkeit. Ähnliche Ergebnisse berichten Omizo, Cubberly und Cubberly (1985), die den Einfluss eines Vorbildes auf das Lernen mathematischer Konzepte untersuchten. Sie teilten 60 lernbehinderte Kinder in drei verschiedene Gruppen ein. Die erste sah einer Person zu, wie sie die Konzepte erklärte und anschließend Aufgaben durchrechnete. Die zweite Gruppe arbeitete zusätzlich an den Aufgaben mit. Die dritte war die Kontrollgruppe, die kein Training erhielt. Es zeigte sich, dass die ersten beiden Gruppen am Ende des Kurses höhere Selbstwirksamkeit berichteten und bessere Resultate erzielten als die Kontrollgruppe. Außerdem schnitten die Teilnehmer, die mitgearbeitet hatten, in beiden Punkten besser ab als die Gruppe, die nur ein Modell beobachten konnte. Das bestätigt, dass Modelllernen zwar hilfreich ist, um Positives Denken zu fördern, persönliche Erfahrungen allerdings längerfristig wirken.

Verbale Überzeugung

Verbale Überzeugung ist wahrscheinlich die am häufigsten verwendete Strategie, um Menschen zu mehr Zuversicht und Selbstvertrauen zu verhelfen (vgl. Weinberg & Jackson, 1990). Sie stellt einen wichtigen Baustein in Trainings und Interventionen dar (vgl. Maddux, 2002; Shatté, Gillham & Reivich, 2000). Sie lässt sich in zwei Kategorien unterteilen: in positives Feedback und Ermutigung einerseits, in das Hinterfragen und Verändern von negativen Denkmustern andererseits.

Ermutigung kann insbesondere in Form positiven Feedbacks zu einer optimistischeren Sichtweise beitragen. Beispielsweise berichtet Schunk (1982), dass Grundschüler, die für eine vorhergehende Leistung eine positive Rückmeldung erhielten (z. B. „Du warst aber fleißig"), anschließend höhere Selbstwirksamkeitserwartungen aufwiesen und eine nachfolgende mathematische Aufgabe tatsächlich erfolgreicher lösten. Noch stärkere Wirkung hat Feedback, das sich nicht auf die Anstrengung von Personen bezieht (und damit ein vorübergehendes Merkmal ist), sondern auf deren Fähigkeit (z. B. „Du bist gut darin"; Schunk & Gunn, 1986). Selbstwirksamkeit und Kontrollüberzeugung können außerdem dadurch gefördert werden, dass Menschen sich in Form von Selbstbestätigungen gut zureden (Hazareesingh & Bielawski, 1991; Weinberg, Grove & Jackson, 1992). Bei der Verwendung von Feedback ist allerdings darauf zu achten, dass Lob für Leistungen, die für die Person keine Herausforderung darstellten, kontraproduktiv sein kann (Binser & Försterling, 2004) und dass Lob, das auf stabile Fähigkeiten statt auf beeinflussbare Faktoren wie Anstrengung bezogen ist, bei späteren Misserfolgen negative Effekte haben kann (Dweck, 1999).

Zu den Verfahren verbaler Überzeugung zählen verschiedene Techniken aus der kognitiven Verhaltenstherapie, mit denen negative, dysfunktionale Erwartungen aufgedeckt und durch positive, hilfreiche Gedanken ersetzt werden können. Sowohl Seligman (1991) als auch Carver und Scheier (2002) sehen in diesen Techniken den primären Weg, um pessimistischen Personen zu helfen, sich eine optimistischere Sichtweise anzueignen. Eine von ihnen ist die „Disputation" (siehe Kasten; Seligman, 2002). Die Wirksamkeit solcher Techniken wurde in Zusammenhang mit Erklärungsmustern demonstriert (Roberts, Kane, Thompson, Bishop & Hart, 2003; Seligman, Schulman, DeRubeis & Hollon, 1999), aber auch in Zusammenhang mit Selbstwirksamkeit (Au et al., 2003; Ladouceur et al., 2001; Wolff & Clark, 2001), Kontrollüberzeugungen (Craig, Hancock, Chang & Dickson, 1998) und Optimismus (Riskind, Sarampote & Mercier, 1996).

Vorgestellte Erlebnisse

Wenn Modelllernen in Natura oder per Video nicht realisierbar ist, kann auch das Imaginieren von Handlungsweisen und Ereignissen hilfreich sein. Durch die Imagination positiver Verläufe können dysfunktionale Vorstellungen ersetzt, Pfade zum Erreichen der Ziele visualisiert und zukünftiges Verhalten mental eingeübt werden. Darüber hinaus kann allein schon die Fähigkeit, sich mehrere Wege der Zielerreichung ausmalen zu können, Hoffnung verleihen (Snyder et al., 2000). Kazdin (1979) untersuchte z. B. den Einfluss verschiedener Techniken auf das Erlernen von Durchsetzungsvermögen und stellte dabei fest, dass das Vorstellen einer Situation, in der sich die Teilnehmer behaupten mussten, zu höherer Selbstwirksamkeit führte. Außerdem fördert die Verwendung mentaler Bilder Selbstwirksamkeit bei Sportlern (Brannigan, Hauk & Guay, 1991).

Das Erleben körperlicher und emotionaler Zustände

Die Befürchtung, eine bevorstehende Situation nicht meistern zu können oder über Zukünftiges keine Kontrolle zu haben, geht häufig mit Gefühlen wie Angst und Nervosität einher. Daher vermutete Bandura (1997), dass sich die Wiederherstellung des emotionalen Gleichgewichts durch Entspannungsverfahren günstig auf die Zuversicht auswirken würde. Dass Bandura mit diesem Schluss Recht hatte, demonstrierten Bensink und Kollegen (Bensink, Godbey, Marshall & Yarandi, 1992). Sie teilten die Teilnehmer ihrer Studie in zwei Gruppen ein. Jede der beiden traf sich über einen Zeitraum von sechs Wochen zweimal wöchentlich je 30 Minuten lang. Die eine Gruppe verbrachte die Zeit mit Gesellschaftsspielen, die andere erlernte progressive Muskelrelaxation nach Jacobson (1990). Am Ende der sechs Wochen wurde erfasst, wie sich die Maßnahmen auf die Einstellungen der beiden Gruppen ausgewirkt hatten.

Disputation – ein „Streitgespräch" zur Veränderung irrationaler Denkweisen

Pessimistische Denkmuster, wie sie etwa bei depressiven Personen vorkommen, zeichnen sich in der Regel dadurch aus, dass sie zu einem gewissen Grad irrational sind (s. z. B. Strunk, Lopez & DeRubeis, 2006). Um das Denken – und damit auch das emotionale Befinden – zu verändern, müssen daher die zugrunde liegenden negativen Überzeugungen identifiziert, hinterfragt und durch funktionale, positive Gedanken ersetzt werden. Um das zu erreichen, schlägt Seligman (2002) eine Abfolge von fünf Schritten vor. Diese sollen nachfolgend anhand eines Beispiels demonstriert werden.

David Fischer befindet sich seit einigen Tagen in einem emotionalen Tief und hat nun beschlossen, eine Beratungsstelle aufzusuchen. Er berichtet der Beraterin, Frau Fuchs, dass er sich als Versager fühlt und befürchtet, ein Single zu bleiben.

Schritt 1: Auslöser identifizieren
Um zu identifizieren, was die Ursache von Davids Niedergeschlagenheit sein könnte, versucht Frau Fuchs zunächst herauszufinden, welches Ereignis seinen aktuellen Zustand ausgelöst haben könnte. Dabei stellt sich heraus, dass eine Arbeitskollegin kürzlich seine Einladung zu einem gemeinsamen Abendessen mit den Worten „vielleicht ein anderes Mal" abgelehnt hat und ihn seither zu meiden scheint.

Schritt 2 und 3: Gedanken und Reaktionen identifizieren
Auf die Frage, was David im Laufe der letzten Tage im Zusammenhang mit der Ablehnung gedacht habe, antwortet er: „Typisch Frau! Sie mag mich nicht, weil ich keinen tollen Job und kein teures Auto habe. Mit meiner Ausbildung werde ich nie große Sprünge machen. Ich werde wahrscheinlich immer ein Single bleiben. Was für ein Versager ich doch bin!" Er berichtet, aufgrund dieser Gedanken der Kollegin gegenüber in der vergangenen Woche kühl und distanziert gewesen zu sein.

Schritt 4: Disputation – negative Gedanken anfechten
Um ihm zu helfen, seine Situation aus einer anderen Perspektive zu betrachten, bittet Frau Fuchs ihn, seine eigenen Gedanken anzufechten. Anstatt die Schlüsse, die ihm in den Sinn gekommen sind, zu akzeptieren, soll er versuchen, sie wie in einem Streitgespräch durch Gegenbeweise und alternative Erklärungen zu widerlegen.

Gegenbeweise:
„Frau Fuchs' Mann ist Altenpfleger. Offensichtlich ist Status nur manchen Frauen wichtig."
„Unser Personalchef hat nicht studiert und hat trotzdem eine verantwortungsvolle Position."
„Ich hatte schon eine längere Beziehung."

Alternative Erklärungen:
„Vielleicht hatte sie wirklich keine Zeit und ist nun einfach durch meine kühle Art verunsichert."
„Vielleicht möchte sie keine Beziehung mit einem Kollegen eingehen."
„Vielleicht ist sie schon an einer anderen Person interessiert."

Außerdem soll David sich bewusst machen, welche Konsequenzen es hätte, wenn seine ursprünglichen Gedanken doch zu einem gewissen Grad wahr wären und wie nützlich seine Reaktion darauf ist.

Konsequenzen:
„Dann steht sie eben auf Status! Das bedeutet nicht, dass ich für keine Frau der Welt mehr interessant bin."
„Und wenn ich wirklich nie reich werde? Macht nichts, eigentlich bin ich ja auch so zufrieden."

Nützlichkeit:
„Trübsal zu blasen, hilft auch nicht weiter. Überlege dir lieber, wie du in Zukunft deine Attraktivität als Partner verbessern kannst."

Schritt 5: Neueinschätzung
Durch diese vier Schritte hat David inzwischen erkannt, dass er ein wenig überreagiert hat und dass die Situation doch nicht so dramatisch ist, wie er dachte. Das Gespräch mit Frau Fuchs hat ihm geholfen, die Ereignisse in anderem Licht zu sehen. Er kommt daher zu dem Schluss, dass er sein Glück in ein paar Wochen einfach nochmal probieren sollte, erkennt aber gleichzeitig, dass es keine Katastrophe ist, wenn er eine erneute Absage bekommt. Das hieße lediglich, dass seine Kollegin nicht mit ihm ausgehen möchte, andere vielleicht schon. Und nur, weil er momentan Single ist und weniger Geld verdient als andere, ist er noch lange kein Versager.

Wenngleich sich negative Gedanken in der Regel nicht so leicht und schnell verändern lassen wie in Davids Fall, demonstriert dieses Beispiel dennoch, wie verbale Überzeugung funktionieren kann. Angewandt wird diese Intervention in der Regel zunächst von einem Therapeuten oder Coach. Das Ziel ist jedoch, zu lernen, die Schritte selbstständig anzuwenden, um somit ohne weitere Unterstützung im täglichen Leben negative Denkmuster erkennen und widerlegen zu können.

Die Teilnehmer, die das Entspannungsverfahren gelernt hatten, hatten höhere internale Kontrollüberzeugungen entwickelt (vgl. auch Benson et al., 1994; Sharp, Hurford, Allison, Sparks & Cameron, 1997; Tacón, Caldera & Ronaghan, 2004). Ähnliche Ergebnisse ließen sich auch im Zusammenhang mit Selbstwirksamkeitserwartungen (Kominars, 1997; van Gerwen, van de Wal, Spinhoven, Diekstra & van Dyck, 2003) und defensivem Pessimismus (Thompson, Mason & Montgomery, 1999; s. Kap. 6) nachweisen. Zusätzlich zu der positiven Wirkung der Entspannung kann das erfolgreiche Erlernen und Ausüben dieser Verfahren einen ersten, ermutigenden Erfolg darstellen, der Anlass zu Zuversicht gibt.

7.3 Interventionen zur Förderung Positiven Denkens – das Penn Optimism Program (POP)

Wie die erwähnten Schritte im Rahmen einer Intervention zur Anwendung kommen, kann sehr unterschiedlich sein. Sie können im Rahmen eines Workshops, in der Psychotherapie bzw. beim Coaching oder selbstständig anhand eines Arbeitsbuches durchgeführt werden. Eine Intervention, die diese Schritte erfolgreich umgesetzt hat, ist das an der Universität von Pennsylvania entwickelte Penn Optimism Program (POP) (vgl. Shatté, Gillham & Reivich, 2000) (gelegentlich auch als Penn Prevention Program bzw. Penn Resiliency Project bezeichnet).

Das POP wurde für die Arbeit mit Kindern und Jugendlichen an Schulen entwickelt. Das Ziel der Intervention ist, vor allem bei Schulkindern, die aus benachteiligten Familien stammen, einen optimistischen Erklärungsstil zu fördern, um dadurch Depressionen vorzubeugen. Durchgeführt wird das POP von einem geschulten Leiter in zwölf eineinhalbstündigen Trainings (s. Kasten), d. h. in zwei Schulstunden pro Woche in Gruppen von acht bis zehn Kindern. Die ersten fünf Sitzungen sind dabei der Veränderung der Denkmuster und dem Erlernen kognitiver Techniken gewidmet, während die nachfolgenden die gelernten Fähigkeiten vertiefen und um Elemente der Problembewältigung erweitern.

In der ersten Sitzung werden die Kinder über den Zusammenhang zwischen Ereignissen, Gedanken und Gefühlen informiert. Zunächst lernen sie anhand eines Comics, angenehme sowie unangenehme Ereignisse objektiv zu beschreiben. Zusätzlich wird ihnen beigebracht, die entsprechenden Gedanken und Gefühle der Comicfiguren aus der jeweils dargestellten Situation heraus abzuleiten. Wenn sie diesen Schritt gemeistert haben, dürfen sie anschließend eigene Erlebnisse berichten und beschreiben, was sie in dem Zusammenhang dachten und welche Emotionen die Folge waren.

In der zweiten Sitzung wird dieses Verständnis um das Konzept des Erklärungsstils erweitert. Ähnlich wie in der ersten Stunde schließen die Kinder von

Ablauf des Penn Optimism Programs

Sitzung 1: Ereignis → Gedanken → Gefühle
Sitzung 2: Erklärungsstil
Sitzung 3: Gegenbeweise und alternative Erklärungen
Sitzung 4: „Worst case"-Szenario vs. bestmögliche Konsequenzen
Sitzung 5: schnelle Disputation und Grundlegendes zu Familienkonflikten
Sitzung 6: Durchsetzungsvermögen und Verhandlungsstrategien
Sitzung 7: Entspannungsverfahren und weitere Bewältigungsstrategien
Sitzung 8: soziale Kompetenzen und effektiver Umgang mit Aufschiebeverhalten
Sitzung 9: Techniken zur Entscheidungsfindung
Sitzung 10: Problemlösestrategien
Sitzung 11: weitere Problemlösestrategien
Sitzung 12: Wiederholung und Abschlussparty

(aus Shatté, Gillham & Reivich, 2000)

den Erlebnissen der Cartoon-Charaktere darauf, wie diese in einer bestimmten Episode denken und fühlen. Zusätzlich sollen sie diesmal die Komponenten der Dauerhaftigkeit und der Internalität berücksichtigen. Sobald sie gelernt haben, für die Erfahrungen der Charaktere positive bzw. negative Erklärungen zu geben, wird ihr Verständnis dieser Konzepte durch gemeinsame Rollenspiele weiter gefestigt. Am Ende der zweiten Sitzung verstehen Kinder also, welche Art von Erklärung hilfreich bzw. dysfunktional ist.

Wie man negative Erklärungen widerlegt, wird in den Sitzungen drei und vier behandelt. Die Schüler werden aufgefordert, wie ein Detektiv vorzugehen und Gegenbeweise und alternative Erklärungen für pessimistische Schlüsse zu finden und anschließend zu beurteilen, welche Erklärung am plausibelsten ist. Außerdem lernen sie, bezogen auf negative Ereignisse möglichst positive Folgen zu generieren. Anstatt davon auszugehen, dass eine misslungene Prüfung zu einer schlechten Note im Zeugnis, damit zum Wiederholen der Stufe und schließlich zum Schulabbruch führt, lernen sie sich vorzustellen, was im bestmöglichen Fall das Resultat der missglückten Prüfung sein könnte. Dadurch sollen sie begreifen, dass Misserfolge nicht zwangsläufig eine Katastrophe darstellen.

Die fünfte Sitzung dient der Verinnerlichung der gelernten Techniken. Dazu wird im Rahmen eines Spiels eine Vielzahl negativer Attributionen vorgelesen, welche die Kinder so schnell wie möglich widerlegen sollen. Diese Übung soll ihnen helfen, im Alltag alternative Erklärungen für ihre automatischen pessimistischen Gedanken zu finden und diese durch positive zu ersetzen. Da eine positive Einstellung jedoch nur aufrechtzuerhalten ist, solange Menschen in der Lage sind, ihren Alltag tatsächlich erfolgreich zu bewältigen, ist es notwendig, dass sich die Kinder zusätzlich Fähigkeiten aneignen, die ihnen ermöglichen, mit Problemen und Hindernissen im täglichen Leben zurechtzukommen. Aus diesem Grund werden in den Sitzungen sechs bis zwölf, neben der weiteren Einübung der erlernten Techniken, u. a. Entspannungsverfahren, soziale Kompetenzen, Durchsetzungsvermögen sowie Bewältigungs-, Verhandlungs- und Problemlösestrategien vermittelt. So werden den Kindern die nötigen Werkzeuge an die Hand gegeben, mit denen sie sowohl ihre eigenen Gedanken als auch ihre Umwelt positiv beeinflussen können – die beste Voraussetzung für anhaltende Zuversicht.

Die wissenschaftliche Überprüfung des POP belegt, dass das Programm tatsächlich Denkmuster in eine günstige Richtung verändern kann. Zwar konnte eine Studie von Pattison und Lynd-Stevenson (2001) keinerlei Wirkung feststellen, weder im Anschluss an die Intervention noch acht Monate später, aber die Mehrheit der Studien bescheinigt dem Penn Optimism Program, die Teilnehmer vor Depressionen geschützt bzw. ihnen zu einem positiveren Erklärungsstil verholfen zu haben (Cardemil, Reivich & Seligman, 2002; Chaplin et al., 2006; Gillham, Hamilton, Freres, Patton & Gallop, 2006; Roberts, Kane, Bishop, Matthews & Thompson, 2004).

7.4 Fazit

Obwohl es bedeutend einfacher ist, positiv in die Zukunft zu blicken, wenn man aufgrund von Erbanlagen und prägenden Erfahrungen zuversichtliche Einstellungen entwickelt hat, so zeigen die in diesem Kapitel angeführten Untersuchungen doch, dass auch noch zu einem späteren Zeitpunkt im Leben positive Denkmuster und Sichtweisen erworben werden können. Auch wenn es nicht möglich ist (und auch nicht erstrebenswert), aus einem ausgesprochenen Pessimisten einen überzeugten Optimisten zu machen, zeigen die vorhergehenden Kapitel doch, dass selbst eine kleine Veränderung in Richtung Positives Denken durchaus ein Ziel sein kann, nach dem zu streben sich lohnt.

8 Fazit: Positives Denken – empfehlenswert?

Seien Sie vorsichtig mit Gesundheitsbüchern –
Sie können an einem Druckfehler sterben.
Mark Twain

Einer der berühmtesten und einflussreichsten Erfinder dürfte Thomas Alva Edison gewesen sein, der weit über 1 000 Patente angemeldet hat. Darunter waren beispielsweise der Phonograph, ein Gerät, das Klänge aufnehmen und wiedergeben konnte, das Kinetoskop, ein Gerät zur Aufnahme und Wiedergabe von Filmen, sowie viele Erfindungen, welche die moderne Stromversorgung ermöglichten. Vor allem geht der Ruhm Edisons aber auf die Entwicklung der ersten funktionierenden Glühbirne zurück (vgl. Israel, 2000; Jonnes, 2004). Seit der englische Chemiker Humphry Davy im Jahre 1809 erstmals elektrisches Licht erzeugt hatte, indem er eine Kohlefaser durch Strom zum Glühen brachte, ist vielfach versucht worden, industriell nutzbare elektrische Lampen zu entwickeln. Die dabei entstandenen Glühbirnen waren jedoch in aller Regel von so kurzer Lebensdauer, dass sie zum üblichen Gaslicht keine echte Alternative darstellten. Nichtsdestotrotz hielt Edison an der Überzeugung fest, dass es nur eine Frage der Zeit sei, bis die Schwächen der existierenden Systeme überwunden wären, und beschloss, sich selbst an die Entwicklung einer langlebigen Glühbirne zu machen. Allerdings folgte zunächst ein Misserfolg auf den anderen. Zwar hatte Edison wichtige Aspekte früherer Lampen verbessern können, aber keines der für den Glühdraht verwendeten Materialien schien die Brenndauer wesentlich zu erhöhen. Dennoch gab er nicht auf. Der erste Erfolg stellte sich am 21. Oktober 1879 ein – nach ca. eineinhalb Jahren und über 1200 Experimenten machte es ein verkohlter Bindfaden möglich, eine Glühbirne etwa 40 Stunden lang leuchten zu lassen. Als Edison einige Monate später einen aus Bambus gewonnenen Glühfaden verwendete, konnte er die Brenndauer seiner Lampe auf 1200 Stunden erhöhen – die moderne Glühbirne war geboren.[1]

Etwas mehr als 100 Jahre später übt sich auf der anderen Seite des Atlantiks ein anderer Mann in Beharrlichkeit: Jürgen Höller möchte seine Zuhörer und

1 Heute wird allerdings Wolfram verwendet.

Leser davon überzeugen, dass sie alles erreichen können, was sie wollen. Er wiederholt diese Botschaft in Seminaren und Büchern beharrlich. Er selbst plant mit seiner Firma Inline AG den Börsengang sowie einen Umsatz von einer Milliarde im Jahr 2014 und will sich einen Privatjet kaufen (Przybilla, 2002). Doch das Glück bleibt ihm nicht treu. Er gerät privat in finanzielle Schwierigkeiten und seine Firma meldet Konkurs an. 2002 wird er wegen Untreue, vorsätzlichen Bankrotts und Meineid festgenommen und zu drei Jahren Freiheitsentzug verurteilt (www.spiegel.de/unispiegel/jobundberuf/0,1518,246819,00.html [09.01.07]). Hat Höller zu hoch gepokert?

8.1 Hilft Positives Denken immer?

Die Geschichte Thomas Edisons und seiner Beharrlichkeit bei der Entwicklung der Glühbirne wird gern als Beispiel für die Wirksamkeit Positiven Denkens herangezogen.

Immerhin scheint sie Thesen wie folgende zu bestätigen: „Hindernisse sind dazu da, um überwunden zu werden“ (Peale, 1988a, S. 23) oder „Nichts ist unmöglich“ (Peale, 1988a, S. 114). So schön solche Anekdoten auch klingen, es gibt Berichte, die den Vorhersagen Positiven Denkens widersprechen. Um die Auswirkungen einer zuversichtlichen Einstellung einschätzen zu können, müssen Geschichten wie die von Edison und Höller vor dem Hintergrund der Befunde groß angelegter Studien bewertet werden.

Betrachtet man die Studien im Überblick, so findet man sowohl solche, die zeigen, dass eine positive Einstellung günstig ist, als auch andere, die auf potentielle Gefahren einer optimistischen Sicht der Dinge hinweisen. Positives Denken scheint Menschen zu veranlassen, besser für ihre Gesundheit zu sorgen und Probleme aktiv zu bewältigen. Die Fähigkeit, Dinge mit Zuversicht zu betrachten, das Augenmerk auf das Positive zu richten und anderen mit Wohlwollen zu begegnen, macht positiv denkende Menschen zu beliebten Zeitgenossen und hilft ihnen, stabilere, zufriedenere Beziehungen zu führen. Außerdem gibt ihnen ihre Zuversicht Motivation und Kraft, um sich höhere Ziele zu setzen, härter und ausdauernder an deren Umsetzung zu arbeiten und sich weniger leicht entmutigen zu lassen. Das ermöglicht ihnen wiederum, in ihrem Beruf und in anderen wichtigen Lebensbereichen erfolgreich zu sein.

Andererseits kann ein hohes Maß an Zuversicht dazu führen, dass Menschen zu viel Energie in Ziele investieren, die unerreichbar sind und so Gesundheit und Wohlbefinden belasten. Ebenso ist es möglich, dass Optimisten bestimmte Risiken *unter*schätzen bzw. ihre eigenen Fähigkeiten *über*schätzen und sich dadurch in Schwierigkeiten oder gar in Gefahr bringen. Darüber hinaus kann die Überzeugung, das eigene Schicksal maßgeblich beeinflussen zu können, die Anpassung an Situationen erschweren, in denen das Individuum, objektiv gesehen, geringe Kontrollmöglichkeiten hat. Dementsprechend lautet die Antwort auf Peales Frage, ob Positives Denken wirkt: „Ja – aber nicht immer nur positiv.“

Positives Denken wirkt nicht immer positiv.

Leider kann nur ein Blick in die Zukunft zeigen, ob Zuversicht und unbesorgte Haltung vorteilhafte oder schädliche Konsequenzen haben werden. Auf der Basis der im Buch zusammengefassten Untersuchungsbefunde lassen sich aber allgemeine Trends erkennen, wann eine positive Einstellung hilfreich ist und was es dabei zu beachten gilt.

8.1.1 Das Ausmaß der Verzerrung

Positive Selbsteinschätzung kann sehr motivierend wirken, kann aber auch zu falschen Entscheidungen, zur Vernachlässigung von Risiken und zu ungenügender Vorsorge bzw. Vorbereitung verführen. Allerdings scheint es auch nicht immer günstig zu sein, die Wirklichkeit nüchtern und realistisch zu sehen. Einige der referierten Ergebnisse deuten darauf hin, dass das Ausmaß positiv verzerrter Wahrnehmung entscheidend ist. Die Wirklichkeit nüchtern und realistisch zu sehen – was unter dem Begriff des depressiven Realismus diskutiert wurde (vgl. Alloy & Abramson, 1988) – scheint nicht immer günstig. Neuere Studien bestätigen die provokante These nicht, dass Depressive die Dinge nicht negativ, sondern realistisch sehen. Sie differenzierten die Bedingungen genauer, unter denen depressive Personen zu realistischeren Einschätzungen als nichtdepressive kamen (Kapci & Cramer, 1999; Pusch, Dobson, Ardo & Murphy, 1998; Shrauger, Mariano & Walter, 1998). Auch im nicht-klinischen Bereich deuten zahlreiche Ergebnisse darauf hin, dass eine leicht optimistische, etwas unrealistische Sicht der Dinge günstig ist, eine extreme Verzerrung einer wie auch immer gearteten objektiven Realität aber problematisch. Diese Sichtweise umschreibt Baumeister (1989) mit dem Ausdruck „optimal margin of illusion“ – es gibt offensichtlich ein optimales Maß positiver Realitätsverzerrung. Ähnliche Argumente finden sich in den Arbeiten von Oettingen (1997), Helmke (1992), Seligman (1991) und Taylor (1989).

8.1.2 Situationsmerkmale

Ob eine optimistische Haltung hilfreich oder schädlich ist, hängt darüber hinaus von der jeweiligen Situation ab. Wichtig ist z. B. die Kontrollierbarkeit: Ist man einer Situation ausgeliefert, an der man nichts ändern kann, mögen Illusionen helfen, Resignation zu verhindern. Unheilbare Krankheit oder Gefangenschaft stellen solche Situationen dar. Ein anschauliches Beispiel hierfür liefert der mit mehreren Oscars ausgezeichnete Film von Roberto Benigni (1998): „Das Leben ist schön“. In dieser Tragikomödie versucht ein Vater, seinem kleinen Sohn die verzweifelte Lage in einem Konzentrationslager dadurch erträglicher zu machen, dass er ihm vorgaukelt, der Aufenthalt im Lager sei nur ein Spiel. Obwohl die dargestellte Situation nicht als mögliches „Patentrezept“ zum Überleben in einer unmenschlichen Situation missverstanden werden darf, ist die Idee, die hinter dieser Geschichte steht, mit den hier vorgestellten Ergebnissen vereinbar: Positives Denken kann in unkontrollierbaren Situationen Kraft zum Durchhalten geben.

Ähnliche Hinweise lassen sich in Bezug auf die Bewältigung schwerer Krankheiten finden. Auch hier verweisen Untersuchungen auf die Bedeutung von Hoffnung (Ferring, Filipp & Klauer, 1994; Filipp, 1992). In Situationen, in denen aktives Handeln nicht zu einer Verbesserung der Lage beitragen kann, können Versuche, die Situation zu akzeptieren oder positiv umzuinterpretieren, den Betroffenen helfen, sich zu entspannen, das Gefühl von Kontrolle wiederzuerlangen und so sogar zu günstigen Auswirkungen auf das Immunsystem führen (Bandura, 1992; vgl. auch Kiecolt-Glaser et al., 1987).

In Situationen aber, die Initiative und Handeln erfordern, bergen Illusionen über die Zukunft bzw. unrealistischer Optimismus die Gefahr, dass sie notwendiges Handeln verhindern. Diese Erkenntnis gilt, wie im Literaturüberblick gezeigt, für den Bereich des Gesundheitsverhaltens (vgl. Schwarzer, 1993; Schwarzer & Renner, 1997), für das Erreichen selbstgesetzter Ziele (Oettingen, 1997) und für die Vorbereitung auf Prüfungen (Helmke, 1992; Hock et al., 1997). Ignoriert jemand Krankheitsanzeichen, weil er die Möglichkeit, an einer schweren Krankheit zu leiden, nicht wahrhaben will, so kann das gefährliche Folgen haben. Ebenso bedenklich wäre es, durch Positives Denken einen angenehmen, aber gesundheitsgefährdenden Lebensstil zu legitimieren, sich auf Prüfungen ungenügend vorzubereiten oder beim Verfolgen von Lebenszielen notwendige Handlungsschritte zu unterlassen.

Die Strategie ist also an der jeweiligen Situation zu orientieren. Wenn die Lage kaum oder gar nicht kontrollierbar ist, liegt die Priorität an der Regulation von Emotionen. Soweit Positives Denken hierbei hilft, ist es günstig. Bei hoher Kontrollierbarkeit ist es dagegen wichtig, eine Veränderung der Situation anzustreben (Folkman, 1984; Weber, 1997). Positives Denken ist dann hilfreich, wenn es dieses Bestreben unterstützt.

8.1.3 Handlungsphasen

Ein dritter Aspekt betrifft die Frage, wann genau im Handlungsprozess positives Denken einsetzt. Die meisten Menschen sind relativ realistisch, wenn sie eine Entscheidung treffen, tendieren aber zu einer zuversichtlichen Sichtweise, wenn sie deren Umsetzung planen (Gollwitzer & Kinney, 1989; Taylor & Gollwitzer, 1995) – eine Tendenz, die vorteilhaft scheint. In der Entscheidungsphase kann eine positive Sicht der Dinge gefährlich sein, wenn man von positiv verzerrten Voraussetzungen ausgeht und so zu problematischen Entscheidungen gelangt. Auf diese Gefahr verwies Janis (1982) im Zusammenhang mit dem Phänomen des „groupthink“, einer Tendenz zur Selbstüberschätzung in Gruppen: Er führt das Fiasko der misslungenen US-Invasion in Kubas Schweinebucht darauf zurück, dass man sich im Entscheidungsgremium der Illusion vermeintlicher Einhelligkeit hingegeben und potentielle Probleme unterschätzt hatte.

Bei der Umsetzung getroffener Entscheidungen scheint Positives Denken dagegen im Sinne einer motivierenden Kraft hilfreich (vgl. Oettingen & Little, 1994): Hat man eine Entscheidung gefällt, wird diese durch positive Einschätzungen gegen störende Zweifel und ablenkende Alternativen gewissermaßen abgeschirmt, was wiederum das Durchhaltevermögen stützt.

Außerdem muss man die Wirkung zuversichtlicher Haltung vor und nach Eintritt eines Problems unterscheiden, wie sich am Beispiel des Bewältigens von Prüfungen illustrieren lässt: Vor einer Prüfung ist sorglose Einstellung bedenklich, wenn sie die nötige Vorbereitung verhindert (Helmke, 1992). Nach der Prüfung aber – und v. a. dann, wenn diese nicht so erfolgreich wie erhofft abgelaufen ist – hilft Positives Denken, die Selbstwertschätzung bzw. die Kontrollüberzeugungen zu stabilisieren (vgl. Steele, 1988) und motiviert zu neuen Versuchen, indem es Mut für die nächste Aufgabe macht. Auch im Zusammenhang mit Handlungsphasen gilt also, dass Positives Denken den jeweiligen Umständen angepasst sein muss.

8.1.4 Kriteriumsfrage

Viertens stellt sich die Frage nach den Kriterien: Wie beurteilt man, ob etwas – in diesem Fall eine optimistische Sicht der Dinge – nützlich oder schädlich ist? Die Antworten darauf können je nach Kriterium vollkommen unterschiedlich sein. Positives Denken kann Menschen dazu motivieren, sich stärker für bestimmte Ziele einzusetzen und diese schließlich zu erreichen. Gleichzeitig kann sich das Verhalten jedoch aufgrund der vermehrten Anstrengung nachteilig auf die Gesundheit auswirken (Solberg, Segerstrom & Sephton, 2005; vgl. Kap. 2). Ob Positives Denken in diesem Zusammenhang vorteilhaft oder ungünstig ist, ist also davon abhängig, welches Kriterium für die Person Priorität hat: das Erreichen des Ziels oder der Schutz der Gesundheit. Ein pauschales Urteil ist nicht möglich.

In der Beurteilung der Frage, ob Positives Denken vorteilhaft ist, muss außerdem das Kriterium der individuellen Wirksamkeit bzw. der Sozialverträglichkeit (Weber, 1997) berücksichtigt werden, d. h. es muss geklärt werden, *für wen* günstige oder ungünstige Effekte entstehen. Es ist vorstellbar, dass für ein Ehepaar, das einen Schicksalsschlag erlitten hat, der Optimismus unterschiedliche Auswirkungen hat. Während beispielsweise die Frau von ihrer positiven Einstellung profitiert, da sie ihr hilft, in der tragischen Situation auch etwas Gutes zu sehen, kann sich der Mann durch ihren – für sein Verständnis – leichtfertigen Umgang mit der Situation verletzt fühlen.

Des Weiteren kann eine selbsterhöhende Haltung, wie sie in der Aussage „Ich bin der Größte und allen anderen überlegen." zum Ausdruck kommt, für die Person selbst zunächst angenehm sein, für ihre soziale Umgebung aber unangenehm[2]. Ähnliches zeigt sich am Beispiel der Illusion der Gruppenproduktivität (vgl. Stroebe, Diehl & Abakoumkin, 1992): Wenn Menschen sich im Nachhinein einen größeren Beitrag zum Erfolg zuschreiben, als sie tatsächlich geleistet haben, wirkt sich das auf ihr eigenes Befinden positiv aus. Diese Haltung ist relativ unproblematisch, sofern sie privat bleibt. Wird sie allerdings öffentlich geäußert, kann sie zu Konflikten Anlass geben und damit negative soziale Folgen haben.

Ein weiteres Kriterium ist die Zeitperspektive, d. h. die Frage, ob kurz- oder langfristige Effekte berücksichtigt werden. Wie Untersuchungen von Chang und Sanna (2003b, c) belegen, kann Positives Denken kurzfristig angenehme Folgen haben, weil dadurch z. B. Probleme effektiver bewältigt werden, langfristig jedoch Nachteile mit sich bringen, weil das erhöhte Engagement nach einer gewissen Zeit zu sehr belastet. Ebenso ist es vorstellbar, dass man sich durch unrealistisch optimistische Einschätzungen eine Zeit lang entlastet und beruhigt fühlt. Auf längere Sicht aber können daraus beträchtliche Kosten und Schmerzen entstehen. Das ist dann der Fall, wenn man unangenehme, aber notwendige vorbeugende Maßnahmen unterlässt, so dass die scheinbar positive Haltung letztlich selbstschädigend ist (Baumeister & Schütz, 1997).

8.1.5 Unterschiedliche Facetten

Wie schon erwähnt, lässt sich die Frage, ob dispositionaler Optimismus eine positive Eigenschaft ist, weder mit einem klaren Ja noch einem einfachen Nein beantworten. Um leichter zwischen günstigen und schädlichen Formen Positiven Denkens unterscheiden zu können, wurden Konzepte vorgeschlagen, die dieser Problematik Rechnung tragen und günstige und ungünstige Formen Positiven Denkens unterscheiden. Epstein und Meier (1989) differenzieren zwischen realistischem und naivem Optimismus, Davidson und Prkachin (1997) zwischen realistischem und unrealistischem, Wallston (1994) zwischen „cautious" und „cockeyed optimism" und Taylor, Collins, Skokan und Aspinwall (1989) zwischen Optimismus und Verleugnung. Dabei wird jeweils eine die Realität stark verzerrende und situationsunangepasste Variante von einer weniger extremen (und günstigeren Variante) unterschieden – je nachdem, ob ein Betroffener die Augen vor Risiken verschließt oder sich Mut bei deren Bewältigung zuschreibt.

Schwarzer (1994) differenziert das Konzept des defensiven und funktionalen Optimismus. Er geht davon aus, dass sich eine zuversichtliche Haltung sowohl auf die *Situation* als auch auf die eigenen *Fähigkeiten* beziehen kann. Menschen, die mit einer Herausforderung konfrontiert sind, müssen sich erstens darüber klar werden, ob die Situation eine Bedrohung darstellt, und zwei-

2 Letztlich kann das auch für die Person selbst negative Auswirkungen haben, wenn die soziale Umwelt ihrer ablehnenden Haltung Ausdruck verleiht (Schütz, 2005).

tens, ob sie in der Lage sind, die Situation zu bewältigen[3]. Schwarzer differenziert also, worauf sich die zuversichtliche Haltung bezieht.

Defensiver Optimismus bedeutet, die Augen vor einem Risiko zu verschließen. Mit funktionalem Optimismus ist hingegen die leichte Überschätzung der eigenen Handlungsmöglichkeiten angesichts eines Risikos gemeint. Wie sich in mehreren Studien zeigte, wird gesundheitsförderliches Verhalten durch Unterschätzung des eigenen Risikos (defensiver Optimismus) behindert, durch leichte Überschätzung eigener Handlungsmöglichkeiten (funktionaler Optimismus) aber begünstigt (vgl. Schwarzer, 1994). Während die eine Form Positiven Denkens also zu negativen Konsequenzen führt, hat die andere vorteilhafte Auswirkungen.

Dasselbe gilt für die von Oettingen (1997) untersuchten Varianten positiver Haltungen. Wie in Kapitel 6 beschrieben, unterscheidet sie relativ konkrete und handlungsbezogene Erwartungen von vagen, unverbindlichen Phantasien und Wunschbildern. Erwartungen wirken sich günstig aus. Phantasien stehen in negativem Zusammenhang mit effektiver Selbstregulation, wie am Beispiel von Frauen gezeigt wurde, die Diäten einhalten, oder bei Studierenden, die ihre berufliche Laufbahn planen. Die Frage nach der Nützlichkeit oder Schädlichkeit Positiven Denkens erfordert also eine Unterscheidung zwischen unterschiedlichen Arten zuversichtlicher Haltung: günstige und problematische. Es kommt vor allem darauf an, ob eine optimistische Einstellung zu notwendigem Handeln motiviert oder dazu verleitet, es zu unterlassen.

Die Unterscheidung der zwei Facetten Positiven Denkens ist nicht immer einfach. Schwarzer und Renner (1997) stellten bei einer Befragung von Rauchern fest, dass diese ihre relative Anfälligkeit für Lungenkrebs und Raucherhusten geringer einschätzten, wenn sie davon überzeugt waren, dass sie es schaffen würden, mit dem Rauchen aufzuhören. Defensiver und funktionaler Optimismus sind hier assoziiert. Mit anderen Worten, in optimistischen Haltungen sind Risiko und Chance miteinander verwoben.

8.1.6 Persönlichkeitsunterschiede

Zu guter Letzt muss bei der Beurteilung der Schädlichkeit bzw. Unschädlichkeit Positiven Denkens beachtet werden, was für die meisten Bereiche der Psychologie zutrifft: Nicht für alle Personen gilt die gleiche Antwort. Man muss Persönlichkeitsunterschiede beachten. Wie beispielsweise die Untersuchungen zum Thema des defensiven Pessimismus (Norem, 2001; vgl. Kap. 6) zeigten, kann eine optimistische Haltung bei ängstlichen Menschen von Nachteil sein. Das ist dann der Fall, wenn sie Angst als ein Signal dafür sehen,

3 Diese Unterscheidung entspricht der in der Bewältigungsforschung getroffenen Unterscheidung zwischen primärer und sekundärer Einschätzung (primary vs. secondary appraisal, vgl. Folkman, Lazarus, Gruen & DeLongis, 1986; vgl. Kap. 3).

dass sie sich mehr Mühe geben müssen und dass ihre pessimistischen Vorstellungen ihre Strategie sind, um Angst zu reduzieren, ohne dabei Anstrengungen zu verringern.
Die Ergebnisse von Norems Studien zeigen, dass es zwei Bewältigungsstile gibt: a) optimistisch und hoffnungsvoll an eine Sache heranzugehen, ohne sich Gedanken über Versagen zu machen, und b) mögliche Probleme zu antizipieren und ihnen vorzubeugen. Für manche Menschen ist der eine Stil hilfreich, für manche der andere. Ein Zusammenhang besteht dabei zur habituellen Selbstwertschätzung: hohe Selbstwertschätzung ist mit optimistischem Herangehen verbunden (vgl. Schütz, 2005).

Entscheidungshilfe: Ist Positives Denken für mich hilfreich oder schädlich?

Folgende Fragen können bei der Beurteilung der eigenen Einstellung behilflich sein:

Wie ausgeprägt ist mein Optimismus?
Bin ich zuversichtlich oder bin ich über jeden Zweifel erhaben?

Worauf beruht meine Zuversicht?
Habe ich Erfahrungen, die meine optimistische Haltung rechtfertigen, oder basiert sie lediglich auf einem „Bauchgefühl"?

Habe ich mögliche Gefahren bedacht?
Bin ich mir etwaiger Probleme und Gefahren bewusst? Unterschätze ich das Risiko? Bin ich zuversichtlich, weil ich die Ressourcen habe, um Probleme gegebenenfalls bewältigen zu können, oder bin ich sorglos, weil ich Gefahren leugne bzw. hoffe, dass mir negative Ereignisse auch ohne eigenes Eingreifen erspart bleiben?

Ist meine Einschätzung der Situation angemessen?
Kann ich die Situation durch eigene Aktivität beeinflussen? Wenn ja, veranlasst mich meine Haltung, entsprechend zu handeln? Wenn nicht, bin ich bereit, die Situation zu akzeptieren und zu versuchen, sie auf konstruktive Weise zu verarbeiten?

Was sind die Konsequenzen?
Wie werden sich meine Einstellung und mein Handeln auf mich und andere auswirken? Was sind die kurzfristigen, was die langfristigen Folgen? Bin ich bereit, mögliche negative Konsequenzen zu akzeptieren? Habe ich notwendige Vorsichtsmaßnahmen getroffen?

Bin ich flexibel?
Bin ich bereit, ein bestimmtes Unterfangen bei andauernder Erfolglosigkeit aufzugeben und ein alternatives Ziel zu verfolgen?

8.2 Fazit

Wir haben Möglichkeiten und Grenzen Positiven Denkens aufgezeigt. Der letzte Punkt wird in Ratgebern zu Positivem Denken häufig vernachlässigt. Wer hoch hinaus will, braucht ein gutes Sicherheitsnetz. Leider wird der Blick auf die Grenzen Positiven Denkens – sofern er denn überhaupt erwähnt wird – durch Aussagen wie „Nichts ist unmöglich“ oder „Sie können alles, was Sie sich zutrauen!“ in den Hintergrund gedrängt. Es leuchtet ein, dass die richtige Prise an Vorsicht und Überlegtheit eine optimistische Einstellung erfolgreich macht und vor möglichem Scheitern bewahrt. Positives Denken allein hat noch niemanden auf die Spitze des Mount Everest geführt. Nur durch eine Kombination von Selbstvertrauen und sorgfältiger Vorbereitung ist es möglich, hohe Ziele zu erreichen. Auch die in den Anekdoten erwähnten erfolgreichen Personen scheinen sich nur begrenzt auf Positives Denken verlassen zu haben. Edison gab seine Vision von der Glühbirne nicht auf, bis er sie wahr machen konnte. Dennoch vernachlässigte er in der Zwischenzeit nicht die Sorge um seinen Lebensunterhalt. Ebenso verfolgte Muggsy Bogues zwar eifrig sein Ziel, als Basketballprofi in der NBA zu spielen, schloss aber nebenbei auch sein Hochschulstudium erfolgreich ab.

Vielleicht kann Positives Denken mit einem Medikament verglichen werden. Beide haben sowohl förderliche Konsequenzen als auch Nebenwirkungen. Wer die Angaben zu Dosierung, Anwendungsdauer und Gegenanzeigen beachtet, kann die vorteilhafte Wirkung Positiven Denkens nutzen und dabei mögliche negative Konsequenzen minimieren. In diesem Sinne ist eine optimistische Haltung zwar nicht immer von Vorteil, kann aber bei Berücksichtigung der möglichen Gefahren auf eine Weise genutzt werden, die maximal hilfreich und minimal schädlich ist.

Literatur

Abele, A. (1993). Zum Zusammenhang zwischen Stimmung, Gesundheitswahrnehmung und selbstberichtetem Gesundheitsverhalten. *Zeitschrift für Gesundheitspsychologie, 1,* 105–122.

Abele, A. & Hermer, P. (1993). Mood influences on health-related judgements: Appraisal of own health versus appraisal of unhealthy behaviours. *European Journal of Social Psychology, 23,* 613–625.

Affleck, G. & Tennen, H. (1996). Construing benefits from adversity: Adaptational. Significance and dispositional underpinnings. *Journal of Personality, 64,* 899–921.

Affleck, G., Tennen, H. & Apter, A. (2001). Optimism, pessimism, and daily life with chronic illness. In E. C. Chang (Ed.), *Optimism & pessimism: Implications for theory, research, and practice* (pp. 147–168). Washington, DC: American Psychological Association.

Affleck, G., Tennen, H., Pfeiffer, C. & Fifield, J. (1987). Appraisals of control and predictability in adapting to a chronic disease. *Journal of Personality and Social Psychology, 53,* 273–279.

Alfano, M. S., Joiner, T. E., Jr. & Perry, M. (1994). Attributional style: A mediator of the shyness-depression relationship? *Journal of Research in Personality, 28,* 287–300.

Allison, P. J., Guichard, C., Fung, K. & Gilain, L. (2003). Dispositional optimism predicts survival status 1 year after diagnosis in head and neck cancer patients. *Journal of Clinical Oncology, 21,* 543–548.

Alloy, L. B. & Abramson, L. Y. (1988). Depressive realism: Four theoretical perspectives. In L. B. Alloy (Ed.), *Cognitive processes in depression* (pp. 223–265). New York: Guilford Press.

Amodei, N. & Lamb, R. J. (2005). Predictors of Initial Abstinence in Smokers Enrolled in a Smoking Cessation Program. *Substance Use and Misuse, 40(2),* 141–149.

Anderson, A., Hattie, J. & Hamilton, R. J. (2005). Locus of Control, Self-Efficacy, and Motivation in Different Schools: Is moderation the key to success? *Educational Psychology, 25(5),* 517–535.

Anderson, C. A. & Arnoult, L. H. (1985). Attributional style and everyday problems in living: Depression, loneliness, and shyness. *Social cognition, 3,* 16–35.

Anderson, R., Greene, M. & Loewen, P. (1988). Relationships among teachers' and students' thinking skills, sense of efficacy, and student achievement. *Alberta Journal of Educational Research, 34*(2), 148–165.

Andrews, B. & Brewin, C. R. (1990). Attributions of blame for marital violence: A study of antecedents and consequences. *Journal of Marriage and the Family, 52,* 757–767.

Antoni, M. H. & Goodkin, K. (1988). Host moderator variables in the promotion of cervical neoplasia. I: Personality facets. *Journal of Psychosomatic Research, 32,* 327–338.

Arnold, R., Ranchor, A. V., de Jongste, M. J. L., Koeter, G. H., ten Hacken, N. H. T., Aalbers, R. & Sanderman, R. (2005). The relationship between self-efficacy and self-reported physical functioning in chronic obstructive pulmonary disease and chronic heart failure. *Behavioral Medicine, 31*, 107–114.

Arraras, J. I., Wright, S. J., Jusue, G., Tejedor, M. & Calvo, J. I. (2002). Coping style, locus of control, psychological distress and pain-related behaviours in cancer and other diseases. *Psychology, Health & Medicine, 7 (2)*, 181–187.

Aspinwall, L. G. & Brunhart, S. M. (1996). Distinguishing optimism from denial: Optimistic beliefs predict attention to health threats. *Personality and Social Psychology Bulletin, 22,* 993–1003.

Aspinwall, L. G. & Brunhart, S. M. (2000). What I do know won't hurt me: Optimism, attention to negative information, coping, and health. In J. E. Gilham, *The science of optimism and hope: Research essays in honor of Martin E. P. Seligman* (pp. 163–200). Philadelphia, PA: Templeton Foundation Press.

Aspinwall, L. G. & Richter, L. (1999). Optimism and self-mastery predict more rapid disengagement from unsolvable tasks in the presence of alternatives. *Motivation and Emotion, 23*, 221–245.

Aspinwall, L. G. & Taylor, S. E. (1992). Modeling cognitive adaptation: A longitudinal investigation of the impact of individual differences and coping on college adjustment and performance. *Journal of Personality and Social Psychology, 63,* 989–1003.

Astin, A. W., Korn, W. S. & Riggs, E. R. (1993). *The American Freshman: National norms for fall 1993*. Los Angeles: Higher Education Research Institute, University of California, Los Angeles.

Atkins, C. J., Kaplan, R. M. & Toshiman, M. T. (1991). Close relationships in the epidemiology of cardiovascular disease. In W. H. Jones & D. Perlman (Eds.), *Advances in Personal Relationships* (vol. 3, pp. 207–232). London: Jessica Kingsley.

Au, A., Chan, F., Li, K., Leung, P., Li, P. & Chan, J. (2003). Cognitive-behavioral group treatment program for adults with epilepsy in Hong Kong. *Epilepsy and Behavior, 4(4)*, 441–446.

Baer, J. S. & Lichtenstein, E. (1988). Classification and prediction of smoking relapse episodes: An exploration of individual differences. *Journal of Consulting and Clinical Psychology, 56*, 104–110.

Bagozzi, R. P. & Edwards, E. A. (2000). Goal-striving and the Implementation of Goal Intentions in the Regulation of Body Weight. *Psychology and Health, 15*, 255–270.

Baker, B. L., Blacher, J. & Olsson, M. B. (2005). Preschool children with and without developmental delay: Behaviour problems, parents' optimism and well-being. *Journal of Intellectual Disability Research, 49(8)*, 575–590.

Ballard, R. D. (1988). *Das Geheimnis der Titanic: 3800 Meter unter Wasser.* Berlin: Ullstein.

Ballard, R. D. (1997). *Lost Liners: Von der Titanic zur Andrea Doria. Glanz und Untergang der großen Luxusliner.* München: Heyne.

Bandura, A. (1992). Self-efficacy mechanism in psychobiologic functioning. In R. Schwarzer (Ed.), *Self-efficacy: Thought control of action* (pp. 355–394). Washington, DC: Hemisphere.

Bandura, A. (1997). *Self-efficacy: The exercise of control.* New York: Freeman.

Bandura, A. (2005). Guide to the construction of self-efficacy scales. In F. Pajares & T. Urdan (Eds.), *Self-efficacy beliefs of adolescents.* Greenwich, CT: Information Age Publishing.

Bandura, A., Barbaranelli, C., Caprara, G. V. & Pastorelli, C. (1996). Multifaced impact of self-efficacy beliefs on academic functioning. *Child Development, 67*, 1206–1222.

Bandura, A. & Locke, E. (2003). Negative self-efficacy and goal effects revisited. *Journal of Applied Psychology, 88*, 87–99.

Barling, J. (1982). Maternal antecedents of children's multidimensional locus of control beliefs. *Journal of Genetic Psychology, 140,* 155–156.

Barlow, J. H., Cullen, L. A. & Rowe, I. F. (2002). Educational preferences, psychological well-being and self-efficacy among people with rheumatoid arthritis. *Patient Education and Counseling, 46*, 11–19.

Barnwell, A. M. & Kavanagh, D. J. (1997). Prediction of psychological adjustment to multiple sclerosis. *Social Science and Medicine, 45(3)*, 411–418.

Bascomb, N. (2004). *The Perfect Mile.* Boston: Houghton Mifflin.

Bauer, J. J. & Bonanno, G. A. (2001). I can, I do, I am: The narrative differentiation of self-efficacy and other self-evaluations while adapting to bereavement. *Journal of Research in Personality, 35(4)*, 424–448.

Baumeister, R. F. (1989). The optimal margin of illusion. *Journal of Social and Clinical Psychology, 8,* 176–189.

Baumeister, R. F. (1990). Suicide as escape from self. *Psychological Review, 97,* 90–113.

Baumeister, R. F. & Leary, M. R. (2000). The need to belong: Desire for interpersonal attachments as a fundamental human motivation. In E. T. Higgins & A. W. Kruglanski (Eds.), Motivational science: Social and personality perspectives (pp. 24–49). New York, NY, US: Psychology Press.

Baumeister, R. F. & Schütz, A. (1997). Das tragische Paradoxon selbstzerstörerischen Verhaltens. Mythos und Realität. *Psychologische Rundschau, 48,* 67–83.

Baumeister, R. F. & Wotman, S. R. (1992). *Breaking hearts: The two sides of unrequited love.* New York: Guilford Press.

Beauchamp, M. R. & Whinton, L. C. (2005). Self-efficacy and other-efficacy in dyadic performance: Riding as one in equestrian eventing. *Journal of Sport and Exercise Psychology, 27(2),* 245–252.

Beck, A. T. (1976). *Cognitive therapy and emotional disorders.* New York: International Universities Press.

Benight, C. C., Flores, J. & Tashiro, T. D. (2001). Bereavement coping self-efficacy in cancer widows. *Death Studies, 25,* 97–125.

Benight, C. C., Freyaldenhoven, R. W., Hughes, J., Ruiz, J. M., Zoschke, T. A. & Lovallo, W. R. (2000). Coping self-efficacy and psychological distress following the Oklahoma City bombing. *Journal of Applied Social Psychology. 30(7)*, 1331–1344.

Benight, C. C. & Harper, M. L. (2002). Coping self-efficacy perceptions as a mediator between acute stress response and long-term distress following natural disasters. *Journal of Traumatic Stress. 15(3)*, 177–186.

Bennett, K. K. & Elliott, M. (2005). Depressive symptoms and health among cardiovascular disease patients in cardiac rehabilitation programs. *Journal of Applied Social Psychology, 35*, 2620–2642.

Bensink, G. W., Godbey, K. L., Marshall, M. J. & Yarandi, H. N. (1992). Institutionalized elderly: Relaxation, locus of control, self-esteem. *Journal of Gerontological Nursing, 18,* 30–36.

Benson, H., Kornhaber, A., Kornhaber, C., LeChanu, M. N., Zuttermeister, P. C., Myers, P. & Friedman, R. (1994). Increases in positive psychological characteristics with a new relaxation-response curriculum in high school students. *Journal of Research and Development in Education, 27,* 226–231.

Berkman, L. F. & Syme, S. L. (1979). Social networks, host resistance, and mortality: A nine year follow-up study of Alameda County residents. *American Journal of Epidemiology, 109,* 186–204.

Berscheid, E. & Walster, E. H. (1974). Physical attractiveness. In L. Berkowitz (Ed.), *Advances in experimental social psychology, 7* (pp. 157–215). New York: Academic Press.

Berscheid, E. & Walster, E. H. (1978). *Interpersonal attraction (2nd ed.).* Boston, MA: Addison-Wesley.

Betz, N. E. & Hackett, G. (1981). The relationship of career-related self-efficacy expectation to perceived career options in college women and men. *Journal of Counseling Psychology, 28,* 399–410.

Betz, N. E. & Hackett, G. (1983). The relationship of mathematics self-efficacy expectations to the selection of science-based college majors. *Journal of Vocational Behavior, 23,* 329–345.

Bierhoff, H. W., Grau, I. & Ludwig, A. (1993). *Marburger Einstellungs-Inventar für Liebesstile.* Göttingen: Hogrefe.

Binda, W. & Crippa, F. (2000). Parental self-efficacy and characteristics of mother and father in the transition to parenthood. In E. Oddone-Paolucci & C. Violato (Eds.), *The changing family and child development* (pp.117–131). Aldershot, England: Ashgate Publishing.

Binser, M. J. & Försterling, F. (2004). Paradoxe Wirkung von Lob und Tadel: Personale und situative Moderatoren. *Zeitschrift für Entwicklungspsychologie und Pädagogische Psychologie, 36,* 182–189.

Bogues, T. & Levine, D. (1994). *In the Land of Giants: My Life in Basketball.* Boston: Little Brown & Co.

Bosworth, H. T. & Murray, M. E. (1983). Locus of control and achievement motivation in dyslexic children. *Journal of Developmental and Behavioral Pediatrics, 4,* 253–256.

Bowlby, J. (1988). *A secure base: Parent-child attachment and healthy human development.* New York: Basic Books.

Boyce, B. A. & Bingham, S. M. (1997). The effects of self-efficacy and goal setting on bowling performance. *Journal of Teaching in Physical Education, 16(3),* 312–323.

Bradbury, T. N. & Fincham, F. D. (1990). Attributions in marriage: Review and critique. *Psychological Bulletin, 107,* 3–33.

Bradbury, T. N. & Fincham, F. D. (1992). Attributions and behavior in marital interaction. *Journal of Personality and Social Psychology, 63,* 613–628.

Brandtstädter, J. & Rothermund, K. (1994). Self-percepts of control in middle and later adulthood: Buffering losses by rescaling goals. *Psychology and Aging, 9,* 265–273.

Brannigan, G. G., Hauk, P. A. & Guay, J. A. (1991). Locus of control and daydreaming. *Journal of Genetic Psychology, 152,* 29–33.

Brief, A. P., Butcher, A. H., George, J. M. & Link, K. E. (1993). Integrating bottom-up and top-down theories of subjective well-being: The case of health. *Journal of Personality and Social Psychology, 64,* 646–653.

Brissette, I., Scheier, M. F. & Carver, C. S. (2002). The role of optimism in social network development, coping, and psychological adjustment during a life transition. *Journal of Personality and Social Psychology, 82,* 102–111.

Broedling, L. A. (1975). Relationship of internal-external control to work motivation and performance in an expectancy model. *Journal of Applied Psychology, 60,* 65–70.

Brown, B. R. (1968). The effects of need to maintain face on interpersonal bargaining. *Journal of Experimental Psychology, 4,* 107–122.

Brown, J. D. & Marshall, M. A. (2001). Great expectations: Optimism and pessimism in achievement settings. In E. C. Chang (Ed.), *Optimism & pessimism: Implications for theory, research, and practice.* (pp. 239–255). Washington, DC, US: American Psychological Association.

Brunstein, J. C. (1986). Attributionsstil und Depression: Erste Befunde zur Reliabilität und Validität eines deutschsprachigen Attributionsstil-Fragebogens. *Zeitschrift für Differentielle und Diagnostische Psychologie, 7, 45–53.*

Burish, T. G., Carey, M. P., Wallston, K. A., Stein, M. J., Jamison, R. N. & Lyles, J. N. (1984). Health locus of control and chronic disease: An external orientation may be advantageous. *Journal of Social and Clinical Psychology, 2,* 326–332.

Butler, D. A. (2002). *„Unsinkable": The Story of the RMS Titanic.* Cambridge, MA: Da Capo.

Byrne, D. (1971). *The attraction paradigm.* New York: Academic Press.

Camp, P. L. & Ganong, L. H. (1997). Locus of control and marital satisfaction in long-term marriages. *Families in Society: The Journal of Contemporary Human Services, 78,* 624–631.

Campbell, L. C., Keefe, F. J., McKee, D. C., Edwards, C. L., Herman, S. H., Johnson, L. E., Colvin, O. M., McBride, C. M. & Donattuci, C. F. (2004). Prostate cancer in African Americans: Relationship of patient and partner self-efficacy to quality of life. *Journal of Pain and Symptom Management, 28,* 433–444.

Cantor, N. & Norem, J. K. (1989). Defensive pessimism and stress and coping. *Social Cognition, 7,* 92–112.

Caprara, G. V., Steca, P., Cervone, D. & Artistico, D. (2003). The contribution of self-efficacy beliefs to dispositional shyness: On social-cognitive systems and the development of personality dispositions. *Journal of Personality, 71,* 943–970.

Cardemil, E. V., Reivich, K. J. & Seligman, M. E. P. (2002). The prevention of depressive symptoms in low-income minority middle-school students. *Prevention & Treatment, 5,* Article 8. erhältlich: http://journals.apa.org/prevention/volume5/pre0050008a.html

Carden, R., Bryant, C., & Moss, R. (2004). Locus of control, test anxiety, academic procrastination, and achievement among college students. *Psychological Reports, 95 (2),* 581–582.

Carnegie, D. (1986). *Wie man Freunde gewinnt.* Bern: Scherz.

Carnegie, D. (2003). *Sorge dich nicht – lebe!* Frankfurt a.M.: S. Fischer Verlag.

Carton, J. S. & Nowicki, S., Jr. (1994). Antecedents of individual differences in locus of control of reinforcement: A critical review. *Genetic, Social, and General Psychology Monographs, 120,* 31–81.

Carver, C. S. & Gaines, J. G. (1987). Optimism, pessimism, and postpartum depression. *Cognitive Therapy and Research, 11,* 449–462.

Carver, C. S., Kus, L. A. & Scheier, M. F. (1994). Effects of good versus bad mood and optimistic versus pessimistic outlook on social acceptance versus rejection. *Journal of Social and Clinical Psychology, 13,* 138–151.

Carver, C. S., Pozo, C., Harris, S. D., Noriega, V., Scheier, M. F., Robinson, D. S., Ketcham, A. S., Moffat, F. L., Jr. & Clark, K. C. (1993). How coping mediates the effect of optimism on distress: A study of women with early stage breast cancer. *Journal of Personality and Social Psychology, 65*, 375–390.

Carver, C. S. & Scheier, M. F. (1981). *Attention and self-regulation: A control-theory approach to human behavior.* New York: Springer.

Carver, C. S. & Scheier, M. F. (2002). Optimism. In C. R. Snyder & S. J. Lopez (Eds.), *Handbook of positive psychology,* (pp. 231–243). New York: Oxford University Press.

Carver, C. S., Smith, R. G., Antoni, M. H., Petronis, V. M., Weiss, S. & Derhagopian, R. P. (2005). Optimistic Personality and Psychosocial Well-Being During Treatment Predict Psychosocial Well-Being Among Long-Term Survivors of Breast Cancer. *Health-Psychology, 24*, 508–516.

Celestino, R., Tapp, J. & Brumet, M. E. (1979). Locus of control correlates with marathon performances. *Perceptual and Motor Skills, 48*, 1249–1250.

Chamberlain, K., Petrie, K. & Azariah, R. (1992) The role of optimism and sense of coherence in predicting recovery following surgery. *Psychology and Health, 7(4)*, 301–310.

Chambliss, C. A. & Murray, E. J. (1979). Efficacy attribution, locus of control, and weight less._*Cognitive Therapy and Research, 3*, 349–353.

Chang, E. C. (1996). Cultural differences in optimism, pessimism, and coping: Predictors of subsequent adjustment in Asian American and Caucasian American college students. *Journal of Counseling Psychology, 43*, 113–123.

Chang, E. C. & Sanna, L. J. (2003a). The past is not what it used to be: Optimists' use of retroactive pessimism to diminish the sting of failure. *Journal of Research in Personality, 37*, 388–404.

Chang, E. C. & Sanna, L. J. (2003b). Experience of life hassles and psychological adjustment among adolescents: Does it make a difference if one is optimistic or pessimistic? *Personality and Individual Differences, 34*, 867–879.

Chang, E. C. & Sanna, L. J. (2003c). Optimism, accumulated life stress, and psychological and physical adjustment: Is it always adaptive to expect the best? *Journal of Social and Clinical Psychology, 22*, 97–115.

Chang, E. C., Maydeu-Olivares, A., & D'Zurilla, T. J. (1997). Optimism and pessimism as partially independent constructs: Relationship to positive and negative affectivity and psychological well-being. *Personality and Individual Differences, 23*, 433–440.

Chang, E.C., Rand, K. L. & Strunk, D. R. (2000). Optimism and risk for job burnout among working college students: Stress as a mediator. *Personality and Individual Differences*, 29, 255–263.

Chaplin, T. M., Gillham, J. E., Reivich, K., Elkon, A. G. L., Samuels, B., Freres, D. R., Winder, B. & Seligman, M. E. P. (2006). Depression prevention for early adolescent girls: A pilot study of all girls versus co-ed groups. *Journal of Early Adolescence, 26*, 110–126.

Chat Reel: Muggsy Bogues. Verfügbar über: http://sportsillustrated.cnn.com/your_turn/news/2000/06/08/chatreel_bogues/ [02.01.2007]

Chemers, M. M., Hu, L. & Garcia, B. F. (2001). Academic self-efficacy and first-year college student performance and adjustment. *Journal of Educational Psychology, 93(1)*, 55–64.

Chen, G., Goddard, T. G. & Casper, W. J. (2004). Examination of the relationships among general and work-specific self-evaluations, work-related control beliefs, and job attitudes. *Applied Psychology: An International Review, 53*, 349–370.

Chesterman, E., Cohen, F. & Adler, N. (1990). *Trait optimism as a predictor of pregnancy outcomes.* Poster vorgestellt auf First International Congress of Behavioral Medicine, Uppsala, Schweden.

Choi, N. (2005). Self-Efficacy and Self-Concept as Predictors of College Students' Academic Performance. *Psychology in the Schools, 42(2)*, 197–205.

Chou, H. W. (2001). Effects of training method and computer anxiety on learning performance and self-efficacy. *Computers in Human Behavior, 17, 51–69.*

Clark, J. V. & Arkowitz, H. (1975). Social anxiety and self-evaluation of interpersonal performance. *Psychological Reports, 36,* 211–221.

Cohen, J. H. (1990). Community nurse executives' psychological well-being: relationships among stressors, social support, coping and optimism. *Public Health Nursing, 7,* 194–203.

Cohen, S., Lichtenstein, E., Prochaska, J. O., Rossi, J. S., Gritz, E. R., Carr, C. R., Orleans, C. T., Schoenbach, V. J., Biener, L., Abrams, D., DiClemente, C., Curry, S., Marlatt, G. A., Cunnings, K. M., Emont, S. L., Giovino, G. & Ossip-Klein, D. (1989). Debunking myths about self-quitting: Evidence from 10 prospective studies of persons who attempt to quit smoking by themselves. *American Psychologist, 44*, 1355–1365.

Collins, J. L. (1982). *Self-efficacy and ability in achievement behavior.* Paper presented at the meeting of the American Educational Research Association, New York. (zitiert in Bandura, 1997)

Commager, H. S. (1952). *Der Geist Amerikas. Eine Deutung amerikanischen Denkens und Wesens von 1880 bis zur Gegenwart.* Zürich: Europa Verlag.

Cone, A. L. & Owens, S. K. (1991). Academic and locus of control enhancement in a freshman study skills and college adjustment course. *Psychological Reports, 68,* 1211–1217.

Conley, C. S., Haines, B. A., Hilt, L. M. & Metalsky, G. I. (2001). The Children's Attributional Style Interview: Developmental tests of cognitive diathesis-stress theories of depression. *Journal of Abnormal Child Psychology, 29,* 445–463.

Coolidge, C. (1924). Telephone Remarks to a Group of Boy Scouts, July 25th, 1924 John Woolley and Gerhard Peters,The American Presidency Project [online]. Santa Barbara, CA: University of California (hosted), Gerhard Peters (database). Verfügbar über: http://www.presidency.ucsb.edu/ws/?pid=24184 [09.01.2007]

Coué, E. (2004). *Autosuggestion. Die Kraft der Selbstbeeinflussung durch Positives Denken.* Zürich: Oesch Verlag.

Cousson-Gélie, F., Irachabal, S., Bruchon-Schweitzer, M., Dilhuydy, J. M. & Lakdja, F. (2005). Dimensions of the Cancer Locus of Control Scale as predictor of psychological adjustment and survival in breast cancer patients. *Psychological Reports, 97,* 699–711.

Cozzarelli, C. (1993). Personality and self-efficacy as predictors of coping with abortion. *Journal of Personality and Social Psychology, 65(6)*, 1224–1236.

Craig, A. R., Hancock, K. M., Chang, E. & Dickson, H. G. (1998). The effectiveness of group psychological intervention in enhancing perceptions of control following spinal cord injury. *Australian and New Zealand Journal of Psychiatry, 32,* 112–118.

Creed, P. A., Patton, W. & Bartrum, D. (2002). Multidimensional properties of the LOT-R: Effects of optimism and pessimism on career and wellbeing related variables in adolescents. *Journal of Career Assessment, 10* (1), 42–61.

Curbow, B., Somerfield, M., Baker, F., Wingard, J. & Legro, M. (1993). Personal changes, dispositional optimism, and psychological adjustment to bone marrow transplantation. *Journal of Behavioral Medicine, 16*, 423–443.

Curry, L. A., Snyder, C. R., Cook, D. L., Ruby, B. C. & Rehm, M. (1997). Role of hope in academic and sport achievement. *Journal of Personality and Social Psychology, 73(6)*, 1257–1267.

Curtis, R. C. & Miller, K. (1986). Believing another likes or dislikes you: Behaviors making the beliefs come true. *Journal of Personality and Social Psychology, 51*, 284–290.

Cvetanovski, J. & Jex, S. M. (1994). Locus of control of unemployed people and its relationship to psychological and physical well-being. *Work & Stress, 8*, 60–67.

Datenreport (2002). http://www.destatis.de/allg/d/veroe/d_datend.htm [10.1.2007]

Daukantaite, D. & Bergman, L. R. (2005). Childhood Roots of Women's Subjective Well-Being: The Role of Optimism. *European Psychologist, 10,* 287–297.

Davidson, K. W. & Prkachin, K. M. (1997). Optimism and unrealistic optimism have an interacting impact on health-promoting behavior and knowledge changes. *Personality and Social Psychology Bulletin, 23,* 617–625.

Davis, C. G., Nolen-Hoeksema, S. & Larson, J. (1998). Making sense of loss and benefiting from the experience: Two construals of meaning. *Journal of Personality and Social Psychology, 75*, 561–574.

Davis, H. IV & Zaichkowsky, L. (1998). Explanatory style among elite ice hockey athletes. *Perceptual and Motor Skills, 87(3, Pt 1)*, 1075–1080.

Davis, W. L. & Phares, E. J. (1969). Parental antecedents of internal-external control of reinforcements. *Psychological Reports, 24,* 427–436.

de Crèvecoeur, M. G. J. (1986). *Letters from an american farmer and sketches of eighteenth-century america.* Harmondsworth, UK: Penguin.

de Nooijer, J., Lechner, L. & de Vries, H. (2003). Social psychological correlates of paying attention to cancer symptoms and seeking medical help. *Social Science and Medicine, 56*, 915–920.

DeNeve, K. M. & Cooper, H. (1998). The happy personality: A meta-analysis of 137 personality traits and subjective well-being. *Psychological Bulletin, 124(2),* 197–229.

Denga, D. I. (1984). Locus of control and its relationship to occupational choice behaviour. *International Review of Applied Psychology, 33,* 371–379.

Dennis, K. E. & Goldberg, A. P. (1996). Weight control self-efficacy types and transitions affect weight-loss outcomes in obese women. *Addictive Behaviors, 21(1),* 103–116.

DeVellis, R. F., DeVellis, B. M., Blanchard, L. W., Klotz, M. L., Luchok, K. & Voyce, C. (1993). Development and validation of the Parent Health Locus of Control scales. *Health Education Quarterly, 20*, 211–225.

Devins, G. M. & Edwards, P. J. (1988). Self-efficacy and smoking reduction in chronic obstructive pulmonary disease. *Behaviour Research and Therapy, 26,* 127–135.

Diener, E. (2000). Subjective well-being: The science of happiness, and a proposal for a national index. *American Psychologist, 55*, 34–43.

Diener, E., Horowitz, J. & Emmons, R. A. (1985) Happiness of the very wealthy. *Social Indicators Research,* 16, 263–274.

Diener, E., Suh, E. M., Lucas, R. & Smith, H. (1999). Subjective well-being: Three decades of progress. *Psychological Bulletin, 125,* 276–302.

Dixon, A. & Schertzer S. (2005). Bouncing Back: How Salesperson Optimism and Self Efficacy Influence Attributions and Behaviors Following Failure. *Journal of Personal Selling and Sales Management (Fall)*.

Doherty, W. J. & Ryder, R. G. (1979). Locus of control, interpersonal trust, and assertive behavior among newlyweds. *Journal of Personality and Social Psychology, 37*, 2212–2220.

Downey, G., Freitas, A. L., Michaelis, B. & Khouri, H. (1998). The self-fulfilling prophecy in close relationships: Rejection sensitivity and rejection by romantic partners. *Journal of Personality and Social Psychology, 75, 545–560.*

Dresser, H. W. (1919). *A History of the New Thought Movement.* New York: Thomas Y. Crowell Company.

Dubey, A. & Agarwal, A. (2004). Feeling Well Inspite of Chronic Illness. *Psychological-Studies, 49(1)*, 63–68.

Dweck, C. (1999). *Self-theories: Their role in motivation, personality, and development.* New York: Psychology Press.

Ek, E., Remes, J. & Sovio, U. (2004). Social and developmental predictors of optimism from infancy to early adulthood. *Social Indicators Research, 69*, 219–242.

Elek, S. M., Hudson, D. B. & Bouffard, C. (2003). Marital and parenting satisfaction and infant care self-efficacy during the transition to parenthood: The effect of infant sex. *Issues in Comprehensive Pediatric Nursing, 26*, 45–57.

Elias, S. M. & Loomis, R. J. (2002). Utilizing need for cognition and perceived self-efficacy to predict academic performance. *Journal of Applied Social Psychology, 32*, 1687–1702.

Elizur, Y. & Hirsh, E. (1999). Psychosocial adjustment and mental health two months after coronary artery bypass surgery: A multisystemic analysis of patients' resources. *Journal of Behavioral Medicine, 22(2)*, 157–177.

Elliot, A. J. & Church, M. A. (2003). A motivational analysis of defensive pessimism and self-handicapping. *Journal of Personality, 71*, 369–396.

Emerson, R. W. (2001). *Die Natur. Ausgewählte Essays.* Stuttgart: Reclam.

Emerson, R. W. (2003). *Essays. Erste Reihe.* Zürich: Diogenes.

Engel, C., Hamilton, N. A., Potter, P. & Zautra, A. J. (2004). Impact of two types of expectancy on recovery from total knee replacement surgery (TRK) in adults with osteoarthritis. *Behavioral Medicine, 30*, 113–123.

Epstein, S. & Meier, P. (1989). Constructive thinking: A broad coping variable with specific components. *Journal of Personality and Social Psychology*, 57, 332–350.

Eronen, S., Nurmi, J. E. & Salmela-Aro, K. (1998). Optimistic, defensive-pessimistic, impulsive and self-handicapping strategies in university environments. *Learning and Instruction, 8*, 159–177.

Evans, W. F. (1869). *The Mental Cure, illustrating the influence of the mind on the body, both in health and disease, and the psychological method of treatment.* Boston: H. H. & T. W. Carter.

Ey, S., Hadley, W., Allen, D. N., Palmer, S., Klosky, J., Deptula, D., Thomas, J. & Cohen, R. (2005). A new measure of children's optimism and pessimism: The youth life orientation test. *Journal of Child Psychology and Psychiatry, 46*, 548–558.

Fearn-Banks, K. (2006). *Crisis communications: A casebook approach.* Mahwah, NJ: Lawrence Erlbaum Associates.

Feiring, C., Taska, L. & Lewis, M. (2002). Adjustment following sexual abuse discovery: The role of shame and attributional style. *Developmental Psychology, 38*, 79–92.

Felton, J., Gibson, B. & Sanbonmatsu, D. M. (2003). Preference for risk in investing as a function of trait optimism and gender. *Journal of Behavioral Finance, 4(1)*, 33–40.

Fenton-O'Creevy, M. P., Nicholson, N., Soane, E. & Willman, P. (2003). Trading on illusions: unrealistic perceptions of control and trading performance. *Journal of Occupational and Organisational Psychology, 76*, 53–68.

Ferring, D., Filipp, S.-H. & Klauer, T. (1994). Korrelate der Überlebenszeit bei Krebspatienten: Ergebnisse einer follow-back-Studie. In: E. Heim und M. Perrez (Hrsg.), *Krankheitsverarbeitung* (S. 63–73). Göttingen: Hogrefe.

Filipp, S.-H. (1992). Could it be worse? The diagnosis of cancer as a prototype of traumatic life events. In L. Montada, S.-H. Filipp & M. J. Lerner (Hrsg.), *Life crises and experiences of loss in adulthood* (S. 23–56). Hillsdale, NJ: Erlbaum.

Filipp, S.-H. & Ferring, D. (2000). Coping as „reality construction": On the role of attentive, comparative, and interpretive processes in coping with cancer. In J. H. Harvey & E. D. Miller (Eds.), *Loss and trauma: General and close relationship perspectives* (pp. 146–165). Philadelphia, PA: Brunner/Mazel.

Filipp, S.-H. & Ferring, D. (2002). Die Transformation des Selbst in der Auseinandersetzung mit kritischen Lebensereignissen. In G. Jüttemann & H. Thomae (Hrsg.), *Persönlichkeit und Entwicklung* (S. 191–228). Weinheim: Beltz.

Fincham, F. D., Beach, S. R. & Bradbury, T. N. (1989). Marital distress, depression, and attributions: Is the marital distress-attribution association an artifact of depression? *Journal of Consulting and Clinical Psychology, 57*, 768–771.

Fincham, F. D., Beach, S. R., Harold, G. T. & Osborne, L. N. (1997). Marital satisfaction and depression: Different causal relationships for men and women? *Psychological Science, 8*, 351–357.

Fincham, F. D., Beach, S. R. & Nelson, G. (1987). Attribution processes in distressed and nondistressed couples: III. Causal and responsibility attributions for spouse behavior. *Cognitive Therapy and Research, 11*, 71–86.

Fincham, F. D. & Bradbury, T. N. (1993). Marital satisfaction, depression, and attributions: A longitudinal analysis. *Journal of Personality and Social Psychology, 64*, 442–452.

Fincham, F. D., Harold, G. T. & Gano-Phillips, S. (2000). The longitudinal association between attributions and marital satisfaction: Direction of effects and role of efficacy expectations. *Journal of Family Psychology, 14*, 267–285.

Findley, M. & Cooper, H. M. (1983). The relation between locus of control and achievement. *Journal of Personality and Social Psychology, 44*, 419–427.

Finney, S. J. & Schraw, G. J. (2003). Self-efficacy beliefs in college statistics courses. *Contemporary Educational Psychology, 28*, 161–186.

Fitzgerald, T. E., Tennen, H., Affleck, G. & Pransky, G. S. (1993). The relative importance of dispositional optimism and control appraisals in quality of life after coronary bypass surgery. *Journal of Behavioral Medicine, 16*, 25–43.

Flynn, T. M. (1991). Achievement, self-concept and locus of control in black prekindergarten children. *Early Child Development and Care, 74*, 135–139.

Folkman, S. (1984). Personal control and stress and coping processes: A theoretical analysis. *Journal of Personality and Social Psychology, 46*, 839–852.

Folkman, S., Lazarus, R. S., Gruen, R. J. & DeLongis, A. (1986). Appraisal, coping, health status, and psychological symptoms. *Journal of Personality and Social Psychology, 50*, 571–579.

Fontaine, K. R. & Jones, L. C. (1997). Self-esteem, optimism, and postpartum depression. *Journal of Clinical Psychology, 53*, 59–63.

Fontaine, K. R., Manstead, A. S. R. & Wagner, H. (1993). Optimism, perceived control over stress, and coping. *European Journal of Personality, 7*, 267–281.

Fournier M., De Ridder, D. & Bensing J. (2002). Optimism and adaptation to chronic disease: the role of optimism in relation to self-care options of type 1 diabetes mellitus, rheumatoid arthritis, and multiple sclerosis. *British Journal of Health Psychology, 7*, 409–432.

Frantz, R. S. (1980). Internal-external locus of control and labor market performance: Empirical evidence using longitudinal survey data. *Psychology: A Journal of Human Behavior, 17*, 23–29.

Franz, S. (1982). *Anforderungsbezogene Selbsteinschätzung bei Schülern*. Berlin: Volk und Wissen.

Frazier, P. (2003). Perceived control and distress following sexual assault: A longitudinal test of a new model. *Journal of Personality & Social Psychology, 84*, 1257–1269.

Friedman, L. C., Baer, P. E., Lewy, A., Lane, M. & Smith, F. E. (1988). Predictors of psychosocial adjustment to breast cancer. *Journal of Psychosocial Oncology, 6*, 75–94.

Friedman, L. C., Nelson, D. V., Baer, P. E., Lane, M., Smith, F. E. & Dworthkin, R. J. (1992). The relationship of dispositional optimism, daily life stress, and domestic environment on coping methods used by cancer patients. *Journal of Behavioral Medicine, 15*, 127–141.

Fry, P. S. & Debats, D. L. (2002). Self-efficacy beliefs as predictors of loneliness and psychological distress in older adults. *International Journal of Aging and Human Development, 55(3)*, 233–269.

Gable, M. & Dangello, F. (1994). Locus of Control, Machiavellianism, and Managerial Job Performance. *The Journal of Psychology, 128*, 599–608.

Garber, J. & Flynn, C. (2001). Predictors of depressive cognitions in young adolescents. *Cognitive Therapy and Research, 25*, 353–376.

Gayton, W. F., Matthews, G. R. & Burchstead, G. N. (1986). An investigation of the validity of the Physical Self-efficacy Scale in predicting marathon performance. *Perceptual and Motor Skills, 63 (2, Pt 2)*, 752–754.

Geers, A. L., Reilley, S. P. & Dember, W. N. (1998). Optimism, pessimism, and friendship. *Current Psychology: Developmental, Learning, Personality, Social, 17*, 3–19.

Geisler, G. W. W. & Leith, L. M. (1997). The effects of self-esteem, self-efficacy and audience presence on soccer penalty shot performance. *Journal of Sport Behavior, 20(3)*, 322–337.

George, C. V. R. (1994). *God's Salesman: Norman Vincent Peale and the Power of Positive Thinking*. New York: Oxford University Press.

George, T. R. (1994). Self-confidence and baseball performance: A causal examination of self-efficacy theory. *Journal of Sport and Exercise Psychology, 16(4)*, 381–399.

Gernigon, C. & Delloye, J. B. (2003). Self-efficacy, causal attribution and track athletic performance following unexpected success or failure among elite sprinters. *The Sport Psychologist, 17*, 55–76.

Gibson, B. & Sanbonmatsu, D. M. (2004). Optimism, pessimism, and gambling: The downside of optimism. *Personality and Social Psychology Bulletin, 30(2)*, 149–160.

Gibson, S. & Dembo, M. (1984). Teacher efficacy: A construct validation. *Journal of Educational Psychology, 76*, 569–582.

Gillham, J. E., Hamilton, J., Freres, D. R., Patton, K. & Gallop, R. (2006). Preventing depression among early adolescents in the primary care setting: A randomized controlled study of the Penn Resiliency Program. *Journal of Abnormal Child Psychology, 34*, 203–219.

Giltay, E. J., Geleijnse, J. M., Zitman, F. G., Hoekstra, T. & Schouten, E. G. (2004). Dispositional optimism and all-cause and cardiovascular mortality in a prospective cohort of elderly dutch men and women. *Archives of General Psychiatry, 61*, 1126–1135.

Given, C. W., Stommel, M., Given, B., Osuch, J., Kurtz, M. E. & Kurtz, J. C. (1993). The influence of cancer patients' symptoms and functional states on patients' depression and family caregivers' reaction and depression. *Health Psychology, 12*, 277–285.

Goldstein, M. G. & Niaura, R. (1992). Psychological factors affecting physical condition. Cardiovascular disease literature review. Part I: Coronary artery disease and sudden death. *Psychosomatics, 33*, 134–145.

Gollwitzer, P. M. & Kinney, R. F. (1989). Effects of deliberative and implemental mindsets on illusion of control. *Journal of Personality and Social Psychology, 56*, 531–542.

Gottman, J. M. (1994). *What predicts divorce? The relationship between marital processes and marital outcomes.* Hillsdale, NJ: Lawrence Erlbaum Associates.

Gottman, J. M. & Silver, N. (1999). *The seven principles for making marriage work: A practical guide from the nation's foremost relationship expert.* New York: Three Rivers Press.

Greenglass, E. & Burke, R. J. (2000). Hospital downsizing, individual resources, and occupational stressors in nurses. *Anxiety, Stress and Coping, 13*, 371–390.

Griffitt, W. & Veitch, R. (1974). Preacquaintance attitude similarity and attraction revisited: Ten days in a fall-out shelter. *Sociometry, 37*, 163–173.

Grunfeld, E. A., Jahanshahi, M., Gresty, M. A. & Bronstein, A. M. (2003). Using locus of control measures with patients experiencing vertigo. *Psychology, Health and Medicine, 8*, 335–342.

Guerrero, L. K. & Andersen, P. A. (1998). Jealousy experience and expression in romantic relationships. In P. A. Andersen & L. K. Guerrero (Eds.), *Handbook of communication and emotion* (pp.155–188). San Diego, CA: Academic Press.

Gupta, A. & Sinha, S. P. (2004). Locus of Control and Goal Orientation as Determinants of Academic Achievement. *Psychological Studies, 49(1)*, 31–35.

Haaga, D. A. F. & Stewart, B. L. (1992). Self-efficacy for recovery from a lapse after smoking cessation. *Journal of Consulting and Clinical Psychology, 60*, 24–28.

Hahn, S. E. (2000). The effects of locus of control on daily exposure, coping and reactivity to work interpersonal stressors: A diary study. *Personality and Individual Differences, 29 (4)*, 729–748.

Hale, B. D. (1993). Explanatory style as a predictor of academic and athletic achievement in college athletes. *Journal of Sport Behavior, 16(2)*, 63–75.

Hammer, T. H. & Vardi, Y. (1981). Locus of control and career self-management among nonsupervisory employees in industrial settings. *Journal of Vocational Behavior, 18*, 13–29.

Hampton, N. Z. & Mason, E. (2003). Learning disabilities, gender, sources of efficacy, self-efficacy beliefs, and academic achievement in high school students. *Journal of School Psychology, 41(2)*, 101–112.

Hannover, B. (1995). Self-serving biases and self-satisfaction in East vs. West German students. *Journal of Cross-Cultural Psychology, 26*, 176–188.

Hasan, N. & Power, T. G. (2002). Optimism and pessimism in children: A study of parenting correlates. *International Journal of Behavioral Development, 26(2)*, 185–191.

Hassebrauck, M. (1990). Über den Zusammenhang der Ähnlichkeit von Attituden, Interessen und Persönlichkeitsmerkmalen und der Qualität heterosexueller Paarbeziehungen. *Zeitschrift für Sozialpsychologie, 21*, 265–273.

Hatfield, E. & Sprecher, S. (1986). *Mirror, mirror: The importance of looks in everyday life*. Albany, NY: SUNY Press.

Hattrup, K., O'Connell, M. & Labrador, J. (2005). Incremental validity of locus of control after controlling for cognitive ability and conscientiousness. *Journal of Business and Psychology, 19*, 461–481.

Hautzinger, M., Bailer, M., Worall, H. & Keller F. (1995). *Beck-Depressions-Inventar (BDI)*. Testhandbuch. (2. überarbeitete Auflage). Bern: Hans Huber.

Hazareesingh, N. A. & Bielawski, L. L. (1991). The effects of cognitive self-instruction on student teachers' perceptions of control. *Teaching and Teacher Education, 7(4)*, 383–393.

Heider, F. (1958). *The Psychology of Interpersonal Relations*. New York: Wiley.

Heinonen, K., Räikkönen, K., Keltikangas-Järvinen, L. & Strandberg, T. (2004). Adult attachment dimensions and recollections of childhood family context: associations with dispositional optimism and pessimism. *European Journal of Personality*, 18, 193–207.

Held, B. S. (2002). The tyranny of the positive attitude in America: Observation and speculation. *Journal of Clinical Psychology, 58*, 965–992.

Helgeson, V. S. (1994). The effects of self-beliefs and relationship beliefs on adjustment to a relationship stressor. *Personal Relationships, 1*, 241–258.

Helgeson, V. S. & Franzen, P. L. (1998). The role of perceived control in adjustment to diabetes. *Anxiety, stress, and coping, 11*, 113–136.

Helmke, A. (1992). *Selbstvertrauen und schulische Leistungen*. Göttingen: Hogrefe.

Helmke, A. (1998). Vom Optimisten zum Realisten? Zur Entwicklung des Fähigkeitskonzepts vom Kindergarten bis zur 6. Klassenstufe. In F. E. Weinert (Hrsg.), *Entwicklung im Kindesalter* (S. 115–132). Weinheim: Psychologie Verlags Union.

Helmke, A. & Schrader, F. W. (2000). Determinanten der Schulleistung. In D. H. Rost (Hrsg.), *Handbuch der Pädagogischen Psychologie*. Weinheim: Beltz.

Henry, J. W., Martinko, M. J. & Pierce, M. A. (1993). Attributional style as a predictor of success in a first computer course. *Computers in Human Behavior, 9(4)*, 341–352.

Herbert, T. B. & Cohen, S. (1993). Stress and immunity in humans: A meta-analytic review. *Psychosomatic Medicine, 55*, 364–379.

Herman-Stahl, M. & Petersen, A. C. (1999). Depressive symptoms during adolescence: Direct and stress-buffering effects of coping, control beliefs, and family relationships. *Journal of Applied Developmental Psychology, 20 (1)*, 45–62.

Herrmann, D. (1998). *Helen Keller: A Life*. New York: A. A. Knopf.

Hershberger, P. J., Zimmerman, G. L., Markert, R. J., Kirkham, K. E. & Bosworth, M. F. (2000). Explanatory style and the performance of residents. *Medical Education, 34*(8), 676–678.

Hetherington, E. M. (1972). Effects of father absence on personality development in adolescent daughters. *Developmental Psychology, 7*, 313–326.

Heyman, G. D., Dweck, C. S. & Cain, K. M. (1992). Young children's vulnerability to self-blame and helplessness: Relationship to beliefs about goodness. *Child Development, 63*, 401–415.

Hill, N. & Stone, W. C. (1990). *Erfolg durch Positives Denken.* Genf: Ariston Verlag.

Hirai, K., Suzuki, Y., Tsuneto, S., Ikenaga, M., Hosaka, T. & Kashiwagi, T. (2002). A structural model of the relationships among self-efficacy, psychological adjustment, and physical condition in Japanese advanced cancer patients. *Psycho-Oncology, 11,* 221–229.

Hiroto, D. S. (1974) Locus of control and learned helplessness. *Journal of Experimental Psychology,* 102, 187–193.

Hock, M., Kohlmann, C. W. & Egloff, B. (1997). *Emotionale Reaktionen und aktuelles Bewältigungsverhalten im Umfeld einer Prüfung: Der Einfluß von Persönlichkeitsmerkmalen.* 4. Arbeitstagung der Fachgruppe Differentielle Psychologie, Persönlichkeitspsychologie und Psychologische Diagnostik in Bamberg.

Hodges, L. & Carron, A. V. (1992). Collective efficacy and group performance. *International Journal of Sport Psychology, 23,* 48–59.

Höller, J. (1995). *Alles ist möglich.* München: Econ.

Höller, J. (2000). *Sprenge Deine Grenzen. Mit Motivationstraining zum Erfolg.* München: Econ.

Hong, T. B., Oddone, E. Z., Dudley, T. K. & Bosworth, H. B. (2006). Medication barriers and anti-hypertensive medication adherence: The moderating role of locus of control. *Psychology, Health and Medicine, 11,* 20–28.

Hooker, K., Monahan, D., Shifren, K. & Hutchinson, C. (1992). Mental and physical health of spouse caregivers: The role of personality. *Psychology and Aging, 7,* 367–375.

Hopf, T. & Colby, N. (1992). The relationship between interpersonal communication apprehension and self-efficacy. *Communication Research Reports, 9,* 131–135.

Hu, Y., Zhang, R. J. & Li, W. H. (2005). Relationships among jealousy, self-esteem and self-efficacy. *Chinese Journal of Clinical Psychology, 13,* 165–166, 172.

Inglehart, R. & Klingemann, H.-D. (2000). Genes, culture, democracy, and happiness. In E. Diener & E. M. Suh (Eds.), *Subjective well-being across cultures* (pp. 165–183). Cambridge, MA: MIT Press.

Ironson, G., Balbin, E., Stuetzle, R., Fletcher, M. A., O'Cleirigh, C., Laurenceau, J. P., Schneiderman, N. & Solomon, G. (2005). Dispositional optimism and the mechanisms by which it predicts slower disease progression in HIV: Proactive behavior, avoidant coping, and depression. *International Journal of Behavioral Medicine, 12,* 86–97.

Ironson, G., Weiss, S., Lydston, D., Ishii, M., Jones, D., Asthana, D., Tobin, J., Lechner, S., Laperriere, A., Schneiderman, N. & Antoni, M. (2005). The impact of improved self-efficacy on HIV viral load and distress in culturally diverse women living with AIDS: The SMART/EST Women's Project. *AIDS Care, 17,* 222–236.

Isaacowitz, D. M. (2005). The gaze of the optimist. *Personality and Social Psychology Bulletin, 31,* 407–415.

Ismail, M. & Kong, N. W. (1985). Relationship of locus of control, cognitive style, anxiety, and academic achievement of a group of Malaysian primary school children. *Psychological Reports, 57(3, Pt 2),* 1127–1134.

Israel, P. (2000). *Edison: A Life of Invention.* New York: Wiley.

Jackson, J. W. (2002). Enhancing self-efficacy and learning performance. *Journal of Experimental Education, 70,* 243–254.

Jacobson, E. (1990). *Entspannung als Therapie. Progressive Relaxation in Theorie und Praxis.* München: Pfeiffer.

James, S. A., Hartnett, S. A. & Kalsbeek, W. D. (1983). John Henryism and blood pressure differences among black men. *Journal of Behavioral Medicine, 6,* 259–278.

Janis, I. (1982). *Groupthink* (2nd ed.). Boston, MA: Houghton Mifflin.

Janoff-Bulman, R. & Marshall, G. (1982). Mortality, well-being, and control: A study of a population of institutionalized aged. *Personality and Social Psychology Bulletin, 8*, 691–698.

Jerusalem, M. (1990). *Persönliche Ressourcen, Vulnerabilität und Streßerleben.* Göttingen: Hogrefe.

Jerusalem, M. & Schwarzer, R. (1981). Fragebogen zur Erfassung von „Selbstwirksamkeit". In R. Schwarzer (Hrsg.) (1986), *Skalen zur Befindlichkeit und Persönlichkeit (Forschungsbericht 5).* Berlin: Freie Universität, Institut für Psychologie.

Jimmieson, N. L., Terry, D. J. & Callan, V. J. (2004). A longitudinal study of employee adaptation to organizational change: The role of change-related information and change-related self-efficacy. *Journal of Occupational Health Psychology, 9*, 11–27.

Jones, E. E. & Davis, K. E. (1965). From acts to dispositions: The attribution process in person perceptions. In L. Berkowitz (Ed.) *Advances in experimental social psychology (Vol. 2).* New York: Academic Press.

Jones, E. E. & McGillis, D. (1976). Correspondent inferences and the attribution cube: a comparative reappraisal. In J. H. Harvey, W. J. Ickes & R. F. Kidd (Eds.), *New directions in attribution research (Vol. 1).* New York: Wiley.

Jonnes, J. (2004). *Empires of Light: Edison, Tesla, Westinghouse, and the Race to Electrify the World.* New York: Random House.

Kalechstein, A. D. & Nowicki, S., Jr. (1997). A meta-analytic examination of the relationship between control expectancies and academic achievement: An 11-year follow-up to Findley and Cooper. *Genetic, Social and General Psychology Monographs, 123*, 27–57.

Kalicki, B. (2002). Entwicklung und Erprobung des Fragebogens zu Attributionen in Partnerschaften (FAP). *Diagnostica, 48*, 37–47.

Kamen-Siegel, L., Rodin, J., Seligman, M. E. P. & Dwyer, J. (1991). Explanatory style and cell-mediated immunity in elderly men and women. *Health Psychology, 10*, 229–235.

Kane, T. D., Marks, M. A., Zaccaro, S. J. & Blair, V. (1996). Self-efficacy, personal goals, and wrestlers' self-regulation. *Journal of Sport and Exercise, 18*, 36–48.

Kanfer, F. H., Reinecker, H. S. & Schmelzer, D. (2005). *Selbstmanagement-Therapie: Ein Lehrbuch für die klinische Praxis* (4. durchgesehene Auflage). Berlin: Springer.

Kanfer, R. & Hulin, C. L. (1985). Individual differences in successful job searches following lay off. *Personnel Psychology, 38*, 835–848.

Kapci, E. G. & Cramer, D. (1999). Judgement of control revisited: Are the depressed realistic or pessimistic? *Counselling Psychology Quarterly*, 12 (1), 95–105.

Karney, B. J., Bradbury, T. N., Fincham, F. D. & Sullivan, K. T. (1994). The role of negative affectivity in the association between attributions and marital satisfaction. *Journal of Personality and Social Psychology, 66*, 413–424.

Kasen, S., Vaughan, R. D. & Walter, H. J. (1992). Self-efficacy for AIDS preventive behaviors among tenth grade students. *Health Education Quarterly, 19*, 187–202.

Kaslow, N. J., Tanenbaum, R. L. & Seligman, M. E. P. (1978). *The KASTAN-R: A Children's Attributional Style Questionnaire. (KASTAN-R-CASQ).* Unpublished manuscript, University of Pennsylvania.

Katz-Navon, T. Y. & Erez, M. (2005). When Collective- and Self-Efficacy affect Team Performance: The Role of Task Interdependence. *Small Group Research, 36(4)*, 437–465.

Kazdin, A. E. (1979). Imagery elaboration and self-efficacy in the covert modeling treatment of unassertive behavior. *Journal of Consulting and Clinical Psychology, 47*, 72–733.

Keller, H. (1994). *Mein Weg aus dem Dunkel.* Bern: Scherz.

Keller, H. (1997). *Optimismus. Ein Glaubensbekenntnis.* Löhrbach: Werner Pieper Medienexperimente.

Kelley, H. H. (1967). Attribution in social psychology. *Nebraska Symposium on Motivation, 15*, 192–238.

Kelley, H. H. (1973). The processes of causal attribution. *American Psychologist, 28*, 107–128.

Kelloniemi, H., Ek, E. & Laitinen, J. (2005). Optimism, dietary habits, body mass index and smoking among young Finnish adults. *Appetite, 45*, 169–76.

Kemp, G. & Claflin, E. (1989). *Dale Carnegie: The Man Who Influenced Millions.* New York: St. Martin's Press.

Kennedy, J. J. (1963). Address Before the Irish Parliament, Dublin, Ireland, June 28, 1963. Verfügbar über: http://www.jfklibrary.org/Historical+Resources/Archives/Reference+Desk/Speeches/JFK/003POF03IrishParliament06281963.htm [09.01.2007]

Kent, R. & Martinko, M. (1995). The measurement of attributions in organizational research. In M. I. Martinko (Ed.), *Attribution theory: An organizational perspective* (pp. 17–34). Delray Beach, FL: St. Lucie Press.

Kiecolt-Glaser, J. K., Glaser, R., Dyer, C., Shuttleworth, E., Ogrocki, P. & Spelcher, C. E. (1987). Chronic stress and immunity in familiy caregivers of Alzheimer's disease victims. *Psychosomatic Medicine*, 49 (5), 523–535.

Kiehl, E. (1995). *Attitudes towards AIDS among unrealistic optimism, health optimists, and health defensive pessimists.* Unpublished honors thesis. Psychology Department, Wellesley College, Wellesley, MA.

Kinderman, P. & Bentall, R. P. (1997). Causal attributions in paranoia and depression: Internal, personal, and situational attributions for negative events. *Journal of Abnormal Psychology, 106(2)*, 341–345.

King, K. B., Rowe, M. A., Kimble, L. P. & Zerwic, J. J. (1998). Optimism, coping, and long-term recovery from coronary artery surgery in women. *Research in Nursing & Health, 21(1)*, 15–26.

Kivimäki, M., Vahtera, J., Elovainio, M., Helenius, H., Singh-Manoux, A. & Pentti, J. (2005). Optimism and pessimism as predictors of change in health after death or onset of severe illness in family. *Health Psychology, 24*, 413–421.

Klein-Heßling, J., Lohaus, A. & Ball, J. (2005). Personal risks and resources of health-related behaviour in children. *Psychology, Health and Medicine, 10*, 31–34.

Knoop, R. (1981). Locus of control as moderator between job characteristics and job attitudes. *Psychological Reports, 48*, 519–525.

Kok, L. P., Ho, M. L., Heng, B. H. & Ong, Y. W. (1990). A psychosocial study of high risk subjects for AIDS. *Singapore Medical Journal, 31*, 573–582.

Kominars, K. D. (1997). A study of visualization and addiction treatment. *Journal of Substance Abuse Treatment, 14*, 213–223.

Kramer, R. M., Meyerson, D. & Davis, G. (1990). How much is enough? Psychological components of „Guns versus Butter" decisions in a security dilemma. *Journal of Personality and Social Psychology, 58(6)*, 984–993.

Krampen, G. (1991). *Fragebogen zu Kompetenz- und Kontrollüberzeugungen (FKK). Handanweisung.* Göttingen: Hogrefe.

Krause, J. S., Stanwyck, C. A. & Maides, J. (1998). Locus of control and life adjustment: relationship among people with spinal cord injury. *Rehabilitation Counseling Bulletin, 41*, 162–72.

Krishnan, B. C., Netemeyer, R. G. & Boles, J. S. (2002). Self-efficacy, competitiveness, and effort as antecedents of salesperson performance. *Journal of Personal Selling and Sales Management, 22,* 285–295.

Krohne, H. W. (1990). Streß- und Streßbewältigung. In R. Schwarzer (Hrsg.), *Gesundheitspsychologie* (S. 263–277). Göttingen: Hogrefe.

Kubzansky, L. D., Sparrow, D., Vokonas, P. & Kawachi, I. (2001). Is the glass half empty or half full? A prospective study of optimism and coronary heart disease in the normative aging study. *Psychosomatic Medicine, 63,* 910–916.

Kugler J., Tenderich, P., Stahlhut, P., Posival, H., Körner, M. M., Körfer, R. & Krüskemper, G. M. (1994). Emotional adjustment and perceived locus of control in heart transplant patients. *Journal of Psychosomatic Research, 5,* 403–408.

Kuo, C. C. & Tsaur, C. C. (2004). Locus of control, supervisory support and unsafe behavior: The case of construction industry in Taiwan. *Chinese Journal of Psychology, 46,* 293–305.

Küpper, B. (2000). *Sind Singles anders als die anderen? Ein Vergleich von Singles und Paaren.* Dissertation an der Ruhr-Universität Bochum.

Kurdek, L. A. & Blisk, D. (1983). Dimensions and correlates of mothers' divorce experiences. *Journal of Divorce, 6,* 1–24.

LaChapelle, D. L., Hadjistavropoulos, H. D., McCreary, D. R. & Asmundson, G. J. G. (2001). Contributions of pain-related adjustment and perceptions of control to coping strategy use among cervical sprain patients. *European Journal of Pain, 5,* 405–413.

Ladouceur, R., Sylvain, C., Boutin, C., Lachance, S., Doucet, C., Leblond, J. & Jacques, C. (2001). Cognitive treatment of pathological gambling. *Journal of Nervous and Mental Disease, 189,* 774–780.

LaForge, M. C. & Cantrell, S. (2003). Explanatory style and academic performance among college students beginning a major course of study. *Psychological Reports, 92(3),* 861–865.

Lai, J. C. L., Evans, P. D., Ng, S. H., Chong, A. M. L., Siu, O. T., Chan, C. L. W., Ho, S. M. Y., Ho, R. T. H., Chan, P. & Chan, C. C. (2005). Optimism, positive affectivity, and salivary cortisol. *British Journal of Health Psychology, 10(4)*, 467–484.

Lai, J. C. L. & Wan, W. (1996). Dispositional optimism and coping with academic examinations. *Perceptual and Motor Skills, 83(1)*, 23–27.

Lancaster, W. W. & Richmond, B. O. (1983). Perceived locus of control as a function of father absence, age, and geographic location. *Journal of Genetic Psychology, 143,* 51–56.

Lane, A. M., Hall, R. & Lane, J. (2004). Self-efficacy and statistics performance among Sport Studies students. *Teaching in Higher Education, 9,* 435–461.

Langer, E. J. (2002). Well-being: Mindfulness versus positive evaluation. In C. R. Snyder & S. J. Lopez (Eds.), *Handbook of Positive Psychology* (pp. 214–230). New York: Oxford University Press.

Langer, E. J. & Rodin, J. (1976). Effects of choice and enhanced personal responsibility for the aged: A field experiment in an institutional setting. *Journal of Personality and Social Psychology, 34,* 191–199.

Langton, R. (2000). The musical, the magical, and the mathematical soul. In T. Crane & S. Patterson (Eds.), *History of the Mind-Body Problem* (pp. 13–33). London: Routledge.

Laux, L. & Schütz, A. (1996). *Streßbewältigung und Gesundheit in der Familie. Schriftenreihe des Bundesministeriums für Familie, Senioren, Frauen und Jugend (Bd. 108).* Stuttgart: Kohlhammer.

Lazarus, R. S. (1966). *Psychological stress and the coping process.* New York: McGraw-Hill.

Lazarus, R. S. (1991). *Emotion and adaption.* London: Oxford University Press.

Lazarus, R. S. & Folkman, S. (1984). *Stress, Appraisal, and Coping.* New York: Springer.

Leach, C. W., Queirolo, S. S., DeVoe, S. E. & Chemers, M. (2003). Choosing letter grade evaluations: The interaction of students' achievement goals and self-efficacy. *Contemporary Educational Psychology, 28(4)*, 495–509.

Lee, C. (1989). The relationship between goal setting, self-efficacy, and female field hockey team performance. *International Journal of Sport Psychology, 20(2)*, 147–161.

Lee, Y. T. & Seligman, M. E. P. (1997). Are Americans more optimistic than Chinese? *Personality and Social Psychology Bulletin, 23,* 32–40.

Lehman, D. R., Ellard, J. H. & Wortman, C. B. (1986). Social support for the bereaved: Recipients' and providers' perspectives on what is helpful. *Journal of Consulting and Clinical Psychology, 53*, 438–446.

Leppin, A. (1992). *Risikoinformation, Risikoeinschätzung und Ressourcen als Determinanten von Gesundheitsverhalten: Eine Längsschnittstudie bei übergewichtigen Frauen.* Unveröffentlichte Dissertation, Freie Universität Berlin, Institut für Psychologie, Berlin.

Leung, B. W. C., Moneta, G. B. & McBride-Chang, C. (2005). Think positively and feel positively: Optimism and life satisfaction in late life. *The International Journal of Aging and Human Development, 61, No. 4, 335–365.*

Levenson, H. (1973). Perceived parental antecedents of internal, powerful others, and chance locus of control orientations. *Developmental Psychology, 9,* 268–274.

Levenstein, S. (2003). Stress and ulcerative colitis: Convincing the doubting thomases. *American Journal of Gastroenterology, 98,* 2112–2115.

Levy, K. N., Blatt, S. J. & Shaver, P. R. (1998). Attachment styles and parental representations. *Journal of Personality and Social Psychology, 74,* 407–419.

Levy, S., Seligman, M. E. P., Morrow, L., Bagley, C. & Lippman, M. (1987). Survival hazards analysis in first recurrent breast cancer patients. Unveröffentlichtes Manuskript, University of Pittsburgh (zu finden in Peterson & Bossio, 1991 (s. u.) sowie in Seligman, M. E. P. (1991). *Learned Optimism.* New York: A. A. Knopf).

Lightsey, O.-R. Jr. (1997). Stress buffers and dysphoria: A prospective study. *Journal of Cognitive Psychotherapy, 11 (4)*, 263–277.

Lin, C. C. & Ward, S. E. (1996). Perceived self-efficacy and outcome expectancies in coping with chronic low back pain. *Research in Nursing and Health, 19*, 299–310.

Lin, E. & Peterson, C. (1990). Pessimistic explanatory style and response to illness. *Behaviour Research and Therapy, 28,* 243–248.

Linde, J. A., Rothman, A. J., Baldwin, A. S. & Jeffery, R. W. (2006). The Impact of Self-Efficacy on Behavior Change and Weight Change among Overweight Participants in a Weight Loss Trial. *Health Psychology, 25(3)*, 282–291.

Litt, M. D.,Tennen, H., Affleck, G. & Klock, S. (1992). Coping and cognitive factors in adaption to in-vitro-fertilization failure. *Journal of Behavioral Medicine, 15*, 171–187.

Little, B. & Madigan, R. (1997). The relationship between collective efficacy and performance in manufacturing work teams. *Small Group Research, 28,* 517–534.

Locke, E. A. & Latham, G. P. (1990). *A theory of goal setting and task performance.* Englewood Cliffs, NJ: Prentice Hall.

Lonergan, J. M. & Maher, K. J. (2000). The relationship between job characteristics and workplace procrastination as moderated by locus of control. In J. R. Ferrari & T. A. Pychyl (Eds.), *Procrastination: Current Issues and New Directions* (pp. 213–224). Special issue of the Journal of Social Behavior and Personality, 15.

Lösel, F. & Bender, D. (2003). Theorien und Modelle der Paarbeziehung. In I. Grau & H. W. Bierhoff (Hrsg.), *Sozialpsychologie der Partnerschaft* (S. 43–75). Berlin: Springer.

Lounsbury, J. W., Loveland, J. M., Sundstrom, E. D., Gibson, L. W., Drost, A. W. & Hamrick, F. L. (2003). An investigation of personality traits in relation to career satisfaction. *Journal of Career Assessment, 11(3)*, 287–307.

Luszczynska, A., Mohamed, N. E. & Schwarzer, R. (2005). Self-Efficacy and social support predict benefit finding 12 months after cancer surgery: The mediating role of coping strategies. *Psychology, Health & Medicine, 10(4)*, 365–375.

Lydon, J. E., Jamieson, D. W. & Zanna, M. P. (1988). Interpersonal similarity and the social and intellectual dimensions of first impressions. *Social Cognition, 6*, 269–286.

Lykken, D. T. (1999). *Happiness: What studies on twins show us about nature, nurture, and the happiness set-point.* New York: Golden Books.

Lykken, D. T. & Tellegen, A. (1996). Happiness is a stochastic phenomenon. *Psychological Science, 7*, 186–189.

Lyons, K. S., Stewart, B. J., Archbold, P. G., Carter, J. H. & Perrin, N. A. (2004). Pessimism and optimism as early-warning signs in Parkinson's disease caregiving. *Nursing Research, 53*, 354–362.

MacDonald, A. P. Jr. (1971). Internal-external locus of control: Parental antecedents. *Journal of Consulting and Clinical Psychology, 37*, 141–147.

Maddux, James E. (2002). Self-efficacy: The power of believing you can. In C. R. Snyder & S. J. Lopez (Eds.), *Handbook of positive psychology* (pp. 277–287). New York: Oxford University Press.

Major, B., Richards, M. C., Cooper, M. L., Cozzarelli, C. & Zubek, J. (1998). Personal resilience, cognitive appraisals, and coping: An integrative model of adjustment to abortion. *Journal of Personality and Social Psychology, 74*, 735–752.

Makoul, G. & Roloff, M. E. (1998). The role of efficacy and outcome expectations in the decision to withhold relational complaints. *Communication Research, 25*, 5–29.

Maqsud, M. (1983). Relationships of locus of control to self-esteem, academic achievement, and prediction of performance among Nigerian secondary school pupils. *British Journal of Educational Psychology, 53(2)*, 215–221.

Marks, G., Richardson, J. L., Graham, J. W. & Levine, A. M. (1986). The role of health locus of control beliefs and expectations of treatment efficacy in adjustment to cancer. *Journal of Personality and Social Psychology, 51*, 443–450.

Marlatt, G. A., Baer, J. S. & Quigley, L. A. (1995). Self-efficacy and addictive behavior. In A. Bandura (Ed.), *Self-efficacy in changing societies* (pp. 289–316). New York: Cambridge University Press.

Marlatt, G. A. & Kaplan, B. E. (1972). Self-initiated attempts to change behavior: A study of New Year's Resolution. *Psychological Reports, 30*, 123–131.

Marsh, H. W. & Yeung, A. S. (1997). Coursework selection: Relations to academic self-concept and achievement. *American Educational Research Journal, 34*, 691–720.

Martin, A. (1999). *Self-handicapping and defensive pessimism: Predictors and consequences from a self-worthmotivation perspective.* Unpublished doctoral dissertation, University of Western Sydney, Sydney, Australia.

Martin, G. W., Wilkinson, D. A. & Poulos, C. X. (1995). The Drug Avoidance Self-Efficacy Scale. *Journal of Substance Abuse, 7*, 151–163.

Martin, J. J. & Gill, D. L. (1991). The relationship among competitive orientation, sport-confidence, self-efficacy, anxiety, and performance. *Journal of Sport and Exercise-Psychology, 13(2)*, 149–159.

Martin, J. J. & Gill, D. L. (1995). The relationships of competitive orientations and self-efficacy to goal importance, thoughts, and performance in high school distance runners. *Journal of Applied Sport Psychology, 7(1)*, 50–62.

Martin, L. L., Ward, D. W., Achee, J. W. & Wyer, R. S. Jr. (1993). Mood as input: People have to interpret the motivational implications of their mood. *Journal of Personality and Social Psychology, 64*, 317–326.

Martin, P. D., Dutton, G. R. & Brantley, P. J. (2004). Self-efficacy as a predictor of weight change in African-American women. *Obesity Research, 12(4)*, 646–651.

Martin-Krumm, C., Sarrazin, P., Peterson, C. & Famose, J.-P. (2003). Explanatory Style and Resilience after Sports Failure. *Personality and Individual Differences, 35(7)*, 1685–1695.

Matthews, K. A., Räikkönen, K., Sutton-Tyrrell, K. & Kuller, L. H. (2004). Optimistic attitudes protect against progression of carotid atherosclerosis in healthy middle-aged women. *Psychosomatic Medicine, 66(5)*, 640–644.

Mavis, B. (2001). Self-efficacy and OSCE performance among second year medical students. *Advances in Health Sciences Education, 6(2)*, 93–102.

May, J. L. & Hamilton, P. A. (1980). Effects of musically evoked affect on women's interpersonal attraction toward and perceptual judgements of physical attractiveness of men. *Motivation and Emotion, 4*, 217–228.

McCullough, D. (1992). *Truman*. New York: Simon & Schuster.

McCutcheon, M. (2001). *Damn! Why Didn't I Write That?: How Ordinary People are Raking in $100,000.00... Or More Writing Nonfiction Books & How You Can Too!* Sanger, CA: Quill Driver Books.

McDonald, T. & Siegall, M. (1992). The effects of technological self-Efficacy and job focus on job performance, attitudes, and withdrawal behaviors. *Journal of Psychology: Interdisciplinary and Applied, 126*, 465–475.

McIntyre, T. C. (1984). The relationship between locus of control and teacher burnout. *British Journal of Educational Psychology, 54*, 235–238.

McKenna, F. P. (1993). It won't happen to me: Unrealistic optimism or illusion of control? *British Journal of Psychology, 84*, 39–50.

McNulty, J. K. & Karney, B. R. (2004). Should I expect the best or brace for the worst: The effects of positive expectations in the early years of marriage. *Journal of Personality and Social Psychology, 86*, 729–743.

McQuillen, A. D., Licht, M. H. & Licht, B. G. (2003). Contributions of disease severity and perceptions of primary and secondary control to the prediction of psychosocial adjustment to Parkinson's disease. *Health Psychology, 22*, 504–512.

Merton, R. K. (1948). The self-fulfilling prophecy. *The Antioch Review, 8*, 193–210.

Meyer, D. B. (1988). *The positive thinkers: Popular religious psychology from Mary Baker Eddy to Norman Vincent Peale and Ronald Reagan.* Middletown, CT: Wesleyan University Press.

Meyer, W.-U. (2000). *Gelernte Hilflosigkeit*. Bern: Huber

Mikula, G. & Stroebe, W. (1991). Theorien und Determinanten der zwischenmenschlichen Anziehung. In M. Amelang, H.-J. Ahrens & H. W. Bierhoff (Hrsg.), *Attraktion und Liebe. Formen und Grundlagen partnerschaftlicher Beziehungen* (S. 61–104). Göttingen: Hogrefe.

Milam, J. E., Richardson, J. L., Marks, G., Kemper, C. A. & McCutchan, A. J. (2004). The roles of dispositional optimism and pessimism in HIV disease progression. *Psychology and Health, 19*, 167–181.

Miller, D. T. & Ross, M. (1975). Self-serving biases in attribution of causality: Fact or fiction? *Psychological Bulletin, 82*, 213–225.

Miller, G. E. & Bradbury, T. N. (1995). Refining the association between attributions and behavior in marital interaction. *Journal of Family Psychology, 9*, 196–208.

Miller, M. (1993). Efficacy strength and performance in competitive swimmers of different skill levels. *International Journal of Sport Psychology, 24*, 284–296.

Miller, P. C., Lefcourt, H. M., Holmes, J. G., Ware, E. E. & Saleh, W. (1986). Marital locus of control and marital problem solving. *Journal of Personality and Social Psychology, 51*, 161–169.

Mills, K. D., Munroe, K. J. & Hall, C. R. (2001). The relationship between imagery and self-efficacy in competitive athletes. *Imagination, Cognition and Personality, 20 (1)*, 33–39.

Mischel, W., Zeiss, R. & Zeiss, A. (1974). Internal-external control and persistence: Validation and implications of the Stanford Preschool Internal-External Scale. *Journal of Personality and Social Psychology, 29*, 265–278.

Mittag, O. (1998). Gesundheitliche Schutzfaktoren. In G. Amann & R. Wipplinger (Hrsg.), *Gesundheitsförderung: Ein multidimensionales Tätigkeitsfeld* (S. 177–192). Tübingen: Deutsche Gesellschaft für Verhaltenstherapie.

Montgomery, R. L., Haemmerlie, F. M. & Ray, D. M. (2003). Psychological correlates of optimism in college students. *Psychological Reports, 92*, 545–547.

Muhonen, T. & Torkelson, E. (2004). Work locus of control and its relationship to health and job satisfaction from a gender perspective. *Stress and Health, 20*, 21–28.

Multon, K. D., Brown, S. D. & Lent, R. W. (1991). Relation of self-efficacy beliefs to academic outcomes: A meta-analytic investigation. *Journal of Counseling Psychology, 38*, 30–38.

Murphy, J. (1965). *Die Macht ihres Unterbewusstseins*. Genf: Ariston.

Murphy, S. A., Das Gupta, A., Cain, K. C., Johnson, L. C., Lohan, J., Wu, L. & Mekwa, J. (1999). Changes in parents' mental distress after the violent death of an adolescent or young adult child: A longitudinal prospective analysis. *Death Studies, 23*, 129–159.

Murray, S. L. & Holmes, J. G. (1993). Seeing virtues in faults: Negativity and the transformation of interpersonal narratives in close relationships. *Journal of Personality and Social Psychology, 65*, 707–722.

Murray, S. L. & Holmes, J. G. (1997). A leap of faith? Positive illusions in romantic relationships. *Personality and Social Psychology Bulletin, 23*, 586–604.

Murray, S. L., Holmes, J. G., Dolderman, D. & Griffin, D. W. (2000). What the motivated mind sees: Comparing friends' perspectives to married partners' views of each other. *Journal of Experimental Social Psychology, 36*, 600–620.

Murray, S. L., Holmes, J. G. & Griffin, D. W. (1996a). The benefits of positive illusions: Idealization and the construction of satisfaction in close relationships. *Journal of Personality and Social Psychology, 70*, 79–98.

Murray, S. L., Holmes, J. G. & Griffin, D. W. (1996b). The self-fulfilling nature of positive illusions in romantic relationships: Love is not blind but prescient. *Journal of Personality and Social Psychology, 71*, 1155–1180.

Murray, S. L., Holmes, J. G., Griffin, D. W., Bellavia, G. & Rose, P. (2001). The mismeasure of love: How self-doubt contaminates relationship beliefs. *Personality and Social Psychology Bulletin, 27*, 423–436.

Mwamwenda, T. S. & Mwamwenda, B. B. (1986). Transkeian students' locus of control and academic achievement. *Psychological Reports, 59(2, Pt 1)*, 511–516.
Myers, D. G. (1992). *The pursuit of happiness: Who is happy – and why?* New York: Morrow.
Myers, D. G. & Diener, E. (1995). Who is happy? *Psychological Science, 6*, 10–19.
Myers, N. D., Feltz, D. L. & Short, S. E. (2004). Collective Efficacy and Team Performance: A Longitudinal Study of Collegiate Football Teams. *Group Dynamics: Theory, Research and Practice, 8(2)*, 126–138.
Myers, N. D., Payment, C. A. & Feltz, D. L. (2004). Reciprocal Relationships Between Collective Efficacy and Team Performance in Women's Ice Hockey. *Group Dynamics: Theory, Research and Practice, 8(3)*, 182–195.
Nahemow, L. & Lawton, M. P. (1975). Similarity and propinquity in friendship formation. *Journal of Personality and Social Psychology, 32*, 205–213.
Nolen-Hoeksema, S. & Davis, C. G. (2002). Positive responses to loss: Perceiving benefits and growth. In C. R. Snyder & S. Lopez (Eds.), *Handbook of positive psychology* (pp. 598–606). New York, NY, US: Oxford University Press.
Nolen-Hoeksema, S. & Gillham, J. E. (Eds.) (2000). *Growth and resilience among bereaved people. Laws of life symposia series. The science of optimism and hope: Research essays in honor of Martin E. P. Seligman* (pp. 107–127). Philadelphia: Templeton Foundation Press.
Nolen-Hoeksema, S., Girgus, J. S. & Seligman, M. E. P. (1986). Learned helplessness in children: A longitudinal study of depression, achievement, and explanatory style. *Journal of Personality and Social Psychology, 51*, 435–442.
Nolen-Hoeksema, S. & Larson, J. (1999). *Coping with loss.* Mahwah, NJ: Erlbaum.
Norcross, J. C., Ratzin, A. C. & Payne, D. (1989). Ringing in the new year: The change processes and reported outcomes of resolutions. *Addictive Behaviors, 14*(2), 205–212.
Norem J. K. (1991). *Self-enhancement and self-deception: Some costs of optimism an defensive pessimism.* Paper presented at the Midwestern Psychological Association, Chicago, IL.
Norem, J. K. (1996). *Cognitive strategies and the rest of personality.* Paper presented at the Annual Meeting of the American Psychological Assiciation, Toronto, Canada.
Norem, J. K. (2001). Defensive Pessimism, Optimism and Pessimism. In E. C. Chang (Ed.), *Optimism & pessimism: Implications for theory, research and practice* (pp. 77–100). Washington, DC: American Psychological Association.
Norem, J. K. (2002). Defensive self-deception and social adaptation among optimists. *Journal of Research in Personality, 36*, 549–555.
Norem, J. K. & Cantor, N. (1986). Defensive pessimism: Harnessing anxiety and motivation. *Journal of Personality and Social Psychology, 51*, 1208–1217.
Norem, J. K. & Crandall, C.S. (1991). *Defensive pessimism and repression-sensitization show discriminant validity.* Paper presented at the 3rd Annual Convention of the American Psychological Society, Washington, DC.
Norem, J. K. & Illingworth, K. S. (1993). Strategy-dependent effects of reflecting on self and tasks: Some implications of optimism and defensive pessimism. *Journal of Personality and Social Psychology, 65*, 822–835.
Norem, J. K. & Illingworth, K. S. (2004). Mood and performance among strategic optimists and defensive pessimists. *Journal of Research in Personality*, 38, 351–366.
Norlander, T. & Archer, T. (2002). Predicting performance in ski and swim championships: Effectiveness of mood, perceived exertion, and dispositional optimism. *Perceptual and Motor Skills, 94*, 155–164.

Norris, D. R. & Niebuhr, R. E. (1984). Attributional Influences on the Job Performance – Job Satisfaction Relationship. *Academy of Management Journal*, 27(2), 424–431.
Nowicki, S. Jr. (1978). Reported stressful events during developmental periods and their relation to locus of control orientation in college students. *Journal of Consulting and Clinical Psychology, 46,* 1552–1553.
Nowicki, S. Jr. & Schneewind, K. (1982). Relation of family climate variables to locus of control in German and American students. *Journal of Genetic Psychology, 141,* 277–286.
Ntoumanis, N. & Jones, G. (1998). Interpretation of competitive trait anxiety symptoms as a function of locus of control beliefs. *International Journal of Sport Psychology, 29,* 99–114.
O'Leary, A. (1992). Self-efficacy and health: Behavioral and stress-physiological mediation. *Cognitive Therapy and Research, 16,* 229–245.
Oettingen, G. (1997). *Psychologie des Zukunftsdenkens. Erwartungen und Phantasien.* Göttingen: Hogrefe.
Oettingen, G. & Little, T. D. (1993). Intelligenz und Selbstwirksamkeitsurteile bei Ost- und Westberliner Schulkindern. *Zeitschrift für Sozialpsychologie, 24,* 186–197.
Oettingen, G. & Little, T. D. (1994). „Adäquate Selbsteinschätzung" als Erziehungsziel: Die Selbstwirksamkeitsurteile Ostberliner Schulkinder. In G. Trommsdorfer (Hrsg.), *Psychologische Aspekte des sozio-politischen Wandels in Ostdeutschland* (S. 113–123). Berlin: deGruyter.
Oettingen, G. & Wadden, T. A. (1991). Expectation, fantasy and weight loss: Is the impact of positive thinking always positive? *Cognitive Therapy and Research, 15,* 167–175.
O'Hea, E. L., Boudreaux, E. D., Jeffries, S. K., Taylor, C. L. C., Scarinci, I. C. & Brantley, P. J. (2004). Stage of change movement across three health behaviors: The role of self-efficacy. *American Journal of Health Promotion, 19(2),* 94–102.
Omizo, M. M., Cubberly, W. E. & Cubberly, R. D. (1985). Modeling techniques, perceptions of self-efficacy, and arithmetic achievement among learning disabled children. *The Exceptional Child, 32,* 99–105.
Orpen, C. (1995). Self-efficacy beliefs and job performance among black managers in South Africa. *Psychological Reports, 76,* 649–650.
Paguio, L., Robinson, B., Skeen, P. & Deal, J. (1987). Relationship between fathers' and mothers' socialization practices and children's locus of control in Brazil, the Philippines, and the United States. *The Journal of Genetic Psychology, 148,* 303–313.
Paik, A., Laumann, E. O. & van Haitsma, M. (2004). Commitment, jealousy, and the quality of life. In E. O. Laumann, S. Ellingson, J. Mahay, A. Paik & Y. Youm (Eds.), *The sexual organization of the city* (pp. 194–225). Chicago, IL, US: University of Chicago Press.
Pajares, F. (2003). Self-efficacy beliefs, motivation, and achievement in writing: A review of the literature. *Reading and Writing Quarterly: Overcoming Learning Difficulties, 19(2),* 139–158.
Pajares, F. & Johnson, M. J. (1996). Self-efficacy beliefs in the writing of high school students: A path analysis. *Psychology in the Schools, 33,* 163–175.
Pajares, F. & Valiante, G. (1997). Influence of Self-Efficacy on Elementary Students' Writing. *The Journal of Educational Research, 90*(6), 353–360.
Parcel, G. S. & Meyer, M. P. (1978). Development of an instrument to measure children's health locus of control. *Health Education Monographs, 6,* 149–159.

Parish, T. S. & Boyd, D. A. (1983). Locus of control as related to family background and marital status. *Journal of Genetic Psychology, 143,* 287–288.

Parish, T. S. & Copeland, T. F. (1980). Locus of control and father loss. *Journal of Genetic Psychology, 136,* 147–148.

Park, C. L., Cohen, L. H. & Murch, R. L. (1996). Assessment and prediction of stress-related growth. *Journal of Personality, 64,* 71–105.

Park, C. L. & Folkman, S. (1997). Stability and change in psychosocial resources during caregiving and bereavement in partners of men with AIDS. *Journal of Personality, 65,* 421–447.

Park, C. L., Moore, P. J., Turner, R. A. & Adler, N. E. (1997). The roles of constructive thinking and optimism in psychological and behavioral adjustment during pregnancy. *Journal of Personality and Social Psychology, 73,* 584–592.

Pattison, C. & Lynd-Stevenson, R. M. (2001). The prevention of depressive symptoms in children: The immediate and long-term outcomes of a school-based program. *Behaviour Change, 18,* 92–102.

Peale, N. V. (1988a). *Du kannst, wenn du glaubst, du kannst.* Genf: Ariston Verlag.

Peale, N. V. (1988b). *Trotzdem positiv. Die Kraft Ihrer Gedanken.* München: Heyne.

Peale, N. V. (1988c). *Ja zum Leben. Der positive Mensch in unserer Zeit.* München: Heyne.

Peale, N. V. (1994). *Die Kraft Positiven Denkens.* Zürich: Oesch Verlag.

Pelletier, P. M., Alfano, D. P. & Fink, M. P. (1994). Social support, locus of control and psychological health in family members following head or spinal cord injury. *Applied Neuropsychology, 1,* 38–44.

Penedo, F. J., Dahn, J. R., Kinsinger, D., Antoni, M. H., Molton, I., Gonzalez, J. S., Fletcher, M. A., Roos, B., Carver, C. S. & Schneiderman, N. (2006). Anger suppression mediates the relationship between optimism and natural killer cell cytotoxicity in men treated for localized prostate cancer. *Journal of Psychosomatic Research, 60,* 423–427.

Peterson, C. (1988). Explanatory style as a risk factor for illness. *Cognitive Therapy and Research, 12,* 117–130.

Peterson, C. & Barrett, L. C. (1987). Explanatory style and academic performance among university freshmen. *Journal of Personality and Social Psychology, 53,* 603–607.

Peterson, C., Bishop, M. P., Fletcher, C. W., Kaplan, M. R., Yesko, E. S., Moon, C. H., Smith, J. S., Michaels, C. E. & Michaels, A. J. (2001). Explanatory style as a risk factor for traumatic mishaps. *Cognitive Therapy and Research, 25,* 633–649.

Peterson, C. & Bossio, L. M. (1991). *Health and Optimism.* New York: The Free Press.

Peterson, C., Colvin, D. & Lin, E. H. (1992). Explanatory style and helplessness. *Social Behavior and Personality, 20,* 1–14.

Peterson, C. & Seligman, M. E. P. (1987). Explanatory style and illness. *Journal of Personality, 55,* 237–265.

Peterson, C., Seligman, M. E. P. & Vaillant, G. (1988). Pessimistic explanatory style is a risk factor for physical illness: A thirty-five year longitudinal study. *Journal of Personality and Social Psychology, 55,* 23–27.

Peterson, C., Seligman, M. E. P., Yurko, K. H., Martin, L. R. & Friedman, H. S. (1998). Catastrophizing and untimely death. *Psychological Science, 9,* 127–130.

Peterson, C., Semmel, A., von Baeyer, C., Abramson, L. T., Metalsky, G. I. & Seligman, M. E. P. (1982). The Attributional Style Questionnaire. *Cognitive Therapy and Research, 6,* 287–300.

Pietsch, J., Walker, R. & Chapman, E. (2003). The relationship among self-concept, self-efficacy, and performance in mathematics during secondary school. *Journal of Educational Psychology, 95 (3), 598–603.*

Piper, W. (1930). *The Little Engine That Could.* New York: Platt & Munk.

Plomin, R., Scheier, M. F., Bergeman, C. S., Pedersen, N. L., Nesselroade, J. R. & McClearn, G. E. (1992). Optimism, pessimism, and mental health: A twin/adoption analysis. *Personality and Individual Differences, 13,* 921–930.

Popper, M., Amit, K., Gal, R., Mishkal-Sinai, M. & Lisak, A. (2004). The capacity to lead: Major psychological differences between leaders and nonleaders. *Military Psychology, 16, 245–263.*

Porter, C. A. & Long, P. J. (1999). Locus of control and adjustment in female adult survivors of childhood sexual abuse. *Journal of Child Sexual Abuse, 8(1),* 3–25.

Porter, E. H. (1913). *Pollyanna.* London: Harrap.

Prochaska, J. O., DiClemente, C.C. & Norcross, J.C. (1992). In search of how people change: Applications to addictive behaviors. *American Psychologist, 47(1),* 1102–1114.

Przybilla, O. (2002, 21. Januar). *Verdammt zum Erfolg.* Süddeutsche Zeitung, 17.

Pusch, D., Dobson, K. S., Ardo, K. & Murphy, T. (1998). The relationships between sociotropic and autonomous personality styles and depressive realism in dysphoric and nondysphoric university-students. *Canadian Journal of Behavioural Science, 30(4), 253–265.*

Räikkönen, K., Matthews, K. A., Flory, J. D., Owens, J. F. & Gump, B. B. (1999). Effects of optimism, pessimism, and trait anxiety on ambulatory blood pressure and mood during everyday life. *Journal of Personality and Social Psychology, 76,* 104–113.

Ratelband, E. (1999). *Der Feuerläufer. So schaffst du, was immer du willst.* München: Econ.

Ratelband, E. (2000). *Tsjakkaa! Strategien für Ihren persönlichen Erfolg.* München: Econ.

Regehr, C., Hill, J., Knott, T. & Sault, B. (2003). Self-efficacy, social support and trauma in experienced firefighters and new recruits. *Stress and Health: Journal of the International Society for the Investigation of Stress, 19,* 189–193.

Regehr, C., Regehr, G. & Bradford, J. (1998). A model for predicting depression in victims of rape. *Journal of the American Academy of Psychiatry and the Law, 26,* 595–605.

Richardson, R. D. Jr. (1995). *Emerson: The Mind on Fire.* Berkeley, CA: University of California Press.

Riskind, J. H., Sarampote, C. & Mercier, M. A. (1996). For every malady a sovereign cure: Optimism training. *Journal of Cognitive Psychotherapy, 10,* 103–117.

Ritt, M. J. & Landers, K. (1995). *A Lifetime of Riches: The Biography of Napoleon Hill.* New York: E. P. Dutton.

Roberts, C., Kane, R. T., Bishop, B., Matthews, H. & Thompson, H. (2004). The prevention of depressive symptoms in rural school children: A follow-up study. *International Journal of Mental Health Promotion, 6,* 4–16.

Roberts, C., Kane, R. T., Thompson, H., Bishop, B. & Hart, B. (2003). The prevention of depressive symptoms in rural school children: A randomised controlled trial. *Journal of Consulting and Clinical Psychology, 71,* 622–628.

Rohmann, E., Küpper, B. & Schmohr, M. (1999). *Unveröffentlichte Daten.* Ruhr-Universität Bochum.

Ross, C. E. & Broh, B. A. (2000). The roles of self-esteem and the sense of personal control in the academic achievement process. *Sociology of Education, 73*, 270–284.

Rotter, J. B. (1954). *Social Learning and Clinical Psychology.* New York: Prentice-Hall.

Rotter, J. B. (1966). Generalized expectancies for internal versus external control of reinforcement. *Psychological Monographs, 80,* No. 609.

Rotter, J. B. (1993). Expectancies. In C. E. Walker (Ed.), *The history of clinical psychology in autobiography (vol. II)* (pp. 273–284). Pacific Grove, CA: Brooks/Cole.

Rubin, Z. & Peplau, L. A. (1975). Who believes in a Just World? *Journal of Social Issues, 31(3), 65–90.*

Sadri, G. & Robertson, I. T. (1993). Self-efficacy and work-related behaviour: A review and meta-analysis. *Applied Psychology: An International Review, 42*, 139–152.

Sager, J. K., Strutton, H. D. & Johnson, D. A. (2006). Core self-evaluations and salespeople. *Psychology & Marketing, 23*, 95–113.

Salovey, P. & Birnbaum, B. (1989). Influence of mood on health-relevant cognitions. *Journal of Personality and Social Psychology, 52, 539–551.*

Sanna, L. J. (1998). Defensive pessimism and optimism: The bittersweet influence of mood on performance and prefactual and counterfactual thinking. *Cognition and Emotion, 12, 635–665.*

Santrock, J. W. (2003). *Child development (10th edition).* New York: McGraw-Hill.

Satterfield, J. M., Monahan, J. & Seligman, M. E. P. (1997). Law school performance predicted by explanatory style. *Behavioral Sciences and the Law, 15*, 1–11.

Scheck, D. C., Emerick, R. & El-Assal, M. M. (1973). Adolescents' perceptions of parent-child relations and the development of internal-external control orientation. *Journal of Marriage and the Family, 35*, 643–645.

Scheich, G. (2001). *Positives Denken macht krank. Vom Schwindel mit gefährlichen Erfolgsversprechen.* Frankfurt am Main: Eichborn.

Scheier, M. F. & Carver, C. S. (1985). Optimism, coping, and health: Assessment and implications of generalized outcome expectancies. *Health Psychology, 4*, 219–247.

Scheier, M. F. & Carver, C. S. (1991). Dispositional optimism and adjustment to college. Unveröffentlichtes Datenmaterial (zu finden in M. F. Scheier & C. S. Carver (1992). Effects of optimism on psychological and physical well-being: Theoretical overview and empirical update. *Cognitive Therapy and Research, 16*, 201–228).

Scheier, M. F. & Carver, C. S. (2001). Adapting to cancer: The importance of hope and purpose. In A. Baum & B. L. Andersen (Eds.), *Psychosocial interventions for cancer.* Washington, D.C.: American Psychological Association.

Scheier, M. F., Carver, C. S. & Bridges, M. W. (1994). Distinguishing optimism from neuroticism (and trait anxiety, self-mastery, and self-esteem): A reevaluation of the Life Orientation Test. *Journal of Personality and Social Psychology, 67*, 1063–1078.

Scheier, M. F., Matthews, K. A., Owens, J. F., Magovern, G. J. Sr. & Carver, C. S. (1990). Dispositional optimism and recovery after 5 years from coronary artery bypass surgery. Unveröffentlichtes Datenmaterial (zitiert nach Scheier, M. F. & Carver, C. S. (1992). Effects of optimism on psychological and physical well-being: Theoretical overview and empirical update. *Cognitive Therapy and Research, 16*, 201–228).

Scheier, M. F., Matthews, K. A., Owens, J. F., Magovern, G. J. Sr., Lefebvre, R. C., Abbott, R. A. & Carver, C. S. (1989). Dispositional optimism and recovery from coronary artery bypass surgery: The beneficial effects on physical and psychological well-being. *Journal of Personality and Social Psychology, 57*, 1024–1040.

Schermelleh-Engel, K. (1992). Die Bedeutung der Kompetenzeinschätzung für die Schmerzbewältigung. In E. Geissner & G. Jungnitsch (Hrsg.), *Psychologie des Schmerzes. Diagnose und Therapie* (S. 133–145). Weinheim: Psychologie Verlags Union.

Schofield, P., Ball, D., Smith, J. G., Borland, R., O'Brien, P., Davis, S., Olver, I., Ryan, G. & Joseph, D. (2004.) Optimism and survival in lung cancer patients. *Cancer, 100*, 1276–1282.

Schou, I., Ekeberg, O., Ruland, C. M., Sandvik, L. & Karesen, R. (2004). Pessimism as a predictor of emotional morbidity one year following breast cancer surgery. *Psycho-Oncology, 13*, 309–320.

Schröder, K. (1997). Persönlichkeit, Ressourcen und Bewältigung. In R. Schwarzer (Hrsg.), *Gesundheitspsychologie. Ein Lehrbuch* (S. 319–347). Göttingen: Hogrefe.

Schulman, P., Keith, D. & Seligman, M. E. P. (1993). Is optimism heritable? A study of twins. *Behaviour Research and Therapy, 31*, 569–574.

Schulz, R., Bookwala, J., Knapp, J. E., Scheier, M. & Williamson, G. M. (1996). Pessimism, age, and cancer mortality. *Psychology and Aging, 11*, 304–309.

Schunk, D. H. (1982). Effects of effort attributional feedback on children's perceived self-efficacy and achievement. *Journal of Educational Psychology, 74*, 548–556.

Schunk, D. H. & Ertmer, P. A. (2000). Self-regulation and academic learning: Self-efficacy enhancing interventions. In M. Boekaerts, P. R. Pintrich & M. Zeidner (Eds.), *Handbook of self-regulation* (pp. 631–649). San Diego, CA: Academic Press.

Schunk, D. H. & Gunn, T. P. (1986). Modeled importance of task strategies and achievement beliefs: Effect on self-efficacy and skill development. *Journal of Early Adolescence, 5*, 247–258.

Schunk, D. H. & Pajares, F. (2002). The development of academic self-efficacy. In A. Wigfield & J. Eccles (Eds.), *Development of achievement motivation* (pp. 16–31). San Diego: Academic Press.

Schutte, J. W., Valerio, J. K. & Carrillo, V. (1996). Optimism and socioeconomic status: A cross-cultural study. *Social Behavior and Personality, 24*, 9–18.

Schütz, A. (2005). *Je selbstsicherer desto besser? Licht und Schatten positiver Selbstbewertung*. Weinheim: Beltz.

Schwarzer, R. (1993). Defensiver und funktionaler Optimismus als Bedingungen für Gesundheitsverhalten. *Zeitschrift für Gesundheitspsychologie, 1*, 7–31.

Schwarzer, R. (1994). Optimistische Kompetenzerwartung: Zur Erfassung einer personellen Bewältigungsressource. *Diagnostica, 40*, 105–123.

Schwarzer, R., Böhmer, S., Luszczynska, A., Mohamed, N. E. & Knoll, N. (2005). Dispositional self-efficacy as a personal resource factor in coping after surgery. *Personality and Individual Differences, 39*, 807–818.

Schwarzer, R. & Renner, B. (1997). Risikoeinschätzung und Optimismus. In R. Schwarzer (Hrsg.), *Gesundheitspsychologie. Ein Lehrbuch* (S. 43–66). Göttingen: Hogrefe.

Schwertfeger, B. (1998). *Der Griff nach der Psyche. Was umstrittene Persönlichkeitstrainer in Unternehmen anrichten.* Frankfurt am Main; New York: Campus Verlag.

Schwoerer, C. E. & May, D. R. (1996). Age and work outcomes: The moderating effects of self-efficacy and tool design effectiveness. *Journal of Organizational Behavior, 17(5)*, 469–487.

Segall, M. E. & Wynd, C. A. (1990). Health conception, locus of control, and power as predictors of smoking behavior change. *American Journal of Health Promotion, 4*, 338–344.

Segerstrom, S. C. (2001). Optimism, goal conflict, and stressor-related immune change. *Journal of Behavioral Medicine, 24,* 441–467.

Segerstrom, S. C. (2005). Optimism and immunity: Do positive thoughts always lead to positive effects? *Brain, Behavior and Immunity, 19,* 195–200.

Segerstrom, S. C., Castaneda, J. O. & Spencer, T. E. (2003). Optimism effects on cellular immunity: Testing the affective and persistence models. *Personality and Individual Differences, 35,* 1615–1624.

Segerstrom, S. C., Taylor, S. E., Kemeny, M. E. & Fahey, J. L. (1998). Optimism is associated with mood, coping, and immune change in response to stress. *Journal of Personality and Social Psychology, 74,* 1646–1655.

Seijts, G. H., Latham, G. P. & Whyte, G. (2000). The effect of self- and group-efficacy on group performance in a mixed-motive situation. *Human Performance, 13 (3),* 279–298.

Seligman, M. E. P. (1991). *Learned optimism.* New York: A. A. Knopf.

Seligman, M. E. P. (2002). *Authentic happiness: Using the new positive psychology to realize your potential for lasting fulfillment.* New York: Free Press.

Seligman, M. E. P., Abramson, L. Y., Semmel, A. & Baeyer, C. von (1979). Depressive Attributional Style. *Journal of Abnormal Psychology, 88* (3), 242–247.

Seligman, M. E. P., Kaslow, N. J., Alloy, L. B., Peterson, C., Tanenbaum, R. L. & Abramson, L. Y. (1984). Attributional style and depressive symptoms among children. *Journal of Abnormal Psychology, 93,* 235–238.

Seligman, M. E. P., Nolen-Hoeksema, S., Thornton, N. & Thornton, C. M. (1990). Explanatory style as a mechanism of disappointing athletic performance. *Psychological Science, 1,* 143–146.

Seligman, M. E. P., Peterson, C., Schulman, P. & Castellon, C. (1992). The Explanatory Style Scoring Manual. In C. P. Smith (Ed.), *Motivation and Personality: Handbook of Thematic Content Analysis.* Cambridge University Press, 383.

Seligman, M. E. P., Reivich, K., Jaycox, L. & Gillham, J. (1995). *The optimistic child.* Boston, MA: Houghton Mifflin Co.

Seligman, M. E. P. & Schulman, P. (1986). Explanatory style as a predictor of productivity and quitting among life insurance sales agents. *Journal of Personality and Social Psychology, 50,* 832–838.

Seligman, M. E. P., Schulman, P., DeRubeis, R. J. & Hollon, S. D. (1999). The prevention of depression and anxiety. *Prevention and Treatment, 2,* Article 8. Erhältlich: http://journals.apa.org/prevention/volume2/pre002008a.html

Shakespeare, W. (1867). *Shakespeare's dramatische Werke* [übers. von Schlegel, A.W. & Tieck, L.]. Berlin: Reimer.

Shapiro, A. F., Gottman, J. M. & Carrere, S. (2000). The baby and the marriage: Identifying factors that buffer against decline in marital satisfaction after the baby arrives. *Journal of Family Psychology, 14,* 59–70.

Sharp, C., Hurford, D. P., Allison, J., Sparks, R. & Cameron, B. P. (1997). Facilitation of internal locus of control in adolescent alcoholics through a brief biofeedback-assisted autogenic relaxation training procedure. *Journal of Substance Abuse Treatment, 14,* 55–60.

Shatté, A. J., Gillham, J. & Reivich, K. (2000). Promoting hope in children and adolescents. In J. E. Gillham (Ed.), *The science of optimism and hope: Research essays in honor of Martin E. P. Seligman.* Philadelphia: Templeton.

Shepperd, J. A., Maroto, J. J. & Pbert, L. A. (1996). Dispositional optimism as a predictor of health changes among cardiac patients. *Journal of Research in Personality, 30,* 517–534.

Sherer, M., Maddux, J. E., Mercandante, B., Prentice-Dunn, S., Jacobs, B. & Rogers, R. W. (1982). The Self-efficacy scale: Construction and validation. *Psychological Reports, 51,* 663–671.

Showers, C. (1992). The motivational and emotional consequences of considering positive or negative possibilities for an upcoming event. *Journal of Personality and Social Psychology, 63,* 474–484.

Shrauger, J. S., Mariano, E. & Walter, T. J. (1998). Depressive Symptoms and Accuracy in the Prediction of Future Events. *Personality and Social Psychology Bulletin, 24 (8),* 880–892.

Singer, P. N. (2001). *Galen. Selected Works.* New York: Oxford University Press.

Sirois, F. M. (2004). Procrastination and intentions to perform health behaviors: The role of self-efficacy and the consideration of future consequences. *Personality and Individual Differences, 37(1),* 115–128.

Sirois, F. M., Davis, C. G. & Morgan, M. (2006). „Learning to live with what you can't rise above“: Control beliefs, symptom control, and adjustment to tinnitus. *Health Psychology, 25(1),* 119–123.

Skinner, E. A. (1986). The origins of young children's perceived control: Mother contingent and sensitive behavior. *International Journal of Behavioral Development, 9,* 359–382.

Skinner, E. A., Wellborn, J. G. & Connell, J. P. (1990). What it takes to do well in school and whether I've got it: A process model of perceived control and children's engagement and achievement in school. *Journal of Educational Psychology, 82,* 22–32.

Sklar, L. S. & Anisman, H. (1979). Stress and coping factors influence tumor growth. *Science, 205,* 513–515.

Slater, E. J. & Haber, J. D. (1984). Adolescent adjustment following divorce as a function of familial conflict. *Journal of Consulting and Clinical Psychology, 52,* 920–921.

Sniehotta, F. F., Scholz, U. & Schwarzer, R. (2005). Bridging the intention-behaviour gap: Planning, self-efficacy, and action control in the adoption and maintenance of physical exercise. *Psychology & Health, 20,* 143–160.

Snyder, C. R. (1994). *The psychology of hope: You can get there from here.* New York: Free press.

Snyder, C. R., Harris, C., Anderson, J. R., Holleran, S. A., Irving, L. M., Sigmon, S. T., Yoshinobu, L., Gibb, J., Langelle, C. & Harney, P. (1991). The will and the ways: Development and validation of an individual differences measure of hope. *Journal of Personality and Social Psychology, 60,* 570–585.

Snyder, C. R., Hoza, B., Pelham, W. E., Rapoff, M., Ware, L., Danovsky, M., Highberger, L., Rubinstein, H. & Stahl, K. (1997). The development and validation of the Children's Hope Scale. *Journal of Pediatric Psychology, 22,* 399–421.

Snyder, C. R., Ilardi, S. S., Cheavens, J., Michael, S. T., Yamhure, L. & Sympson, S. (2000). The role of hope in cognitive behavior therapies. *Cognitive Therapy and Research, 24,* 747–762.

Snyder, C. R., Michael, S. T. & Cheavens, J. S. (1999). Hope as a psychotherapeutic foundation of common factors, placebos, and expectancies. In M. A. Hubble, B. L. Duncan & S. D. Miller (Eds.), The heart and soul of change: What works in therapy (pp. 79–200). Washington, D.C.: American Psychological Association.

Snyder, C. R., Shorey, H. S., Cheavens, J., Pulvers, K. M., Adams, V. H. I. & Wiklund, C. (2002). Hope and academic success in college. *Journal of Educational Psychology, 94(4),* 820–826.

Snyder, C. R., Sympson, S. C., Michael, S. T. & Cheavens, J. (2001). Optimism and hope constructs: Variants on a positive expectancy theme. In E. C. Chang (Ed.), *Optimism and pessimism: Implications for theory, research, and practice* (pp. 101–126). Washington D.C.: American Psychological Association.

Snyder, C. R., Sympson, S. C., Ybasco, F. C., Borders, T. F., Babyak, M. A. & Higgins, R. L. (1996). Development and validation of the State Hope Scale. *Journal of Personality and Social Psychology, 2*, 321–335.

Snyder, M., Tanke, E. D. & Berscheid, E. (1977). Social perception and interpersonal behavior: On the self-fulfilling nature of social stereotypes. *Journal of Personality and Social Psychology, 68*, 314–327.

Solberg, N. L., Segerstrom, S. C. & Sephton, S. E. (2005). Engagement and arousal: Optimism's effects during a brief stressor. *Personality and Social Psychology Bulletin, 31*, 111–120.

Spector, P. E. (1988). Development of the Work Locus of Control Scale. *Journal of Occupational Psychology, 61*, 335–340.

Spencer, S. M. & Norem, J. K. (1996). Strategy-dependent effects of imagery and relaxation manipulations: Defensive pessimism, optimism and performance. *Personality and Social Psychology Bulletin, 22*, 354–365.

Sportsman of the year. Verfügbar über: http://sportsillustrated.cnn.com/features/1998/sportsman/1954/ [02.01.2007].

Stajkovic, A. D. & Luthans, F. (1998). Self-efficacy and work-related performance: A meta-analysis. *Psychological Bulletin, 124*, 240–261.

Stanton, A. L. & Snider, P. R. (1993). Coping with a breast cancer diagnosis: A prospective study. *Health Psychology, 12*, 16–23.

Staring, A. B. P. & Breteler, M. H. M. (2004). Decline in smoking cessation rate associated with high self-efficacy scores. *Preventive Medicine: An International Journal Devoted to Practice and Theory, 39*, 863–868.

Stark, K. D., Schmidt, K. L. & Joiner, T. E. Jr. (1996). Cognitive triad: Relationship to depressive symptoms, parents' cognitive triad, and perceived parental messages. *Journal of Abnormal Child Psychology, 24*, 615–631.

Steele, C. M. (1988). The psychology of self-affirmation: sustaining the integrity of the self. In L. Berkowitz (Ed.), *Advances in experimental social psychology* (Vol. 21, pp. 261–302). New York: Academic Press.

Stevens, C. K. & Gist, M. E. (1997). Effects of self-efficacy and goal-orientation training on effective negotiation skills maintenance: What are the mechanisms? *Personnel Psychology, 50*, 955–978.

Stevens, T., Olivárez, A. Jr., Lan, W. & Tallent-Runnels, M. K. (2004). The role of mathematics self-efficacy and motivation in mathematics performance: Issues across ethnicity. *Journal of Educational Research, 97*, 208–221.

Stewart, S. M., Betson, C., Lam, T. H., Marshall, I. B., Lee, P. W. & Wong, C. M. (1997). Predicting stress in first year medical students: A longitudinal study. *Medical Education, 3*, 163–168.

Stiensmeier, J., Kammer, D., Pelster, A. & Niketta, R. (1985). *ASS/D – Attributionsstilskala – Deutsche Fassung.*

Stone, D. N. (1994). Overconfidence in initial self-efficacy judgments: Effects on decision processes and performance. *Organizational Behavior and Human Decision Processes, 59(3)*, 452–474.

Strack, S., Carver, C. S. & Blaney, P. H. (1987). Predicting successful completion of an aftercare program following treatment for alcoholism: The role of dispositional optimism. *Journal of Personality and Social Psychology, 53*, 579–584.

Stroebe, W., Diehl, M. & Abakoumkin, G. (1992). The illusion of group effectivity. *Personality and Social Psychology Bulletin, 18,* 643–650.

Stroebe, W. & Stroebe, M. S. (1992). Bereavement and health: Processes of adjusting to the loss of a partner. In L. Montada, S. H. Filipp & M. J. Lerner (Eds.), *Life crises and experiences of loss in adulthood* (pp. 3–22). Hillsdale, NJ: Lawrence Erlbaum Associates.

Strunk, D. R., Lopez, H. L. & DeRubeis, R. J. (2006). Depressive symptoms are associated with unrealistic negative predictions of future life events. *Behaviour Research and Therapy, 44,* 875–896.

Tacón, A. M., Caldera, Y. M. & Ronaghan, C. (2004). Mindfulness-based stress reduction in women with breast cancer. *Families, Systems and Health, 22,* 193–203.

Tay-Lee, C. S. L., Ang, S. & Van Dyne, L. (2006). Personality, biographical characteristics, and job interview success: A longitudinal study of the mediating effects of interviewing self-efficacy and the moderating effects of internal locus of control. *Journal of Applied Psychology, 91,* 446–454.

Taylor, S. E. (1989). *Positive Illusions: Creative Self-deception and the Healthy Mind.* Basic Books.

Taylor, S. E. & Brown, J. D. (1988). Illusion and well-being: A social psychological perspective on mental health. *Psychological Bulletin, 103,* 193–210.

Taylor, S. E., Collins, R. L., Skokan, L. A. & Aspinwall, L. G. (1989). Maintainig positive illusions in the face of negative informations: Getting the facts without letting them get to you. *Journal of Social and Clinical Psychology, 8,* 114–129.

Taylor, S. E. & Gollwitzer, P. M. (1995). Effects of mindset on positive illusions. *Journal of Personality and Social Psychology, 69,* 213–226.

Taylor, S. E., Kemeny, M. E., Aspinwall, L. G., Schneider, S. G., Rodriguez, R. & Herbert, M. (1992). Optimism, coping, psychological distress, and high-risk sexual behavior among men at risk for acquired immunodeficiency syndrome (AIDS). *Journal of Personality and Social Psychology, 63,* 460–473.

Teasdale, J. D. (1983). Negative thinking in depression: Cause, effect, or reciprocal relationship. *Advances in Behaviour Research and Therapy, Vol 5(1),* 3–25.

Teasdale, J. D. (1988). Cognitive vulnerability to persistent depression. *Cognition and Emotion, 2(3),* 247–274.

Tedeschi, R. G. & Calhoun, L. G. (1995). *Trauma & transformation: Growing in the aftermath of suffering.* Thousand Oaks, CA: Sage Publications.

Teglasi, H. & Hoffman, M. A. (1982). Causal attributions of shy subjects. *Journal of Research in Personality, 16,* 376–385.

Tennen, H. & Affleck, G. (1998) Personality and transformation in the face of adversity. In R. G. Tedeschi, C. L. Park & L. G. Calhoun (Eds.), *Posttraumatic growth: Positive changes in the aftermath of crisis* (pp. 65–98). Mahwah, NJ, US: Lawrence Erlbaum Associates.

Tennen, H. & Affleck, G. (1999). Finding benefits in adversity. In C. R. Snyder (Ed.), *Coping: The psychology of what works* (pp. 279–304). New York: Oxford University Press.

Tennen, H., Affleck, G., Urrows, S., Higgins, P. & Mendola, R. (1992). Perceiving control, construing benefits, and daily processes in rheumatoid arthritis. *Canadian Journal of Behavioral Science, 24,* 186–203.

Theodorakis, Y. (1995). Effects of self-efficacy, satisfaction, and personal goals on swimming performance. *Sport Psychologist, 9(3),* 245–253.

Theodorakis, Y. (1996). The influence of goals, commitment, self-efficacy and self-satisfaction on motor performance. *Journal of Applied Sport Psychology, 8(2)*, 171–182.

Thompson, S. C., Kent, D. K., Thomas, C. & Vrungos, S. (1999). Real and illusory control over exposure to HIV in college students and gay men. *Journal of Applied Social Psychology, 29*, 1128–1150.

Thompson, S. C., Kyle, D., Swan, J., Thomas, C. & Vrungos, S. (2002). Increasing condom use by undermining perceived invulnerability to HIV. *AIDS Education and Prevention, 14*, 505–514.

Thompson, T., Mason, B. W. & Montgomery, I. M. (1999). Worry and defensive pessimism: A test of two intervention strategies. *Behaviour Change, 16*, 246–258.

Thoreau, H. D. (1992). *Walden oder Leben in den Wäldern*. Zürich: Diogenes Verlag.

Tierney, P. & Farmer, S. M. (2002). Creative self-efficacy: Its potential antecedents and relationship to creative performance. *Academy of Management Journal, 45*, 1137–1148.

Tolor, A. & Jalowiec, J. E. (1968). Body boundary, parental attitudes, and internal-external expectancy. *Journal of Consulting and Clinical Psychology, 32*, 206–209.

Tomaya, M. (2005). Influence of cognitive strategies on test coping strategies and academic achievement: Defensive pessimism and strategic optimism. *Japanese Journal of Educational Psychology, 53*, 220–229.

Tompkins, C. A., Schulz, R. & Rau, M. T. (1988). Post-stroke depression in primary support persons: Predicting those at risk. *Journal of Consulting and Clinical Psychology, 56*, 502–508.

Treasure, D.C., Monson, J. & Lox, C. L. (1996). Relationship between self-efficacy, wrestling performance, and affect prior to competition. *The Sport Psychologist, 10*, 73–83.

Triandis, H. C. (1995). *Individualism and collectivism*. San Francisco: Westview Press.

Trice, A. D. & Wood-Shuman, S. (1983). Locus of control and performance on a perceptual task under maximal or normative instructions. *Perceptual and Motor Skills, 56(3)*, 830.

Turner, J. A., Ersek, M. & Kemp, C. (2005). Self-efficacy for managing pain is associated with disability, depression, and pain coping among retirement community residents with chronic pain. *The Journal of Pain, 6*, 471–479.

Turner, S. M., Beidel, D. C. & Larkin, K. T. (1986). Situational determinants of social anxiety in clinic and nonclinic samples: Physiological and cognitive correlates. *Journal of Consulting and Clinical Psychology, 4*, 523–527.

Twenge, J. M., Campbell, W. K. & Foster, C. A. (2003). Parenthood and marital satisfaction: A meta-analytic review. *Journal of marriage and family, 65*, 574–583.

Urcuyo, K. R., Boyers, A. E., Carver, C. S. & Antoni, M. H. (2005). Finding benefit in breast cancer: Relations with personality, coping, and concurrent well-being. *Psychology and Health, 20*, 175–192.

van Aken, M. A. G., Helmke, A. & Schneider, W. (1997). Selbstkonzept und Leistung – Dynamik ihres Zusammenspiels. Literaturüberblick, Ergebnisse aus dem SCHOLASTIK-Projekt, Kommentar. In F. E. Weinert & A. Helmke (Hrsg.), *Entwicklung im Grundschulalter* (S. 323–358). Weinheim: Psychologie Verlags Union.

van Gerwen, L., van de Wal, C., Spinhoven, P., Diekstra, R. F. W. & van Dyck, R. (2003). Differential effects on self-efficacy of treatment components for fear of flying. *International Journal of Applied Aviation Studies, 3*, 291–309.

van Ijzendoorn, M. H. (1990). Attachment in Surinam-Dutch families: A contribution to the cross-cultural study of attachment. *International Journal of Behavioral Development, 13,* 333–344.

van Jaarsveld, C. H., Ranchor, A. V., Sanderman, R., Ormel, J. & Kempen, G. I. (2005). The role of premorbid psychological attributes in short- and long-term adjustment after cardiac disease. A prospective study in the elderly in The Netherlands. *Social Science and Medicine, 60,* 1035–1045.

Vancouver, J. B., Thompson, C. M., Tischner, E. C. & Putka, D. J. (2002). Two studies examining the negative effect of self-efficacy on performance. *Journal of Applied Psychology, 87,* 506–516.

Vanden Belt, A. & Peterson, C. (1991). Parental explanatory style and its relationship to the classroom performance of disabled and nondisabled children. *Cognitive Therapy and Research, 15(4),* 331–341.

Vasil, L. (1992). Self-efficacy expectations and causal attributions for achievement among male and female university faculty. *Journal of Vocational Behavior, 41,* 259–269.

Vinaccia, S., Contreras, F., Londono, L. M. R., Cadena, J. & Anaya, J. M. (2005). Self-efficacy, learned helplessness, and functional discapacity in patients diagnosed with rheumatoid arthritis. *International Journal of Clinical and Health Psychology, 5,* 129–142.

Vincent, N., Sande, G., Read, C. & Giannuzzi, T. (2004). Sleep locus of control: Report on a new scale. *Behavioral Sleep Medicine, 2(2),* 79–93.

Visintainer, M., Volpicelli, J. & Seligman, M. E. P. (1982). Tumor rejection in rats after inescapable or escapable shock. *Science, 216,* 437–439.

Vrugt, A. J., Langereis, M. P. & Hoogstraten, J. (1997). Academic self-efficacy and malleability of relevant capabilities as predictors of exam performance. *Journal of Experimental Education, 66,* 61–72.

Wallston, K. A. (1994). Cautious optimism vs. cockeyed optimism. *Psychology and Health, 9,* 201–203.

Wallston, K. A., Wallston, B. S. & DeVellis, R. (1978). Development of the multidimensional health locus of control scales. *Health Education Monographs, 6,* 161–170.

Watkins, B., Garcia, A. W. & Turek, E. (1994). The relation between self-efficacy and sport performance: Evidence from a sample of youth baseball players. *Journal of Applied Sport Psychology, 6(1),* 21–31.

Weber, H. (1997). Emotionsbewältigung. In R. Schwarzer (Hrsg.), *Gesundheitspsychologie. Ein Lehrbuch* (2. überarb. und erweiterte Aufl., S. 285–297). Göttingen: Hogrefe.

Weinberg, R. S. & Jackson, A. (1990). Building self-efficacy in tennis players: A coach's perspective. *Journal of Applied Sport Psychology, 2,* 164–174.

Weinberg, R. S., Grove, R. & Jackson, A. (1992). Strategies for building self-efficacy in tennis players: A comparative analysis of Australian and American coaches. *The Sport Psychologist, 6,* 3–13.

Weiner, B. (1972). Attribution theory, achievement motivation, and the education process. *Review of Educational Research, 42,* 203–215.

Weiner, B. (1974). Achievement motivation as conceptualized by an attribution theorist. In B. Weiner (Ed.), *Achievement motivation and attribution theory* (pp. 105–113). Morristown, NJ: General Learning Press.

Weiner, B. (1986). *An attributional theory of motivation and emotion.* New York: Springer.

Weinstein, N. D. (1984). Why it won't happen to me: Perception of risk factors and susceptibility. *Health Psychology, 3,* 431–457.

Weiss, M. R., Wiese, D. M. & Klint, K. A. (1989). Head over heels with success: The relationship between self-efficacy and performance in competitive youth gymnastics. *Journal of Sport and Exercise Psychology, 11,* 444–451.

Wichman, H. & Lizotte, P. (1983). Effects of mental practice and locus of control on performance of dart throwing. *Perceptual and Motor Skills, 56(3),* 807–812.

Wiedebusch, S., Volle, B., Lohaus, A. & Schmitt, G. M. (1990). Kontrollüberzeugungen bei Erkrankungen des rheumatischen Formenkreises: Bezüge zu Art, Dauer und Schweregrad der Erkrankung. *Verhaltensmodifikation und Verhaltensmedizin, 11,* 117–135.

Wieland-Eckelmann, R. & Carver, C. S. (1990). Dispositionelle Bewältigungsstile, Optimismus und Bewältigung: Ein interkultureller Vergleich. *Zeitschrift für Differentielle und Diagnostische Psychologie, 11,* 167–184.

Wills, T. A. (1990). Social support and interpersonal relationships. In M. S. Clark (Ed.), *Review of personality and social psychology, 12* (pp. 265–289). Newbury Park, CA: Sage.

Wilson, G. S., Raglin, J. & Pritchard, M. E. (2002). Optimism, pessimism, and precompetition anxiety in college athletes. *Personality and Individual Differences, 32,* 893–902.

Winokur, J. (1987). *The Portable Curmudgeon.* New York: New American Library.

Witter, R. A., Okun, M. A., Stock, W. A. & Haring, M. J. (1984). Education and subjective well-being: A meta-analysis. *Education Evaluation and Policy Analysis, 6,* 165–173.

Wojcik, J. V. (1988). Social learning predictors of the avoidance of smoking relapse. *Addictive Behaviors, 13(2),* 177–180.

Wolf, H., Spinath, F. M. & Fuchs, C. (2005). Kontaktsuche im Internet: Erfolgsfaktoren und die Rolle der Persönlichkeit. In K.-H. Renner, A. Schütz & F. Machilek (Hrsg.), *Internet und Persönlichkeit.* Göttingen: Hogrefe.

Wolfe, S. L., Nordstrom, C. R. & Williams, K. B. (1998). The Effect of Enhancing Self-Efficacy Prior to Job Training. *Journal of Social Behavior and Personality, 13,* 633–650.

Wolff, G. E. & Clark, M. M. (2001). Changes in eating self-efficacy and body image following cognitive-behavioral group therapy for binge eating disorder: A clinical study. *Eating Behaviors, 2,* 97–104.

Wrosch, C., Scheier, M. F., Miller, G. E., Schulz, R. & Carver, C. S. (2003). Adaptive self-regulation of unattainable goals: Goal disengagement, goal re-engagement, and subjective well-being. *Personality and Social Psychology Bulletin, 29,* 1494–1508.

www.nba.com/playerfile/muggsy_bogues/ [02.01.2007].

www.spiegel.de/unispiegel/jobundberuf/0,1518,246819,00.html [09.01.2007].

Yamawaki, N., Tschanz, B. & Feick, D. (2004). Defensive pessimism, self-esteem instability, and goal striving. *Cognition & Emotion, 18,* 233–250.

Yates, S. M., Yates, G. C. R. & Lippett, R. M. (1995). Explanatory style, ego-orientation and primary school mathematics. *Educational Psychology, 15,* 28–34.

Zeidner, M. & Hammer, A. L. (1992). Coping with missile attack: Resources, strategies, and outcomes. *Journal of Personality, 60,* 709–746.

Zimmerman, B. J., Bandura, A. & Martinez-Pons, M. (1992). Self-motivation for academic attainment: The role of self-efficacy beliefs and personal goal-setting. *American Educational Research Journal, 23,* 614–628.

Personenverzeichnis

M

Stichwortverzeichnis